中国训诂学报

中国训诂学研究会《中国训诂学报》编辑部 编

第十一辑

商务印书馆
The Commercial Press

图书在版编目（CIP）数据

中国训诂学报 . 第 11 辑 / 中国训诂学研究会《中国训诂学报》编辑部编 . -- 北京 : 商务印书馆，2025.
ISBN 978-7-100-25556-1

Ⅰ . H13-55

中国国家版本馆 CIP 数据核字第 2025BT4153 号

权利保留，侵权必究。

中国训诂学报
第十一辑
中国训诂学研究会《中国训诂学报》编辑部　编

商　务　印　书　馆　出　版
（北京王府井大街 36 号　邮政编码 100710）
商　务　印　书　馆　发　行
北京虎彩文化传播有限公司印刷
ISBN　978-7-100-25556-1

2025 年 6 月第 1 版	开本 787 × 1092　1/16
2025 年 6 月第 1 次印刷	印张 15¾

定价：98.00 元

主　　　管：中华人民共和国教育部
主　　　办：中国训诂学研究会
主　　　编：王云路
执 行 主 编：王华宝

编辑委员会（按姓氏音序排列）：
　　　　董志翘　方一新　府建明　顾　青　洪岩璧　华学诚
　　　　蒋冀骋　雷汉卿　李运富　刘　钊　鲁大东　孙玉文
　　　　汪启明　汪少华　王华宝　王立军　王禄生　王云路
　　　　虞万里　周志锋　朱小健

本 期 编 辑：王华宝　汪少华　刘　芳
英 文 编 辑：贺晏然
编　　　辑：《中国训诂学报》编辑部
编辑部通讯处：江苏省南京市江宁区东南大学路2号东南大学人文
　　　　　　　学院《中国训诂学报》编辑部
邮 政 编 码：211189
电 子 邮 箱：zgxgxb2021@163.com

本刊获东南大学"双一流"学科建设经费、
江苏宏德文化出版基金会资助

目　录

【文献语言考释】

大理国写经《护国司南抄》俗字校考 …………………… 魏启君　王闰吉（ 1 ）

商周金文名物词用"寳"字的异形分析 …………………… 周素焕　刘兴均（ 13 ）

《商君书》"乘枉木"异解辨正 ………………………………… 方有国　段茂升（ 27 ）

"餽""馏"考 ……………………………………………………………………… 张　徽（ 35 ）

【语言专题专论】

《洛阳伽蓝记》注本差异中的语法问题探析 …………………………… 萧　红（ 45 ）

从"移风易俗"的定型谈语法搭配的制约因素 ………………………… 武建宇（ 54 ）

安大简《诗经》与《毛诗》异文"某""楳"与"梅"历时动态关系辨析

……………………………………………………………………… 王　梦　刘　刚（ 68 ）

基于梵汉对勘的东汉译经介词"从"语义研究 ………………………… 孟奕辰（ 81 ）

宋代避讳词语考论二题 ………………………………………………………… 卞仁海（ 93 ）

乾嘉学者文集中训诂资料的整理与研究综论 ……………………… 丁喜霞（102）

基于教学视角的俞樾训诂成果考察 ………………………………………… 王倩倩（116）

【语言工具书研究】

高丽本《龙龛手镜》疑难注音释义简札 ……………………………………… 冯　青（127）

道经故训材料与《汉语大词典》修订 ……………………………………… 刘祖国（135）

《现代汉语词源词典》编纂中的词源意识 ……………………………… 曾昭聪（150）

《广雅疏证》点校商榷 ………………………………………………………… 陈波先（161）

【重大课题专栏】

《艺文类聚》征引《尔雅》考论 …………………………………… 胡　涛（171）
常用词"便利"与"方便"的历时演变 ……………………………… 吕志峰（188）

【青年学者论坛】

"煎熬"词义的南北分化与历时演变 ………………………………… 马艺萌（196）
秦汉简帛与《墨子》城守诸篇名物互证 ……………………………… 孙　涛（206）
《鹖冠子》校读札记十一则 …………………………………………… 杨云荃（217）
《淮南子·说林》校释商补六则 ……………………………………… 罗舒婷（227）

《中国训诂学报》约稿函 ………………………………………………………（239）

Contents

Research on Literature and Language

Research on Folk Characters in *Huguo Sinan Chao*(《护国司南抄》) in the Manuscript Sutras of the Dali Kingdom
.... Wei Qijun, Wang Runji(1)

Heterographic Analysis of the Character "賓" Used in Physical Object-Referring Terms in Shang and Zhou Dynasty Bronze Inscriptions
.... Zhou Suhuan, Liu Xingjun(13)

Differentiation and Correction of the Different Interpretations of "Riding on the Crooked Wood" in *The Book of Lord Shang*
.... Fang Youguo, Duan Maosheng(27)

Examination of "Fen"(饙) and "Liu"(馏) .... Zhang Hui(35)

Special Topic Studies on Language

A Study of Grammatical Issues in the Differences Among the Annotated Versions of *A Record of Buddhist Monasteries in Luoyang* ...... Xiao Hong(45)

The Conventionalization of "Yifeng Yisu"(移风易俗): Mechanisms in Grammatical Collocational Constraints .... Wu Jianyu(54)

An Analysis of the Temporal Dynamics Between the Variants "某", "楳", and "梅" in the *Book of Songs* from Anhui University Bamboo Slips and the *Mao Shi*(《毛诗》) .... Wang Meng, Liu Gang(68)

The Semantic Study of the Preposition "Cong"(从) in the Chinese Translation Buddhist Scriptures of Eastern Han Dynasty Based on the Comparison Between Chinese and Sanskrit .... Meng Yichen(81)

Two Discussions on Taboo Words in the Song Dynasty .... Bian Renhai(93)

A Comprehensive Review of the Compilation and Study of Exegesis

Materials in the Works of Qianjia(乾嘉) Scholars ········· Ding Xixia(102)
Investigation of Yu Yue's Exegetical Achievements from a Teaching
　　Perspective ··· Wang Qianqian(116)

Research on Language Reference Books

A Brief Study of Difficult Phonetic Annotations in the Goryeo Edition of
　　Longkan Shoujing(《龙龛手镜》) ································· Feng Qing(127)
Taoist Scriptures Exegesis Materials and the Revision of *The Great Chinese
　　Dictionary* ··· Liu Zuguo(135)
Etymological Awareness in the Compilation of *The Modern Chinese Etymolo-
　　gy Dictionary* ··· Zeng Zhaocong(150)
Corrections and Discussions on the Proofreading of *Guangya Shuzheng*(《广
　　雅疏证》) ··· Chen Boxian(161)

Research on Major National's Project

Research on the Citation of *Erya*(《尔雅》) in *Yiwen Leiju*(《艺文类聚》)
　　··· Hu Tao(171)
A Study on the Diachronic Evolution of the Common Words "Bianli"（便
　　利）and "Fangbian"（方便）··································· Lü Zhifeng(188)

A Forum for Young Scholars

The North-South Differentiation and Diachronic Evolution of the Meaning
　　of "Jian'ao"（煎熬）··· Ma Yimeng(196)
Intertextual Corroboration of Terminological Correlates: Qin-Han Manu-
　　scripts vs. Defensive of *Mozi*(《墨子》) ······················· Sun Tao(206)
Notes on the Collation and Reading of *Heguanzi*(《鹖冠子》): Eleven
　　Points ·· Yang Yunquan(217)
Six Supplementary Notes on the Collation and Interpretation of *Huainanzi's
　　Shuo Lin*(《淮南子·说林》)·································· Luo Shuting(227)

Invitation Letter for Contributions ·· (239)

【文献语言考释】

大理国写经《护国司南抄》俗字校考*

魏启君　王闰吉**

摘要：沙门玄鉴纂集的大理国写经《护国司南抄》是极其珍贵的白族佛教文献，有益于促进边疆地区民族文化研究。其中的"初""迂""四生""原""同""惧""彼""了""髀"存在释读错误，应分别校录为"丁亥""迁""众生""皃""周""顺""敬""卷""腥"。《护国司南抄》里的诸多俗字与敦煌吐鲁番文献比较，表现为两个突出特点，一是字形相承，二是略写简化。可证南诏大理国虽然曾在政权上割据西南，但其文化与中原地区一脉相承。

关键词：写经　《护国司南抄》　俗字　释义

1956年8月在云南大理凤仪镇北汤天村董氏宗祠发现大理国写经《护国司南抄》，现存写经为疏释一卷，由释道常抄写于大理国保安八年（1052），纂集者为沙门玄鉴，撰写于安国圣治六载甲寅岁朱夏之季月。原写卷分为三段，其中首尾两段现藏云南省社会科学院图书馆，中间一段现藏云南省图书馆。《大理丛书·大藏经篇》卷一影印了缀合三段的写经原卷以嘉惠学人。该写经旁征博引，注释了唐代良贲《仁王护国般若波罗蜜多经疏》中的若干词句，对研究大理国时期佛教发展状况有着不可替代的作用。写经正文用正楷、注释用章草写就，颇得晋人笔法，加之历时久远，多处字迹漫漶不清，释读难度很大。发表于《藏外佛教文献》第七辑的《护国司南抄》（以下简称"整理本"）①，首次对其进行全面整理校录，筚路蓝缕，其功不可没。

作为云南现存最早有明确写作年代的佛经写本，《护国司南抄》在学术研究上无

---

* 本文系国家社科基金西部项目"云南历代石刻文献的汉语字词关系及其历时发展研究"（22XYY030）、教育部人文社会科学研究项目"大理国写本佛经汉文白语俗字研究"（20XJA850001）的阶段性成果。
** 魏启君，1970年生，文学博士，云南民族大学文学院教授，研究方向为汉语词汇史；王闰吉，1966年生，文学博士，浙江丽水学院民族学院教授，研究方向为汉语词汇史。
① 侯冲整理：《护国司南抄》，载方广锠主编：《藏外佛教文献》第七辑，宗教文化出版社2000年版。

疑有巨大价值。首先,《护国司南抄》保存了大量较为珍贵的资料,至少在音韵学、佛典校勘、佛经版本学及唐代年号的考订等方面有较高的学术价值;其次,《护国司南抄》可以帮助我们认识和理解佛教的"义学";最后也是最重要的一点,《护国司南抄》是研究南诏佛教、正确认识南诏佛教的第一手材料。① 更可根据该写经,管窥汉字在大理国时期的书写面貌,探究其汉字字形在大理国时期的演变轨迹。然诚如整理者所言,整理本"还有不少语义不通之处"②。今不揣谫陋,姑择取数则有疑者予以敷演,以就正于方家及整理者。

一、初—丁亥

（1）高祖第二子,讳世民。在位二十三年,年五十二。武德十年初改为贞观元年。（84③）

"初",写经作"㸃丁"（1/29④）,尽管于文意似乎可通,但右边构件显然为"丁",左边构件似乎与"衤"颇有差别,因此释"㸃丁"为"初"甚为可疑。且史书记载仅有"武德九年",何来"武德十年初"?

为准确释读该字形,我们不妨系联写经中的相关字形。通检该卷,我们发现写经有多处年号,其书写体例一般在年号后以小号文字标明干支,如下文"永徽元年_{庚戌}""显庆元年_{乙卯}""嗣圣元年_{乙酉}""景云元年_{辛亥}""宝应元年_{癸卯}"等,参见表1:

表1 写经年号标示法

武德十年初	永徽元年_{庚戌}	显庆元年_{乙卯}	嗣圣元年_{乙酉}	景云元年_{辛亥}	宝应元年_{癸卯}
武德十㸃丁	永徽元年戌庚	顯慶元年卯乙	嗣聖元年酉乙	景雲元年辛亥	寳應元年卯癸

据此,则"㸃丁"当释录为干支"丁亥"。武德九年（626）的干支为丙戌,则下一年可推算为"丁亥"。"㸃",同卷"景云元年_{辛亥}"之"亥"作"㐅"（1/33）。该写经"骸"作

---

① 侯冲:《大理国写经〈护国司南抄〉及其学术价值》,《云南社会科学》1999年第4期。
② 侯冲整理:《护国司南抄》,载方广锠主编:《藏外佛教文献》第七辑,宗教文化出版社2000年版,第69页。
③ 同上书,第84页。本文其他各处引用均注页码于后,不再一一标注。
④ 杨世钰、赵寅松主编:《大理丛书·大藏经篇》,民族出版社2008年版。"/"前的数字表示卷数,"/"后的数字表示页码,下同。

"𫝑""𫝑"(1/62)。《吐鲁番俗字典》"己亥"之"亥"作"𠁼",①均可资比核。

清人俞樾在《古书疑义举例》②里总结了数条校书"公例",其中有"二字误为一字例":

《襄九年·左传》:"闰月。"杜注曰:"'闰月'当为'门五日','五'字上与'门'合为'闰',则后学者自然转'日'为'月'。"……《礼记·檀弓》篇:"从母之夫,舅之妻,二夫人相为服。"按:"夫"字衍文也,"二人"两字误合为"夫"字,学者旁识"二人"两字以正其误,而传写误合之,遂成"二夫人"矣。

进而发出"甚矣古书之难读也"的感慨。由于古书竖排,常易出现上下二字误为一字的错误。

若单列竖排古书,中间掺入双列注释性质的小字,进而造成左右二字误为一字者,则更具迷惑性。除以"𣎴"误作"初"外,又如"劯"字。《字汇补·力部》:"劯,雄个切,音贺。《货泉录》:'王审知铸大铁钱,俗谓之铓劯。'"《汉语大字典》据此立字头"劯",谓"励"的讹字,并作按语云:"此字《货泉录》作'励'。"

对"励"最早加以辨析的是《五代十国闽钱》,其说甚是。

至于"励",方言字典无此字,亦无解,系"铓"用反切注音法写为(铓力贺反切),简写为(铓力贺反),后人将双行夹注的反字和力字误并为一字当作"劯",有的还写成"劯",复将"贺"作为"劯"的注音③,辗转讹传,令人费解。④

此后,《隋唐五代历史辞典》⑤、杨琳⑥均持此说。《中国货币史》根据日本钱币学家(见《昭和钱谱》)的观点,亦认为"励贺"乃"力贺反"三字,系铓字的注音。⑦

为清楚呈现"励"为"力""反"二字之误合,参见表2:

表2 各刻本"励贺"调查

---

① 赵红:《吐鲁番俗字典》,上海古籍出版社2019年版,第184页。
② [清]俞樾:《古书疑义举例》,中华书局1954年版,第72页。
③ 有的讹为"劯",参见表2。
④ 蒋九如、林兆育、李琼霖:《五代十国闽钱》,《中国钱币》1987年第4期。
⑤ 杨阳、张青主编:《隋唐五代历史辞典》,远方出版社2006年版,第364页。
⑥ 杨琳:《"棒"与"老板"考源》,《南开语言学刊》2012年第2期。
⑦ 彭信威:《中国货币史》,上海人民出版社2007年版,第232页。

（续表）

宋洪遵《泉志》卷五,明学津讨原本	宋洪遵《泉志》卷五,明万历刻秘册汇函本	宋洪遵《泉志》卷五,吴兴刘氏希古楼刊本	明王圻、王思义辑《三才图会》珍宝卷二,明万历三十五年(1607)刻后印本	明胡我琨撰《钱通》卷二十一,明刻本

本为夹注的小字"力贺反",由于"反"的最末一捺写得稍长,后世误合"力""反"为"励",将反切下字"贺"视为"励"的注音。与误合夹注"丁""亥"为"初"一样,极易混淆,当引起重视。

二、迂—迖

（2）如律中云:时阿那律迖行,有一女人随那律后。(90)

注曰:"此字不清,疑为'迂'。"迂为曲折,《说文·辵部》:"迂,避也。"既然是避着走,怎么会有一女人跟随在其后呢？句意似乎扞格难通。今查原写本为"迖"(1/42),盖当录为"迖",同"游"。《集韵·尤韵》:"遊、迖、游:行也,或从子,从斿,通作游。"《龙龛手镜·辵部》:"迖","游"的古字。《篇海类编·人事部·辵部》:"迖,行也。通作游。"

虽然《说文》未收"迖",但该字出现甚早。《甲金篆隶大字典》立字头"迖",后下一四·一四作"𧾷"、庶父卣作"𧾷"。① 《甲骨文字典》立字头"迖",除字形"𧾷"外,尚有京三〇四五"𧾷"。解字云:"从止从斿,《说文》所无,甲骨文从止从辵每可通,故𧾷可隶定为迖。"② 但《甲骨文字典》释"迖"有二义,其一疑为国族名,其二疑为人名。则甲骨文的"迖"与写经的"迖"可能为同形字,意即同一字形记录的是两个词语。

"迖行"同义连用,犹行走。如刘宋佛陀什共竺道生等译《弥沙塞部和醯五分律》:"尔时优波离与诸持律游行,到比丘住处,应为作诃责羯磨、驱出羯磨、依止羯磨、举罪羯磨、下意羯磨者,悉为作之。"(T22/125)③ 僧伽斯那撰,萧齐求那毗地译《百喻经·田夫思王女喻》:"昔有田夫,游行城邑,见国王女,颜貌端正,世所稀有,昼夜想念,情不能已。"(T4/554)《律戒本疏》:"六十五共女人一舍宿犯堕:阿那律游行。逼暮宿淫女舍,舍有四种。一遍覆障,二遍障不遍覆,三不遍覆障,四半覆障。"(T85/635)

---

① 徐无闻主编:《甲金篆隶大字典》,四川辞书出版社1991年版,第118页。
② 徐中舒主编:《甲骨文字典》,四川辞书出版社2014年版,第160—161页。
③ "T"代表该佛教文献引自《大正新修大藏经》,"X"代表引自《卍新纂大日本续藏经》,"/"前后数字分别为册号及页码。下同。

此外,"如律中云:时阿那律迂行,有一女人随那律后。女人夫智求妻不得,复见阿那律后行。夫言那律共其女人,其遂乱打那律。从此佛制比丘,不得共女人同道行也。"该句出自唐道宣述《四分律比丘含注戒本》,文字略有出入,原文作:"三十、与女人同行戒。佛在舍卫国。妇与姑诤,还毗舍离。时阿那律欲往彼国,此女为伴。夫便逐得,打阿那律几断命根。比丘以事白佛,便诃制此戒。"(T40/446)①其中"迂行"对应于"往",亦可资证明"迂行"非是。

考"迂行"之误,盖为"子""于"形近所致,相似用例甚多,姑列举几条,如"于"讹为"子"者有吴康僧会译《六度集经》卷一:"帝命边王曰:'今彼人王,慈润雾霈福德巍巍,恐于志求夺吾帝位。'"(T3/1)"于",宋、元、明本作"子"。西晋竺法护译《佛说阿惟越致遮经》卷上:"释于声闻、缘觉之道,是菩萨大士甚难于彼,何况诲之使为沙门,捐俗近道以法将护,劝助导示善法之义,或复昌显立之大道,此为菩萨大士难及之教。"(T9/199)"于",明、宫本作"子"。东晋瞿昙僧伽提婆译《中阿含经》卷十七:"然于今日已在我手,但当报怨。"(T1/534)"于",宋、元、明本作"子"。

又如"子"讹为"于"者有西晋竺法护译《正法华经》卷二:"得脱苦恼,集子一处,安隐欢然,无复恐惧。"(T9/76)"子",宋、元、明、宫本作"于"。刘宋求那跋陀罗译《过去现在因果经》卷四:"作此念已,即行逆之到子兜婆,而逢迦叶。"(T3/653)"子",宋、元、明本作"于"。元魏吉迦夜共昙曜译《杂宝藏经》卷十:"我昔曾闻,佛初出家夜,佛子罗睺罗,始入于胎。"(T4/496)"子",明本作"于"。

三、四生—裳生

(3)于此世界尽见彼土六趣四生,又见彼土现在诸佛,得闻诸佛所说经法。(99)

"四生",写经作"![]"(1/57),该字形整理者认为是合文,甚是。但上字"![]"并非"四",而是"裳"②的略书。比较该写经"裳"字,"遭逢裳难"作"![]"(1/4)、"部行即是裳出者"作"![]"(1/8)、"体具裳德"作"![]"(1/11)、"是时欲界无量诸天雨裳妙花"作"![]"(1/12)、"下裳也"作"![]"(1/16)、"庶,裳也"作"![]"(1/47)等。《敦煌俗字典》收有"裳"的"裳""裳""裳""裳""裳"等字形。③可知上述"裳"字诸形,上部构件均作"![]"。

---

① 该句亦见于《卍新纂大日本续藏经》第40册《四分律含注戒本疏行宗记》,第103页。
② 为了便于字形比较,此处使用繁体字形,下同。
③ 黄征:《敦煌俗字典》,上海教育出版社2005年版,第559页。

同时代的大理国写经残卷《仁王护国般若波罗蜜多经》(现藏于云南省图书馆)，在经文上以红笔标示注释，除少许白文外，往往使用略书，如图1：

图1 《仁王护国般若波罗蜜多经》残卷

小字分别为经文"诸界趣生"的注释。诸界，即三界；趣，六趣；丘，汉文白语，相当于"里"；生，四界衆生。注释合起来就是"三界六趣里四界衆生"，与疏文"诸界趣生者，三界六趣及以四生"(T33/491)相对应。其中，"衆"作"⿱四一"，与"⿱四一"的上字基本一致，可证"⿱四一"为"衆"的略书。

此外，据我们观察，写经的合文一般会连带略书，大概是为了满足简写的需要所致。如："谓天帝释、斑足王讲读般若"，其中"般若"作"⿰"(1/59)，右边"⿰"为"般"的略书。"菩萨"作"⿰"(1/8)、"菩提"作"⿰""⿰"(1/23)、"涅盘"作"⿰"(1/23)、"护国"作"⿰"(1/47)、"国土"作"囯""囯"(1/191)等等。

该句出自《妙法莲华经》卷一："于此世界，尽见彼土六趣衆生，又见彼土现在诸佛，及闻诸佛所说经法。"(T9/2)亦可证明"⿰"非"四生"，当作"衆生"。

值得一提的是，该句"得闻"亦应据《妙法莲华经》卷一改为"及闻"。"得"，写经作"⿰"(1/57)，当释为"及"。"彼闻佛及本师舍利弗、目连等已入涅盘"，其中"及"作"⿰"(1/61)，是其比。"及"虽与"得"的草体近似，但仍可辨细微差异，其末笔方向及长短略有区别。如写经"故得三宝光生"作"⿰"(1/3)、"以得物藏之"作"⿰"(1/20)、"不得住此"作"⿰"(1/39)等。

四、原/音/见—皃

(4)《广雅》曰：坦夷，平原也。(75)

(5) 昭昭，明白见也。(76)

(6) 荡洋：下指音，水流音也。(89)

"原",写经作"𡉣"(1/12);"见",写经作"𧢼"(1/15);后一"音",写经作"𡉣"(1/15)。"𡉣""𧢼""𡉣"其实是同一个字,当释为"皃",同"貌"。俗写笔画简化,"皃"的下部构件"儿"略写为两点"八"。该俗写字形习见,如唐《高元珪墓志》作"𡉣"、唐《郑珍墓志》作"𡉣",①飞鸟时代《王勃诗序》作"𡉣"、平安时代《小野道风三体白氏诗卷》作"𡉣"、平安时代伝藤原行成关户本《和汉朗咏集》作"𧢼"。② 敦煌写本文献 S.388《正名要录》:"右正行者揩(楷),脚注稍讹。貌皃。"

《护国司南抄》在征引文献时并不完全照录原文,往往略有改易。如"《广雅》曰:坦夷,平皃也",《广雅·释训》作:"坦坦、漫漫、荡荡,平也。"③

"昭昭,明白皃也",有文献依据,如《老子》:"俗人昭昭,我独昏昏。"晋葛洪《抱朴子·论仙》:"鬼神之事,著于竹帛,昭昭如此,不可胜数。"

"荡洋:下指音,水流音也",类似唐慧琳撰《一切经音义》卷十四:"洋沸:上以章反,《集训》云水流皃也,《毛诗传》曰:洋洋,盛大皃。"(T54/394)《广韵·阳韵》:"汤汤,流皃。"

五、同—周

(7) 一字现前,同于法界,性相平等,至究竟故。(70)

"同",写经作"囝"(1/3),整理者录为"同"而无说,当校正为"周"。该句亦见于大理国写经残卷《仁王护国般若波罗蜜多经》,其中"同"作"冈"(1/198),应释为"周"。

该句唐不空译《仁王护国般若波罗蜜多经陀罗尼念诵仪轨》作:"一字现前,周于法界,性相平等,至究竟故。"(T19/519)唐良贲述《仁王护国般若波罗蜜多经疏》卷下作:"一字现前,周于法界,性相平等,至究竟位。"(T33/519)均可资参证。

写经"同""周""用"常形近而误,如:

(8) 有经说王官总是初果圣人,简凡夫不令用往。(98)

其中"用",写经作"冂"(1/55),当校为"同"。据前文"皇亲帝戚即得同往,不是者即简退",亦即"简凡夫不令同往"。

唐良贲述《仁王护国般若波罗蜜多经疏》第一上:"一谓退凡,即简凡人不令同往。"(T33/439)唐窥基撰《妙法莲华经玄赞》卷一:"二谓退凡,即简凡人不令同往。"

---

① 臧克和主编,郭瑞、刘元春、李海燕等编:《汉魏六朝隋唐五代字形表》,南方日报出版社 2011 年版,第 1548 页。
② 二玄社编:《大书源》,二玄社 2007 年版,第 2522 页。
③ [清]王念孙:《广雅疏证》,中华书局 2019 年版,第 433 页。

(T34/666)唐惠详撰《弘赞法华传》卷一:"一名退凡,即简凡人不令同往。"(T51/13)唐玄奘、辩机撰《大唐西域记》卷九:"一谓退凡,即简凡人不令同往。"(T51/921)唐栖复集《法华经玄赞要集》卷八:"王之眷属宰相百官可共同往,余凡庶百姓不更去,即简凡人不令同往。"(X34/343)均其证。

写经此类照录原字而误的释文尚有以下几处,姑一并列出。

(9) 由曰:有大圣人生在西域,一千年外声教被此。镌石理之,在于西郊。(92)

"理",写经作"理"(1/44),于义难通,盖形近而讹,当校为"埋"。同类记载可作为依据,如唐彦琮撰《唐护法沙门法琳别传》卷中:"苏由曰:实时无他,一千年后声教被于此土。昭王即遣人镌石记之,埋在南郊天祠前。"(T50/20)唐道世撰《法苑珠林》卷第一百:"苏由曰:实时无他,至一千年外声教被此。昭王即遣镌石记之,埋在南郊天祠前。"

(10) 修十住行,结为显曰发心,治修行生,贵具方便正心,及不退童真王灌顶。(111)

"显",写经作"显"(1/79),讹字,当校为"颂",且标点亦误。据唐良贲述《仁王护国般若波罗蜜多经疏》卷下改为:"[修十住行,]结为颂曰:发心治修行,生贵具方便。正心及不退,童真王灌顶。"(T33/496)该段文字亦见于《仁王经》残卷,正作"颂",写为"颂"(1/125),亦其证。

(11) 颂云:汝已恶道经多劫,无益受苦省能超。少行苦得菩提,大利不应生退屈。(111)

"省",写经作"省"(1/80),盖承前文而讹,当校为"尚";第二个"苦"字,写经盖承前一个"苦"字讹,作"苦"(1/80),当校为"善"。此外,"颂"犹"颂偈",为佛经的唱颂词,一般为韵文。第三句"少行苦得菩提"仅仅六字,其余三句均为七言,故第三句脱文,且倒文,当校为"今行少善得菩提"。同类文献可以为据,如唐澄观述《大方广佛华严经随疏演义钞》卷五十一:"偈云:汝已恶道经多劫,无益受苦尚能超。今修少善得菩提,大利不应生退屈。"(T36/403)唐澄观撰《大方广佛华严经疏》卷二十二:"颂云:汝已恶道经多劫,无益受苦尚能超。今行少善得菩提,大利不应生退屈。"(T35/664)唐崇俊撰、法清集疏《法华疏决择记》卷一:"汝已恶道经多劫,无益受苦尚能超。今修少善得菩提,大利不应生退屈。是为第二。"(X34/137)

六、惧—顺

(12) 逊接。逊(苏困反),惧也。(94)

"惧",写经作"㥧"(1/47),非是。考整理者致误之由,盖将左边构件视为"忄",将右边构件视作"具",合起来为"惧"。

其实左边构件"忄"为"川"的草化略写,中间一竖保留原貌,竖笔左右两边的笔画演变为两点。右边构件写得比较潦草,但经仔细分辨,"贝"之上尚有笔画,当为"頁"。故"㥧"当为"顺"。

经穷尽性考察写经《护国司南抄》的"顺",凡7例。如"盗者不顺天"作"㥧"(1/20)、"顺现法受者"作"㥧"(1/82)、"顺次生受者"作"㥧"(1/82)、"顺后次受者"作"㥧"(1/82)、"谓顺现等三非定得异熟"作"㥧"(1/83)、"谓顺现等定得异熟"作"㥧"(1/83),均可资比照。

同时代的大理写经《仁王护国般若波罗蜜多经》残卷,"顺"的俗写字形亦如出一辙,如"菩萨化迹逆顺难思"作"㥧"(1/95)、"此顺生死此顺涅盘"分别作"㥧""㥧"(1/124)、"此即顺向无生之理真实观也"作"㥧"(1/132)等。

查敦煌文献,"顺"的写法与大理国写经亦无甚差别,如"愼""愼""愼""愼"①均其比。碑刻文献字形亦相若,如北魏《穆亮墓志》作"愼"、北魏《元恪嫔李氏墓志》作"愼"、北周《董道生造像记》作"愼"、唐《姚恭墓志》作"愼"②等。

值得一提的是,"㥧"似乎可释录为"愼"。《中文大辞典》谓:"愼,顺之古字。"《汉语大字典》释曰:"愼,同'顺'。"且均引《集韵·稕韵》:"顺,古作愼。"其实,"愼"是"顺"的讹字,故"㥧"当释为"顺"。《偏类碑别字·页部》引《周圣母寺四面象碑》,以"愼"为"顺"之别字,甚是。"顺"的左边构件川,在书写时或因笔势而略有出入,隶定有作"川頁"者,如《汉隶字源·稕韵》引《桐柏庙碑》,亦有作"顺"者,如《汉隶字源·稕韵》引《夏堪碑》,"顺"笔势改变即成"愼",甚至还可进一步讹变为"頓",如《碑别字新编》引《周王阿晕造象》作"頓"。

因此,例(12)"逊接"犹"顺接"。"逊"有"顺"义,文献所载甚夥,姑列举几例。《书·舜典》"五品不逊"孔安国传、《论语·宪问》"危行言逊"何晏集解、《吕氏春秋·顺民》"冤侮雅逊"高诱注、《韩束·窦田灌韩传赞》"夫亡术而不逊"颜师古注,均曰:"逊,顺也。"

七、彼—敬

(13)一为下乘。"即王至此下乘",彼法重人,显为后轨。(98)

---

① 黄征:《敦煌俗字典》,上海教育出版社2005年版,第381页。
② 臧克和主编,郭瑞、刘元春、李海燕等编:《汉魏六朝隋唐五代字形表》,南方日报出版社2011年版,第1696页。

"彼",写经作"亻及"(1/55),当释为"敬","敬法重人"中"敬""重"对文,文通理顺。该句对应唐栖复集《法华经玄赞要集》卷第一:"问:何未至佛,王宫豫下乘。答:敬法重人。显为后轨。"(X34/35)

《护国司南抄》有多处"敬"字,如"尽敬礼"作"亻及"(1/4)、"崇敬也"作"亻及"(1/47),皆其比。且《护国司南抄》中的"彼",字形与"亻及"差别明显,如"下(麾)文彼反"作"彼"(1/27)、"对彼二乘"作"彼"(1/29)、"彼虽是兽"作"彼"(1/36)、"又见彼土现在诸佛"作"彼"(1/57)等等。

考"敬"作"亻及"这一字形,盖略书所致。"艹"略为两点,如"释皈敬序分二"作"敄"(1/4)、"答:是彰广敬之令暮也"作"敬"(1/46),再省略左下方构件"句",将右边点拉长,而使"敬"的左边构件略写为"亻"。

可以说,略书是大理国写经文字的突出特征,如前文提及的"全""点""忮",都涉及文字构件或笔画的略写。明乎此,则可纠正整理本的以下同类偏误,如:

《显隐词》云:"麟喻即独觉出者,喻如麒麟唯有一角,即出无佛世界,入末法中不见佛,不睹教。"整理者注"界"曰:"底本作'介',据文意改。下同。"(72)写经作"介"(1/8)并非误字,当注为:"介,界的略书。"

八、了—卷

(14)阿难结集。今略陈纲要,以作五了。(104)

"以作五了",令人费解。"了",写经作"了"(1/65),与写经"了"字形近似,如"了达此一二"作"了"(1/13)、"谓未显了分明"作"了"(1/82)、"以显了分明显未显了分"作"了""了"(1/82)等。但细审"了"与"了"的诸字形,笔画存在细微差异。

今考"了"当释为"卷",与下文"一结集时,二结集主,三结集处,四结集众,五结集人"相呼应。

"卷"俗写有"弓""弓""弓"等诸形。北魏佚名《郑羲下碑》:"遂乘闲述作,注诸经论,撰《话林》数卷。""卷"作"弓"。《龙龛手镜·弓部》:"弓或作弓,古文音眷,今作卷。"《敦煌俗字典》收有"弓""弓""弓""弓"等字形①,《佛教难字字典》"卷"作"弓"②,飞鸟时代圣德太子《法华义疏》"卷"作"弓"③,均可资参证。

写经"了"与以上诸字形相比,略去了笔画点或横,从而与"了""弓"成了同形字,

---

① 黄征:《敦煌俗字典》,上海教育出版社2005年版,第213页。
② 竹林居士编著:《佛教难字字典》,常春树书坊1988年版,第550页。
③ 二玄社编:《大书源》,二玄社2007年版,第393页。

造成了字词关系的混乱。如《吐鲁番俗字典》"弓"作"ʒ""ʒ""ʒ"等。①

九、髀—胜

(15) 身肉消尽,唯余其心,大如人髀,纯琉璃色。帝释得之,为髻中珠。(90)

"髀",写经作"胜"(1/42),当照录为"胜",不烦改。"胜"有胃义,《正韵》:"胜,胜胜,胃脘也。"唐郑还古《博异志》:"须还吾心,还吾胜,则怨可释矣。"《汉语大词典》未及此义,当补。

尽管"胜"可通"髀",但在语义上仅限于"大腿"。如《字汇补·肉部》:"胜,与髀同,股也。"《法苑珠林》卷三六引南朝齐王琰《冥祥记》:"居于昭德佛图,服缕粗弊,背胜恒袒。"唐杜牧《郡斋独酌》:"白羽八扎弓,胜压绿檀枪。"其中的"胜"均为大腿义。

改"胜"为"髀",则"大如人髀"犹言"大如人的大腿",大腿为柱形而非圆形,则与下文圆形的"髻中珠"语义矛盾。"胜"有胃义,胃近圆形,当以"大如人胜"为正。

关于金翅鸟化为髻中珠的文献记载甚夥,其中"胜"存在诸多异文,可以管窥主观化导致文字歧异的蛛丝马迹。如作"大如人胜"者有唐慧苑述《续华严经略疏刊定记》卷二:"其身完消散,唯有心在,大如人胜,绀琉璃色。轮王得之,用为珠宝。帝释得之,为髻中珠。"(X3/608)唐圆测撰《解深密经疏》卷一:"身肉消散,唯有心在,大如人胜,纯清琉璃。轮王得之,用为珠宝。帝释得之,为髻中珠。"(X21/188)唐实叉难陀译、唐澄观述《大方广佛华严经疏钞会本》第一之一:"其身肉消散,唯有心在,大如人胜,绀琉璃色。轮王得之,用为珠宝。帝释得之,为髻中珠。"(L130/73)

作"大如人髀"者有唐法藏述《华严经探玄记》卷二:"身肉消散,唯有心在,大如人髀,纯青琉璃色。轮王得之,用为珠宝。帝释得之,为髻中珠。"(T35/134)唐澄观述《大方广佛华严经随疏演义钞》卷十九:"其身肉消散,唯有心在,大如人髀,绀琉璃色。轮王得之,用为珠宝。帝释得之,为髻中珠。"(T36/149)

作"大如人脾"者有隋慧远撰《维摩义记》卷一:"身肉消敬,唯有心在,大如人脾,纯青琉璃。轮王得之,用为珠宝。帝释得之,为结中珠。"(T38/431)

作"大如人膝"者有《维摩经疏》:"身宍消散,唯有心在,大如人膝,纯清流离。轮王得之,用为珠宝。帝释得之,为髻中珠。"(T85/357)

我们认为,当依写经作"大如人胜"。"髀""脾"是误用通假,"膝"是主观化改字

---

① 赵红:《吐鲁番俗字典》,上海古籍出版社2019年版,第166页。

所致,愈行愈远。

余 论

总之,南诏大理国虽然曾在政权上割据西南,但其民族文化与中原地区一脉相承。汉字作为文化传播的使者,传于异地,留于异时,为多民族文化交融作出了不可磨灭的贡献。大理国写经《护国司南抄》的诸多俗字与敦煌吐鲁番文献比较,表现为两个突出特点,一是字形相承,字形结构、造字方法及笔势均完全一致,即便在书写体例上亦与中土写经相同,经文用楷书,注疏用章草。二是略写简化,众多略书字形或省略笔画或省略构件,对于常用词语甚至略为"、",如"般若波罗"作"⺌"(1/41)。鉴于大理国写经之于宗教研究的重要价值,本文阐释以上俗字,以期引起学界关注,进一步推动藏外佛教文献的字用研究。

Research on Folk Characters in *Huguo Sinan Chao* (《护国司南抄》) in the Manuscript Sutras of the Dali Kingdom

Wei Qijun, Wang Runji

Abstract: *Huguo Sinan Chao*, compiled by Xuanjian, is an invaluable Buddhist manuscript from the Bai people of the Dali Kingdom. It significantly contributes to the study of ethnic culture in frontier regions. The text contains several folk characters, including "初", "迂","四生","原","同","惧","彼","了" and "髀", which have been misinterpreted. These should be corrected as "丁亥","迓","众生","皃","周","顺","敬", "卷" and "胜". The folk characters in *Huguo Sinan Chao*, when compared with the Dunhuang and Turpan manuscripts, display two notable characteristics: the continuity of their forms and a tendency for simplification. This provides evidence that although the Dali Kingdom, also known as the Nanzhao Kingdom, was politically independent in the southwestern region, its culture remained closely connected to the Central Plains.

Keywords: manuscript sutras; *Huguo Sinan Chao*; folk characters; interpretation

商周金文名物词用"寶"字的异形分析*

周素焕　刘兴均**

摘要： 通过全面梳理商周金文名物词中的"寶"字图片，发现可辨基本构形特征者共2744例，以西周时数量最多。文章主要结合西周早、中、晚和春秋四个时期兼及商代、战国，从异构和异写两方面对金文名物词所用"寶"字的异形情况进行统计、分析。异构方面，对"寶"字在不同时期的构形模式进行统计、分析；异写方面，主要对因构件位置不同造成的异写，以及"玉""貝""午""口"四个基础构件因书写差异而造成的异写，进行统计、分析。分析时注重历时变化，此外对其他较少出现的特色异写情况进行分析、归纳，进而揭示金文名物词复杂的词形问题，并探究汉字的内在发展规律。

关键词： 金文　名物词　寶　异形

商周金文名物词是指出现在商周铜器铭文中记录具体而特定之物的词。前期我们以吴镇烽及其团队研发的软件《金文通鉴》所收19625件器物上的铭文为语料，通过审慎地确定其中确属名物词的词条，梳理出3239条名物词。[①] 后经统计，其中与"寶"相关的名物词条有262条（不含重复），共出现2000余次，单音节、多音节、双音节词均有，主要出现在祭器铭文当中，另外在兵器、乐器、食器、饮器、用具、舟船、酒器等类别中也有出现，至于非名物词用字的"寶"不在本文研究范围之内。整理中我们发现，与"寶"相关的金文名物词中"同词异形"现象十分突出。因通用假借导致的"同词异形"有13例，其中2例借"缶"为"寶"，是编号分别为

---

* 本文系国家社科基金项目"商周金文名物词研究"（19BYY157）的阶段性成果。
** 周素焕，1989年生，讲师，（韩国）岭南大学中国语言文化系博士研究生；刘兴均，1956年生，文学博士，三亚学院人文与传播学院教授，研究方向为先秦文献词汇、古文字研究。
① 刘兴均、周文德、龚韶：《商周金文名物词厘析》，《汉语史研究集刊》2020年第1期。

11763、13289①的西周早期后段器"缶(寶)隩(尊)彝"。"缶""寶"同属幽部帮纽字,属于音同相借。有5例借"保"为"寶",是编号为01549的西周中期前段器"保(寶)旅鼎"以及编号为05307—05310的西周中期同名器"保(寶)殷(簋)"。"保""寶"上古音同属幽部帮纽字,为音同相借。有5例借"匋"为"寶",分别是编号为14733的西周早期前段器"匋(寶)盉"、编号为14389的西周中期后段器"匋(寶)般(盤)"、编号为20433的西周中期器"匋(寶)殷(簋)"、编号为01436的西周中期前段器"匋(寶)器"以及编号为05606的西周中期后段器"匋(寶)盨"。"匋""寶"同属幽部,一为定纽字,一为帮纽字,属音近相借。有1例借"吾"为"寶",是编号为11617的西周早期前段器"吾(寶)隩(尊)"。"吾"和"寶"分属鱼部、幽部,可旁转,二字一为疑纽,一为帮纽,属音近相借。此13例词条中,所用字可释作"寶",但并非"寶"字。其余同词异形现象均由词条所用"寶"字书写不一造成。

出土文献名物词的梳理、归纳需要特别重视上述一词多种书写形式的情况,这是展开研究的基础。文章着重对商周金文名物词用"寶"字的异形情况进行分析。为保证分析的准确性和科学性,我们选择清晰程度可辨基本构形特征的铭文图片,分商代、西周、春秋、战国四个时期,制作"寶"字古文字库,统计时每字注明器号和所在词条,并保证所分析的每一字形来源可溯。在此基础上分析金文名物词用"寶"字的异构情况,以及因构件位置不同造成的异写,再依据字库中笔画足够清晰的图片分析其他异写情况,进而对商周金文名物词用"寶"字的异形情况进行整体的统计、分析。

一、商周金文名物词用"寶"字的分布概貌

我们统计出来商周金文名物词用"寶"字含重复共2763例,在此基础上我们选择图片完整、清晰、可辨基本构形特征的"寶"字铭文图片进行统计②,共2744例,西周时期占比90%以上,具体早中晚期又分别占字库总字数的48.62%、26.71%、14.80%。统计结果与我国青铜器发展的历史基本吻合:商代青铜器铭文简单,西周

---

① 文中所引编号,无特别说明者均来自吴镇烽及其团队研发的《金文通鉴》软件,吴氏《金文通鉴》每一器物均为五位数,原编首位数为0或1,续编首位数为2,三编首位数为3。注明"合""集成"的字形,则分别来自中国社会科学院研究所编《甲骨文合集》《殷周金文集成》。除金文词例外,作为研究对象的字形,文章仅对提到的代表个体字形的金文字形注明出处,对于类别特征归纳中的金文字形和从整字离析出来的构件则不再一一注明出处。
② 个别器中,器盖和器身均有字,多数铭文相同,同一词条重复出现,还有个别器是一段文字中同一词条重复出现。此类,我们也合理地进行统计。

铭文加长,且青铜器是这个时期文字书写的主要材质,所记载的内容十分丰富。"寶"字多用于礼器之中,从春秋到战国,礼崩乐坏的情况越来越严重,且战事频繁,加之社会经济的变化,文字写刻材料多样,所以此时铭文占比较小。就书写方式来说,字库中"寶"字以铸成居多,刀刻极少。考虑到"寶"字的分布特点,下文主要结合西周早期、西周中期、西周晚期、春秋时期这四个时间段分析其异形特征,兼及商代、战国。统计结果如表1:

表1 "寶"在各个时期的分布及其比例

朝代	详细分期	详细分期字数	整体分期字数	分期比例
商代	商代早期	0	16	0.58%
	商代中期	0		
	商代晚期	16		
西周	西周早期	1334	2473	90.12%
	西周中期	733		
	西周晚期	406		
春秋	春秋早期	209	240	8.75%
	春秋中期	15		
	春秋晚期	16		
战国	战国早期	7	15	0.55%
	战国中期	1		
	战国晚期	7		
合计	/	2744	/	100%

二、商周金文名物词用"寶"字的异构分析

异构字形体结构不同但音义相同,用来记录同一个词,在任何环境下都可以互相置换。① 我们通过整理发现商周金文名物词所用"寶"字共有8种不同的形体结构,其中表2中的A类是各时期的主流写法,其他异构字形多在此基础上加减构件形成,统计中发现尚有其他7种异构类型,即表2所示B类至H类。统计时先加和各时期B类至H类的字数,再以该时期总字数减去B类至H类字数之和,得出该时期主流写法A类

---

① 王宁:《汉字构形学导论》,商务印书馆2015年版,第154页。

的字数。① 我们发现异构集中体现在除商代、战国时期之外的其他四个时期。A 类外，各时期异构字数之和以及占本时期名物词用字"寶"总字数的比例情况如下。西周早期 26 例，占比 1.95%；西周中期 26 例，占比 3.55%；西周晚期 11 例，占比 2.71%；春秋时期 13 例，占比 5.42%。整体上，异构趋势在西周中期升高，晚期降低，春秋又提升。从异构类型数上看，西周呈下降趋势，春秋提升。整体上看，西周时期文字系统虽然较之甲骨文时代更为成熟，但单个文字如"寶"字的异构情况依然严重。带声符字逐渐增多，各时期含声符"缶"的字数总和同期占比都在 90% 以上，处于绝对优势地位。

表 2 "寶"的异构类型在各个时期的分布情况　　　　　　（单位：例）

时期\异构类型	A 寶	B 窑	C 窨	D 宭	E 賓	F 寊	G 齎	H 寙
商代	12	3	0	0	0	0	0	0
西周早期	1308	9	5	5	5	1	1	0
西周中期	706	16	2	3	5	0	0	0
西周晚期	395	10	0	0	0	0	0	1
春秋	227	7	4	1	1	0	0	0
战国	14	0	0	1	0	0	0	0

异构字在记词上是相同的，但构形与构意是不同的。"寶"字的构意通过其直接构件来体现。通过表 2 的统计整理，我们发现"寶"字的各种异构中共涉及"宀""玉""貝""缶""畐"几个直接构件。就构件个数来说，最多的是 A、G 两类，含有 4 个构件，最少的是 D、F 两类，只有 2 个构件，其他三类均含有 3 个构件。各种异构写法中，使用到的构件不同，其构意便也不同。所以，有必要对"寶"字各种构件进行溯源，并对其构意功能进行分析。

甲骨文"寶"作 ⿱宀⿰貝玉（合 6451），从宀，下或有"貝""玉"，初为会意，从商代金文开始加"缶"为声符。或认为"缶"指藏珍宝处，亦声。② 本文采用学界多数观点，以"缶"为声符。这是各个构件先后参与"寶"字构字的简单概括。可见 A 类作为主流写法，商代早已有之，《说文》收录的小篆也属于此类，分析为："珍也。从宀，从玉，从貝，缶声。"③ 构件"宀"，甲骨文作 ⌂（合 13517），像尖顶房屋的侧视之形，代表房盖和墙的

---

① 增繁无关构件者，根据原有构件作合理归类。如西周早期 3 例（04102、01279、01280）增繁"口"形，西周晚期 1 例（04776）增繁右手形，统计时归入 A 类；西周晚期 1 例（03311）增繁"午"形，归入 B 类。表中未作统计的 2 例特殊写法，商代 02377 省了去"宀"，西周中期 30488 笔画清晰，但写法草略，"宀"下从"玨"，"缶"形省写。
② 季旭昇：《说文新证》，福建人民出版社 2010 年版，第 615 页。
③ ［东汉］许慎：《说文解字》，中华书局 2013 年版，第 148 页。

笔画分开,或笔画连写作∩(合14993),后多从之,其本义就是房屋。"玉"甲骨文作丰(合33233)或丰(合11364),商代金文作王(集成3940),象一串玉形,本义就是玉石。"贝",甲骨文作⟨⟩(合8490),象海贝之形。"缶",甲骨文作(合3061反),商代金文作(集成3601),下为"口",象缶的本体,可盛酒水,或作乐器,上为"午",即"杵"之本字,表音①,"缶"本义是指一种瓦器。"畐",甲骨文作畐(合30948),金文作畐(集成8627),像盛酒的容器。

以上构件在"寶"字的各种异构中都体现了一定的构意,就功能来说,整体上可分为两类,即表义构件和示音构件。表义构件是"宀""玉""贝""畐",示音构件是"缶"。关于表义构件,需要特别强调两点。第一,在"寶"字中,作为构字的构件,"宀""玉""贝""畐"是表义构件,不是表形构件。表义构件给构意提供概括的语义,表形构件给构意提供的是与事物相关的形象,后者组成会形合成字,构件在整个字中的位置和置向与物象一致,不能随意更动。② 以"玉""贝"为例,二者在古代是珍贵之物,价值较高,在自然属性之外,人们又为其赋予了丰富的内涵。在无文字记载的史前,众多遗址出土的玉器体现了古人的尚玉习俗。玉既是美石可作装饰,又是祭品可通天地鬼神。殷商时,玉通常作为礼器以示尊亲,玉又可喻"德",春秋时君子喜爱佩玉以示德行,如"君子比德于玉"③,又如"石之美有五德",包含仁、义、智、勇、洁五种美好的品性。④ "贝"在上古时曾被用作流通货币,在商周铜器铭文中通常作购买器物的等价物,极具使用价值。人们借物寓意的思维体现在了"寶"字的构造中,以具体可感的玉、贝来表示人们心中一切美好的事物,所以"玉"和"贝"是概括的语义,是表义构件。第二,这几个构件独用时本身就是一个字,都是用与物象相似的形体来体现构意,即独体表形,但在构成"寶"字的过程中,并不发挥其表形的功能,即不通过与所记对象的相似来体现构意。所以,正如我们看到的,"宀"下的几个构件可以省写一二,也可以随意变动位置进行组合,非常灵活(构件位置的不同形式,详见下文)。"宀""玉""贝""畐"作为表义构件,表示的都是个体的意义,而不是类别义。如"宀"只表示宝物是藏在屋子里的,较少出现的构件"畐"只表示宝物是放在容器里的。同样,"贝""玉"也只表示房中珍贵的事物,其表义功能属于该字本身,并非与玉、贝相关之意。关于示音构件,"缶"与"寶"在上古音中属同音,所以"缶"可以用来示音。

在上述基础上,我们可以对"寶"字各种异构的构形模式和构字意图进行分析。

---

① 学界多认为"午"可表义,亦有道理,木棒可用于制作器坯或敲击乐器。季旭昇认为"缶"字整体为象形,上象盖纽,见《说文新证》第456页。本文这里从形声一说。
② 王宁:《汉字构形学导论》,商务印书馆2015年版,第113页。
③ [南宋]魏了翁:《礼记要义》,《四部丛刊景宋刊本》,第12页。
④ [东汉]许慎:《说文解字》,中华书局2013年版,第4页。

"构形模式是指构件以不同的功能组合为全字从而体现构意的诸多样式。"[①]王宁先生用"结构—功能"分析法把汉字的构形模式分为 11 种。具体到对"寶"字的分析,我们按照有无示音构件的介入,将其分为两类:第一类,由表义构件和示音构件组成的义音合成字;第二类,由两个及以上表义构件组成的会义合成字。表 2 中的 A、B、C、D、G 类可归入第一类,E、F、H 类可归入第二类。我们先分析会义合成的字,"寶""宲"分别以屋中有玉和贝、屋中有贝来表示意义,"宝",以屋中有玉和藏玉之器来表示意义。义音合成之字,把声符离析出来后,剩下的便是表义部分,如主流写法"寶","宀"下有"玉""贝",便可以表示房中藏有宝物的意思了,只是又加了"缶"作为示音构件。"䭽"字以"宀"下有"贝"表示房中藏有宝物,从畐,表示存放宝物的容器,又以"缶"作为示音构件。"窑""窡"分别以"宀"下有"玉""贝"来表示意义,同时又以"缶"作为示音构件。"宕"字最为省简,代表房中宝物的构件省去了。义音合成字中的表义构件虽然表类别义的居多,但是根据前面的分析,"寶"中各表义构件所表之义是个体的意义,不是类别义,所以以上义音合成之字都不是传统意义上的形声字,不表示和房子相关的一类。

综上,"寶"的各种异构虽然构意不同,但都记录"珍宝"这一词义。在商周金文名物词中,"寶"可以作为名词单用,其器名省略之后表示"珍贵的东西",即其构形体现出的本义,但更多时候是用作修饰成分,表示珍贵之义,并给予美好的寓意,如"寶鼎""寶盘""寶尊彝"等。

三、商周金文名物词用"寶"字的异写分析

异写字记录同一个词,其构形、构意相同,但写法不同,这种不同表现为构件位置不同或各结构要素内部笔画上的差异,即书写属性的差异,他们是同一个字的不同写法,属于同一个字位。[②] 商周金文名物词所用"寶"字还存在大量因书写变异而形成的异写字,这些异写字存在于构件层面和笔画层面。构件层面的原因有构件位置不同、构件类化、构件省简、构件轮廓化等;笔画层面的原因有封闭或半封闭形笔画内部写法互异、笔画方折、笔画累增等。为条理清晰地表现名物词用字"寶"的突出异写特征,本节先分析整体层面上的构件位置分布情况,再分构件进行探究,最后分析出现频次较少的具有特色的异写特征,后两个阶段结合造成异写的多重原因进行分析。

---

① 王宁:《汉字构形学导论》,商务印书馆 2015 年版,第 122 页。
② 同上书,第 153—154 页。

（一）因构件位置不同而产生的异写

商周金文名物词用字"寶"，在同一结构类型的写法中，广泛存在因内部构件位置不同而形成的异写。各构形写法中，"宀"居上不变，构件位置变化多在"宀"下。如表2中B类"寶"字，其构件位置有左"玉"右"缶"和左"缶"右"玉"的不同。又如E类"寶"字，其构件位置有上"玉"下"貝"和左"玉"右"貝"的不同。从宀，从玉，从貝，缶声，这一构形的字构件最多，组合位置多样，字数也最多，最能反映"寶"字异写之盛。下文以之为例，统计分析结果如表3：

表3 "寶"因构件位置不同造成的异写在各个时期的分布情况 （单位:例）

时期 字数 类型	A	B	C	D	E	F	G	H	I	J	K	L	M	N	O
商代	8	0	0	0	0	0	0	1	1	0	0	0	0	1	0
西周早期	982	32	217	10	6	1	12	4	1	0	2	10	1	8	15
西周中期	548	19	105	10	4	4	7	0	0	2	0	0	0	3	3
西周晚期	274	17	86	5	2	1	4	0	0	0	0	0	0	2	2
春秋	130	6	69	2	2	4	6	0	0	0	0	0	0	0	2
战国	7	0	7	0	0	0	0	0	0	0	0	0	0	0	0

表3共梳理出15种异写类型。A类为"宀"下，"玉"和"貝"上下排列居左，"缶"居右，包括"缶"形居中、中上、中下等未与左侧齐平的情况。B类与A类之别，在于"缶"居右上，如 （西周早期02712），缶形基本居右上者亦归入此类。C类"缶"居左，右边"玉"上"貝"下排列，包括"缶"整体居左未与右侧齐平的情况。D类"玉""缶"左右排列居上，"貝"居下方中位。E类与D类的不同在于上方变为左"缶"右"玉"排列。F类"玉"居左上，右边"缶"上"貝"下排列。G类"缶"居左上，右边"玉"上"貝"下排列。H类"缶"居上方中位，下边左"貝"右"玉"排列，如 （西周早期04442）基本符合的也归入该类。I类左边上"缶"下"貝"排列，右边整体为"玉"。J类与I类不同，右边"玉"移居右上。K类"玉"居上方中位，下边左"缶"右"貝"排列。①L类上方左"玉"右"貝"排列，"缶"形居下方中位。M类"貝"居左上，右边上"玉"下"缶"排列。N类"缶"形上下部分离散居对角方向，左上为"玉"，右下为"貝"。O类"缶"形上下部分离散居对角方向，右上为"玉"，左下为"貝"。以上构件位置的统计，"缶"形是否省

---

① 虽增繁无关构件、笔画，但结构规整，如 （西周早期04102）， （西周早期11522）也归入此类。

写不论。先统计出 A 类之外其他类型的字数,然后该时期同构形字总数减去其他类型字数,最后得出 A 类字数。①

经分析,上述"寶"的各种异写中,不存在"玉"居左下或下方中位的写法。各时期 A 类排列方式为主流,C 类次之,B、D、G 等类再次之。N、O 类中"缶"形离散的现象多出现在西周早期。除 A 类外,各时期类型数,西周早期最多,有 13 种,西周晚期、中期次之,有 9 种,春秋较少,有 7 种。商代、战国除外,各时期 B 类至 O 类各类型涉及总字数分别为 319、157、120、91 个,分别占该时期"寶"构形字总数的 24.39%、22.24%、30.38%、40.09%。与不同位置类型数整体略有减少不同,"寶"构形字异写比例整体上升。

(二) 因构件本身书写上的差异而产生的异写

异写字的形体差异产生于汉字最小的基础构件内部,分析"寶"字的异写,就需要弄清楚其基础的构形元素有哪些。"汉字的构形元素是构件,最小的元素就是形素。"②在异构分析部分,我们分析出了其组合成字的直接构件,现在需要进一步分析其结构特征,并进行构形的分解,拆出其最小的形素。前述 8 种异构的字,其结构特征并不相同,可分为三大类。第一类,平面结构。"賨""宲""窑"属于此类,3 种异构字里每个构件都是一次性组合成字,分不出层次来,所以可对其进行一次性拆分,拆出来的便是基础构件。"宀""玉""貝""畐"既是直接构件,也是基础构件。第二类,层次构件。"窑"属于此类,这是一个形声的结构,声符"缶"又以"午"为示音成分,所以这个字的声符在构字过程中进行了更换,先是由"午"和"口"组合成"缶",然后"缶"作为声符与"宀"组合成字。对其拆分时,第一层应先拆出"缶"和"宀",然后再对"缶"拆分,拆出"午"和"口"。这里,"宀"是直接构件,也是基础构件,"缶"是过渡构件,"午""口"是基础构件。第三类,由平面结构和层次结构综合构成的综合结构。"寶""窑""窟""䆐"属于此类。以"寶"为例,先为平面结构"賨",再与"缶"进行层次结构的结合,拆分时,先拆出"賨""缶",再分别对这两个构件进行拆分。最后,可以明确,商周金文名物词所用"寶"字虽有各种异构,但形素只有"宀""玉""貝""畐""午""口"几个。下文从这几个基础构形元素入手,分析其在不同时期的突出异写特

---

① 以下不属于表 3 中任一类也不再单列一类的个例,统计时需要减去。书写不规整的,如 ▨(西周早期 01031)、▨(西周早期 20379)、▨(春秋早期 04859)、▨(商代晚期 04864)之类。过度省简无法区分部件、辨明位置的,如 ▨(春秋早期 20175)、▨(春秋早期 20176)之类。仅见的个例,如 ▨(西周早期 11970)、▨(西周早期 11970),是"寶"与"䋍(尊)"的合文写法,"玉"形居左上,右边上"缶"下"貝";▨(西周中期 11812),"缶"居右下;▨(西周早期 30284),"玉"整体居左。

② 王宁:《汉字构形学导论》,商务印书馆 2015 年版,第 87 页。

征并进行历时对比分析。构件"宀"的异写不太突出,多体现在笔画长短和笔势曲直上,构件"缶"少见,不再专门分析。我们仅选择笔画足够清晰的字例进行统计。根据表2可统计出字库中各时期含某部件的字数(未进入表中构形分类的2例略去不计),这是下文比例分析时可参照的基数。因商代、战国体量较少,下述整体特征分析主要涉及其他四个时期。

1. **构件"玉"的异写分析**

该字古文,横笔表示玉片,数量不等,中间系玉的丨形,有出头与不出头的写法。名物词"寳"各写法中的构件"玉"多作王形,或横画较短作王,或横画不等长作王,但竖笔不出头。在此常规写法上,竖笔或延伸贯穿横笔。第一类,或贯穿上部横笔作圭,或贯穿下部横笔作圭,或同时贯穿上下横笔作丰。第二类,横画省作两笔,竖笔贯穿作土、干、丰等形。统计发现在商代、西周早期、西周中期、西周晚期、春秋、战国,第一类写法分别有0、26、14、2、16、0例,西周共42例,第二类写法各有1、23、11、8、12、0例,西周共42例。西周、春秋含"玉"构件字总数为2455、235例。从西周到春秋,两类写法占同期含该构件字总数的比例均有较大提升,同期相比,两类比例相差不大。

2. **构件"貝"的异写分析**

构件"貝"常规写作目、目、目、目,中间一横或两横不等,有时内作断开似芽状左右对称的短笔,组数不等,或是横笔和短笔同时使用。横笔或与上面笔画最低处相接,或是相接处由点拉长作目、目、目,或横笔与上面笔画最低处相离作目、目。以上字形底部均不封闭,左右笔画末端有的呈现出向内、向上收缩之势。上述归为一个类型,作为常规写法,不再统计。下文探讨上述类型之外的多种异写,见表4。

表4 各构形"寳"之构件"貝"异写形式在各个时期的分布情况 (单位:例)

时期 字数 类型	A	B	C	D	E	F	G	H	I	J	K	L	各期含"貝" 总字数
商代	0	0	0	1	1	0	0	0	1	3	0	0	12
西周早期	123	41	6	5	4	22	7	17	11	10	1	6	1320
西周中期	147	22	21	6	3	22	17	98	7	18	6	6	713
西周晚期	19	12	20	0	0	5	19	228	1	5	12	1	395
春秋	3	0	5	0	0	0	4	148	4	0	1	2	232
战国	0	0	0	1	0	0	0	5	0	0	3	0	14

表4中分12类异写。A类主要特征是下部加似足形的短竖,内部笔画不一,无论简单或繁复,统计时都归入此类。B类底部封闭,笔画较平,似有两角,或作目。C

类在 B 类的基础上加似足的短笔,内部写法稍有差异者如▨,亦归入此类。D 类下部有两角,下部笔画向上与横笔相接,或者相离作▨。E 类下部笔画向上,分开接于中部横笔上,在底部形成两个角,个别下部两角变作曲笔。F 类底部封闭,上面两笔最低处向下延伸,贯穿、分割内部,延伸笔画或断开,整体内部贯穿程度、繁简程度不一,另有简化作▨、▨、▨者亦归入此类。G 类在 F 类的基础上,下加似足短笔,内部笔画互异程度不一,或作▨。H 类中贝的形象渐失,底部封闭,整体省简,上面角形不见。或有见者,但最低处不交于横线上,如▨归入此类。▨、▨略异者也归入此类。作▨者最为规整,归入此类。I 类在 H 类的基础上进一步省简,"贝"的左右竖笔与下部两足之形相连,个别省作▨。竖笔不直者如▨、▨,也归入此类。个别如▨、▨上部尚有横笔或断笔者,亦视作该类的省简。J 类与 B 类相别,底部封闭作曲笔,或作▨、▨,中部横画多少不一,且不与上部两笔最低处相接,或作▨,底部曲笔弧度较小,依然与 B 类不同,个别或省作▨,上部角形消失。K 类字形全封闭,笔画圆转流畅,省作"目"形。L 类的"贝"内部中空轮廓化作▨。①

构件"贝"整体上有半封闭和封闭之别,且内部写法不一。各时期含构件"贝"的各类"寶"字总数如表 4 所示,我们以此为基准进行分析。经统计,西周早期、中期,A 类至 L 类总异写字数占同期含构件"贝"字总数的 19.17%、52.31%,此时占主流的单类写法是表外未统计的早期常规写法,但其占比很明显发生了锐减。横向来看,各时期 A、C、G、H 类下部均有短竖,这一特征涉及字数较多,为一重要特征。表 4 中同期异写大类,从西周晚期开始,A 类让位于 H 类。经统计,从西周到春秋,H 类同期占比不断提升,且在西周晚期、春秋时期超过了同时期含构件"贝"总字数的一半。所以说,构件"贝"作 H 类的省简并逐渐占据主流是其主要变化特征。H 类写法在西周晚期已占据主流,秦系文字承袭西周晚期金文而来,此主流写法与后来小篆写法"▨"②已经相差不大。

3. 构件"缶"中"午""口"两个构件的异写分析

前文所引商代"缶"字,金文中的"午"形体现的当是最原始、最象形的写法,甲骨文中已经出现了线条化的转变。各类"寶"字构件中的"缶"也有比较写实的简单的写法,如▨,但常规写作▨,左右两笔居于中部或偏下位置,或作▨,竖笔较短。下部"口"形常规写法为▨,其变式为口形左右上方凸起的笔画消失,省作口或 O 形。也常省作比较规整的向上的曲笔,此类左右对称且上下部分宽度大体一致。从构件组合看来,"缶"的两个构件之间多作▨、▨、▨、▨,上下部分呈相离或嵌入的状态。"缶"的

---

① 其他内部中空的情况整体较少,为了区别,统计时根据外在笔形特征分别归类,如▨归入 A 类,▨和▨归入 H 类。
② [东汉]许慎:《说文解字》,中华书局 2013 年版,第 125 页。

上下构件相交的极少,不再统计。相接的情况在下表各个时期都有,分别有1、32、40、14、43、3例,整体较少,春秋时比例最高。上述之外,"缶"字还有多种异写。下面我们对两个构件分别进行异写统计,二者的各种异写特征或是单独出现,或是两个构件组合出现,这方面不再统计。具体统计见表5:

表5　各构形"寶"之构件"缶"异写形式在各个时期的分布情况　（单位:例）

时期＼字数类型	A	B	C	D	E	F	G	H	I	J	K	各期含"午""口"总字数
商代	2	2	1	1	1	4	0	0	4	1	3	15、13
西周早期	175	346	18	36	147	108	34	23	62	283	220	1506、1492
西周中期	4	59	29	5	91	90	90	16	1	122	179	727、720
西周晚期	2	4	10	6	53	45	155	4	12	34	113	405、400
春秋	0	3	11	0	13	8	115	5	7	19	47	237、235
战国	0	0	0	0	2	8	8	0	1	2	6	15、15

A类左右短笔居于丨形底部。B类写实状粗笔在上,左右笔画在下,左右笔画接近平直者如🜸,个别上部作钩廓状者如🜸,亦归入此类。C类仅有竖笔,突出写实状粗笔,个别没有写实状粗笔的丨形,亦归入此类。D类"午"形省简,左右两笔相接,上有短笔,上端或粗写作🜸,个别作🜸状写实笔画,亦归入此类。E类竖笔没有突出左右两笔的夹角,🜸、🜸、🜸等左右两笔与竖笔相接而成的夹角比较粗实,亦归入此类。此类竖笔大多较短,个别较长。F类构件"午"省作+形,🜸、🜸等中间作粗写或左右斜笔基本平直者亦归入此类。G类左右斜笔相接居上,竖笔下端作点画,点画或拉伸成短横作🜸,有时上部也作写实的笔画。H类"口"形作向上的弧形粗笔,为写实状,西周早期有2例作🜸,是类似方形的实心状,统计时归入此类,不另作一类。I类"口"省作向上的较为扁平、舒展的弧笔,曲度不一,或作🜸。J类口形下作V形,整体似▽形,左右斜笔或不高于上部横笔作🜸,底部尖锐度不一,我们把上部较宽、底部较窄的都归入此类。K类"口"省作V,或作🜸、🜸,底部尖锐度不一。构件"午"存在倒写的情况,上述统计时不作区分,如🜸归入E类,🜸归入A类。

根据表2可统计出各时期含构件"缶"的字数,再减去省"午""口"的字数,得出含构件"午"和构件"口"的总字数,详见表5,我们以此作为基准进行比例计算。先看构件"午"。横向来看,表中各类特色异写总字数在同期含该构件字中占比都在一半以上,西周中期最低。各时期异写大类由西周早期的B类让位于西周中期的E、F、G类以及西周晚期、春秋时的G类。纵向分析,从西周早期到西周晚期,同期占比中

A类递降非常明显,分别是11.62%、0.55%、0.49%。B类锐降和G类快速提升,对比最为明显,西周中期二类持平,西周晚期、春秋时,G类远远高于B类。可见▲中上部写实状的粗笔逐渐下移到左右斜笔之下,是构件"午"最显著的一个变化特征。再看构件"口"。横向看来,除战国外,H类至K类中各时期各种异写总数没有超过同期其他常规写法。除西周中期外,H类在各类异写中字数最少、占比最小。从西周到春秋,各期代表性写法主要是J类和K类,前者占比递降,后者先升后降。

(三) 其他较少出现的特色异写分析

此部分讨论出现频次较低,但是较有特色的几种异写,根据产生原因举例分述如下。

1. 构件互相影响、发生类化

构件"玉"本作玉,受到"缶"的上部▲的影响,而类化为✦、✦;构件"贝"本作贝,受到"缶"下部的影响,而类化为♠、□、✘、▦等。以上影响多发生在字内构件之间如▦(西周中期04241)、▦(西周中期12404)、▦(西周晚期05646)、▦(西周晚期03296)。也有"缶"的上部受"玉"影响类化,同时"贝"受"缶"影响类化的例子,如▦(春秋早期14792)、▦(春秋早期14970)。但个别字如▦(西周中期05301)、▦(西周中期10675)中的"贝",是受同时期其他字中"缶"的下部写法的影响,此种写法是■这一实心写法的进一步省简,没有为"贝"的类化提供参照。更有"玉"受"缶"上部影响类化后二者一起进一步简化和"贝"受"缶"下部影响类化后二者进一步简化的情况,如▦(西周晚期14891)、▦(春秋早期20175)、▦(春秋早期20176)等字中,"玉"和"缶"上部逐渐简化为丨,后两者"贝"和"缶"下部简化为×。另有作▦(西周晚期04684)者,以上述例子为参考,"玉"当是受"缶"的上部影响类化,二者写法一起变得草率,考虑到"缶"下之"口"不乏省去之例,且该字下部丨形居下方中位,而"贝"形不乏居下方中位者,故丨当为"贝"之省。① 另有作▦(西周晚期01911)者,"贝"形因类化省作半圆形。这些均因部件类化而造成整体省简,很有代表性。构件类化亦有繁化之例,如▦(春秋早期14460)、▦(春秋早期02217)中的"缶",上部受"玉"的影响类化,后者类化后还极少见地与下方构件相交。构件▦、▦中,上面的"午"形或受下面"口"形影响而类化。因类化而繁化之例相对较少。

2. 构件混同、增繁、连写

西周早期,构件"玉"有几例讹作"王"者,作王、王,下方笔画粗重,且作向上的弧

---

① 春秋早期有编号分别为02990、02991、02992三器中的字形▦,《金文通鉴》中隶作"宝",细查"宀"二形有竖笔贯穿与否的区别,再结合本节所论构件"玉"和"缶"的上部多种互相影响类化的情况,我们认为隶作"窑"比较合适。

笔,似斧钺之形,春秋晚期 王 亦属此类。西周早期,"玉"形或作 ㇏、㇏,西周晚期偶见省竖笔作"三"者。"贝"有讹作 ㇏、㇏ 似鼎形者,或进一步繁化作 ㇏。"缶"形上部或讹作"土"形作 ㇏、㇏。 ㇏(西周早期04185)"缶"中"口"形繁作 ㇏, ㇏(西周早期05107)中仅保留繁化的构件"口" ㇏。 ㇏(西周早期04102)、㇏(西周晚期04776),在原字右下角增繁无关构件。"缶"形上部增繁构件"午"作 ㇏,或上下构件连写后,又增繁"口"形作 ㇏。构件"玉"和"贝"亦有连写或合文之例,如西周早期 ㇏、㇏、㇏ 和西周晚期 ㇏。

3. 笔势变化,笔画增繁、省写,或采用借笔

西周晚期 ㇏ 中"玉"形下部作开口向下的折笔,春秋时亦见中画作开口向上的折笔。西周早期,"贝"形偶见作 ㇏,左右笔画方折。 ㇏(西周中期04902)中"缶"的下部在实心点的基础上又拉长作竖笔。 ㇏(西周早期11522)中"缶"形上、"贝"形下增繁折笔和弧笔, ㇏(春秋早期14463)在"贝"下增繁短竖。 ㇏(西周晚期05250)在"玉"下增繁弧笔。"玉"形偶见省作"三"或"工"者。 ㇏(春秋早期04858器)中"贝"借用了"宀"的左边笔画,此外还有借用"宀"右边笔画的情况。

结　语

商周金文名物词中所用"寶"字字例较多,本文对其中的异构进行了全面的研究,对其中的异写,关注突出特征,具体到基础构件,进行了分别归类论述。因篇幅有限,对于不同异写特征组合出现的习惯未展开论述,如同构形不同构件位置排列下构件异写习惯以及哪两到三类构件异写情况容易同时出现等。另外对于特色个例亦未全面论及。但综合以上分析结果,我们亦有一些收获。一方面,西周至春秋文字较之商代文字体系更加成熟,除偶见几例全字倒写和构件"缶"倒写的例字外,并未看到大量倒书。但另一方面需承认,西周时期文字异形现象就很突出了,异写情况日益严重,究其原因,当是"寶"字使用范围较广,有国别、地域之分,而且金文多用于歌功颂德,实际用字追求和谐、美观,所以表现出构件不同或异写的情况。但是我们也注意到,由异构这一字间差别最大形式造成的异形当中,西周中期到晚期比例上有明显的降低。这或与周秦时的第一次文字整理运动有关。《礼记·中庸》:"今天下车同轨,书同文,形同伦。"①《管子·君臣》:"书同名,车同轨。"②黄德宽先生认为,上述书中所记述的"书同文(名)",可能发生在西周中晚期到春秋之时,文字学史上的第一部

---

① [清]朱彬撰,饶钦农点校:《礼记训纂》,中华书局1996年版,第779页。
② 黎翔凤撰,梁运华整理:《管子校注》,中华书局2004年版,第559页。

字书《史籀篇》便是配合此次文字整理而编写的,黄先生还指出《史籀篇》不可能迟于春秋。① 我们得出的数据或许与西周中晚期时的文字整理有关。研究中我们也发现了"寶"字整体上朝简化、音化发展的趋势,这与文字整体发展的主流是一致的。

以往名物词的研究多关注传世文献,出土文献名物词的研究有待深入。但对出土文献进行词汇研究、文字研究当是重点也是基础,其用字情况应当予以高度关注。本文对商周金文中的名物词所用的单个"寶"字进行梳理,发现在文字尚未定型的阶段,对复杂的异体字现象进行研究很有必要,这可对训释词义提供线索和参证,帮助深入解释名物词"同词异形"的现象。

Heterographic Analysis of the Character "寶" Used in Physical Object-Referring Terms in Shang and Zhou Dynasty Bronze Inscriptions

Zhou Suhuan, Liu Xingjun

Abstract: Through a comprehensive analysis of images of the character "寶" used in physical object-referring terms in Shang and Zhou dynasty bronze inscriptions, 2,744 identifiable instances with distinct structural features have been found, with the largest number occurring during the Western Zhou period. This study focuses on four periods of the Western Zhou Dynasty (early, middle, late) and Spring and Autumn Period, as well as the Shang and Warring States periods, examining both "heterogeneity in structure" (异构) and "heterogeneity in writing" (异写) of the character "寶". Regarding heterogeneity in structure, the study analyzes the variation in the formation patterns of "寶" across different periods. In terms of heterogeneity in writing, the analysis concentrates on variations caused by the positioning of the character's components and by the differences in writing styles of the four basic components: "玉", "貝", "午" and "口". Special attention is given to diachronic changes, and other less common forms of heterogeneity are also discussed. This research sheds light on the complex morphology of physical object-referring terms in ancient bronze inscriptions and explores the intrinsic development patterns of Chinese characters.

Keywords: bronze inscriptions; physical object-referring terms; "寶"; heterogeneity

---

① 黄德宽、陈秉新:《汉语文字学史》,安徽教育出版社2006年版,第7—8页。

《商君书》"乘枉木"异解辨正

方有国　段茂升[*]

摘要：《商君书》"乘枉木"的"乘"或解为"升"，或解为"枻"之讹、"乖"之误，"枉木"或解为"杠木"。实际上"乘枉木"指木工加墨线于枉木之上取直，"乘"义为"加（墨线）"，"枉"义为"曲"，"枉木"指弯曲的原木。

关键词：《商君书》　乘枉木　加墨线　异解辨正

《商君书》是战国时期秦国大臣商鞅所著并流传至今的著作[①]，也是战国法家学派重要文献之一。本文要讨论的"乘枉木"见于《商君书·农战》：

> 然则下官之冀迁者，皆曰："多货，则上官可得而欲也。"曰："我不以货事上而求迁者，则如以狸饵鼠尔，必不冀矣。若以情事上而求迁者，则如引诸绝绳而求乘枉木也，愈不冀矣。二者不可以得迁，则我焉得无下动众取货以事上，而以求迁乎？"

这段文字记述了战国时期秦国官员求升迁官位的腐败现象。如果下级官员"不以货事上"（不用钱财侍奉上司。货，钱财。事，侍奉），升迁必无希望；如果"以情事上"（忠诚于上司），升迁更是没有希望（上司要的是"钱"不是"情"）。在这种情况下，下级官员转向社会底层，向普通民众勒索钱财贿赂上司，以求得自己官位的升迁。文中"则如引诸绝绳而求乘枉木也"是作者对"以情事上"求得升迁更无希望的比喻性描述，但"乘枉木"的意思一直不太明确，注释者意见分歧，有的注释不合逻辑或常理，有的注释错误。

本文辨析几家对《商君书》"乘枉木"的注解，指出其中的问题，进而考证《商君

---

[*] 方有国，1952年生，西南大学文学院教授，主要研究方向为古汉语语法及文字训诂；段茂升，1977年生，重庆人文科技学院文学与新闻传播学院副教授，主要研究方向为古汉语语法与教学。

[①] 高亨根据《商君书》中有商鞅以后的其他法家作品，认为《商君书》"是商君遗著与其他法家遗著的合编"。参见高亨：《商君书作者考》，载《商君书注译》，中华书局1974年版，第7页。

书》"乘枉木"的真实意义,为注解"乘枉木"提供一种新的参考意见。

一、"乘枉木"注解辨析

《商君书》有多种注本,这里选取近现代学者朱师辙、高亨、蒋礼鸿、石磊与董昕等四家注释加以辨析,以其注本出版时间先后为序。

(一) 朱师辙的注解

朱师辙《商君书解诂》注释"乘枉木"云:"乘,升也。枉,曲也。"又引邵瑞彭的注解:"乘当为桀之讹字。《字林》:'櫷,杙也。'櫷则桀字,此言桀枉木,盖谓椓杙之。"①

朱师辙释"乘"两解并存,两解都有可商之处。依照"乘"义为"升"的注解,"乘枉木"意即"升枉木"。枉木指弯曲的树木,"升"义为升高,弯曲的树木要如何升高?或可能是人升于枉木之上,或者是人使枉木(弯形原木)上升,究竟哪一种解释符合原义,不太明确。"乘枉木"所在句子是"引诸绝绳而求乘枉木也",句中的"绳"是什么"绳"? 跟"升枉木"有何事理关联? 也未明确。再看看"升枉木"在古代典籍中的使用情况,笔者检索清代编修的《四库全书》(以下简称《四库》)和尹小林《国学宝典·中国典籍库》(以下简称《典籍库》)两套大型古籍丛书②,结果都没有"升枉木"的用例,这说明"升枉木"之解并没有语言实例支持。由此,注"乘"为"升"是否正确,值得重新思考。

朱师辙引邵瑞彭释"乘"为"桀"之讹字,"桀枉木"义为砍椓枉木。这一注解也多有疑点。一是同上文"升枉木"一样,"桀枉木"与句中"引诸绝绳"的"绳"有何事理关联? 二是《商君书》的校本中清代严万里《商君书校》成就最大,他对"乘枉木"的校语是:"乘,秦本作绳,疑误。"没有说"乘"是"桀"的讹字。三是检索《四库》和《典籍库》,也不存在"桀枉木"的用例。注释者把"乘枉木"解释为"桀枉木"缺乏语言事实和其他依据。此外宗福邦、陈世铙、萧海波主编的《故训汇纂》收载古人对文献典籍的故训和注解详实而全面,其中"乘"字的故训 222 条(动词"乘"101 条,名词"乘"121 条),没有"乘"是"桀"之讹字的故训和说明。③ 由此,朱师辙引邵瑞彭"乘枉木"之"乘"是"桀"之讹字的注释,也是令人怀疑的。

---

① 朱师辙:《商君书解诂定本》,古籍出版社 1956 年版,第 11 页。
② 文渊阁《四库全书》电子版,上海人民出版社、迪志文化出版有限公司 1999 年版;尹小林:中国基本典籍电子文库《国学宝典·中国典籍库》1997 年纪念专版。
③ 宗福邦、陈世铙、萧海波主编:《故训汇纂》,商务印书馆 2003 年版,第 40—43 页。

（二）高亨的注解

高亨《商君书注译》兼有注释和翻译。书中注"乘枉木"沿用朱师辙"乘,升也。枉,曲也"的注解,对"乘枉木"所在原文"若以情事上而求迁者,则如引诸绝绳而求①乘枉木也,愈不冀矣"的现代汉语翻译是:"如果用忠诚对待上司,而要求升官,就像牵着断了的绳子而想爬上弯树,更是没有希望的。"②

高亨注译的问题是"牵着绳子爬树"。爬树是人类生产、生活中常见的事,笔者小时候也曾爬过树,通常是用手脚,不用绳子。爬树时两手臂合抱树干,大小腿曲折起来,左右脚板贴于树干两侧为支点,大小腿发力伸展,带动身子和双手臂向上移动,动作重复进行就会越爬越高,爬弯树也是如此。另有一种方法是:伸直双臂,双手把住树干背面,双脚正面蹬着树干,左右两边的手和脚各组成一组,交替向上移动,也能逐渐爬高。这种方法需要较大的力气,使用者较少,但同样不用绳子。如果爬树要用绳子,读者会满腹疑问:爬树为什么要用绳子? 爬树时两手臂抱住树干,双手不空,怎么操作绳子? 这些问题需要得到清楚而合乎逻辑的解释,否则读者难以信从。

注译还有一个问题,对"枉木"形态认定有误。"枉木"(以及其他树木)通常有两种状态,一种是正在生长的(树),另一种是砍斫备用的(原木)。这两种枉木,前者可以攀爬,后者已不具攀爬条件。高亨注译"乘枉木"为"爬上弯树",说明他认为《商君书》的"枉木"是正在生长的树木,实际上应是砍斫备用的弯木(详后),高亨对"乘枉木"的注释和翻译都有商讨的余地。

（三）蒋礼鸿的注解

蒋礼鸿《商君书锥指》注"乘枉木"说:"枉,疑当作杠。《尔雅·释天》:'素锦绸杠。'郭璞注:'以白地锦韬旗之竿。'是杠即竿木,言缘绳以升竿木,绳绝则不得上也。"③

蒋礼鸿的注释和翻译认为,《商君书》"乘枉木"意义为"升杠木",其中"乘"义为"升","枉"疑当作"杠",有旗竿和竿木等意义。注释所引《尔雅·释天》"素锦绸杠"的"杠"是旗竿义,《商君书》"乘枉木"的"枉"疑当作"杠"的是竿木义(竿木,古代爬竿游戏,详下文)。

---

① 此"求"字朱师辙《商君书解诂》、高亨《商君书注译》均脱去不显。按:原文"求"字句由两个分句构成,前分句"……而求迁者"与后分句"……而求乘枉木也"相对应,据此后分句当有"求"字,今补。
② 高亨:《商君书注译》,中华书局1974年版,第33—34页。
③ 蒋礼鸿:《商君书锥指》,中华书局1986年版,第21页。

"杠"有旗竿义,字词典都有收录和解释①,不难理解,可以不论。注释说《商君书》"乘枉木"的"枉"疑当作"杠"而义为竿木,值得商榷。检索《四库》和《典籍库》,"枉木"63例(四库56例+典籍库7例),没有"杠木"用例。《四库·集部》北宋李昉等《文苑英华·木坠误厌(压)判》有一例"杠木",原文说:"周官揆日,斫之登登,郢匠成风,行者扰扰,杠木之下,危于坐堂,改途而行,何必由户?"这一例"杠木"指建筑工地高处坠落下来砸死下面行人的木料,不是竿木,也不是旗竿。由此,《四库》和《典籍库》也没有表示旗竿或竿木义的"杠木"用例。调查发现,表示旗竿和竿木义,古人用"杠"不用"杠木",所以典籍中难以见到"杠木"用例。注释者把《商君书》"乘枉木"的"枉木"解释为典籍中不存在的"杠木",其正确性令人怀疑,需要再行考察研究。

"竿木"是古代一种爬杆游戏或杂技表演,也叫缘橦、缘竿、缘竿戏等。缘,沿着、顺着的意思;橦、竿是用木杆或竹竿做成的爬竿道具。北宋马端临《文献通考·乐考》记载说:"虽有异名,要之同为缘橦之一戏也,唐曰竿木,今曰上竿。"东汉张衡《西京赋》描述竿木戏的表演:"侲僮程材,上下翩翻,突倒投而跟絓,若将绝而复联。"说侲僮(幼童)缘着竿木上下翻爬,突然倒缒(挂),缘着竿木下坠,快要至地,又用脚跟联(连)挂于竿上,动作十分惊险。"跟絓(挂)"是用脚后跟紧贴于竿木阻止下坠,上下翻爬、倒挂表演都不用绳子。蒋礼鸿注释认为《商君书》"引诸绝绳而求乘枉木也"说的就是竿木戏,故注解说"枉疑当作杠……是杠即竿木"。实际上"枉木"和"竿木"不是一回事,枉木与古代木工之事有关,竿木与古代百戏之事有关。注解将二者联系或等同起来,不准确,也不合乎实际。

(四)石磊、董昕的注解

石磊、董昕《商君书注译》也是注释兼翻译,书中注解《商君书》"乘枉木"云:"乘,疑是'乖'之误,义为违背,此指修正。"把"乘枉木"所在句子"则如引诸绝绳而求乘枉木也"翻译为:"那么就像手牵着已经断了的墨线想要校正弯曲的木材。"②

应该说,石磊和董昕对《商君书》"则如引诸绝绳而求乘枉木也"的句意翻译是基本正确的,把"乘枉木"的"乘"解释为"'乖'之误"可商。第一,"乘"是"乖"之误,只是怀疑,没有证据。第二,检索《四库》和《典籍库》,未见"乖枉木"用例。范围再扩大一些,古代典籍中其他"乘"字有无"'乖'之误"的情况呢?查阅宗福邦等主编的

---

① 如蒋礼鸿注释所引《尔雅·释天》:"素锦绸杠。"郭璞注:"以白地锦韬旗之竿。"丁度《集韵·江韵》:"杠,旌旗竿。"柳宗元《起废答》:"杠盖后随。"蒋之翘辑注:"杠,旗竿也。"
② 石磊、董昕:《商君书注译》,黑龙江人民出版社2003年版,第22、25页。

《故训汇纂》,"乘"字条下没有"'乘'是'乖'之误"的故训和例证。第三,"乖枉木"语义搭配不当。语言中语义搭配要求合乎事理、思维和语言习惯等。"乖"义为乖戾、违背,"枉木"义为弯曲的树木,二者搭配起来意思是"乖戾弯曲的树木"或"违背弯曲的树木",都不符合语义搭配的要求。注释者在注"乖"义为"违背"后,又增释为"修正",翻译时又改用"校正",但问题仍未解决,"修正/校正弯曲的树木",也不是汉语的习惯说法。

二、"乘枉木"意义正解

上节辨析了朱师辙等四家对《商君书》"乘枉木"的注解,各家都有自己的看法,但都存在一些问题。本节在前贤解释的基础上,分别考察《商君书》"乘枉木"的"乘""枉木"和"引诸绝绳"的"绳"这三个词的真实意义,并对"乘枉木"给出一个完整的解释。

(一)"乘枉木"的"乘"

前文我们曾提到《商君书》"乘枉木"与古代木工之事有关,具体说来就是木工经常要做的"枉木取直"的木工活儿。目前"乘枉木"的"乘"有释为"升""桀之讹"和"乖之误"等三种解释,而三种解释都不是"乘"的真实意义。"乘枉木"的"乘"应该注释为"加""加其上"或"加在……之上"。所加之物即木工取直用的绳墨或墨线,承前"引诸绝绳"的"绳"省去了。墨线加于何处呢?加于"枉木"之上,也就是需要取直的弯木上面。如果把省略或隐藏的成分补充上去,"乘枉木"应写作"乘(墨线)(于)枉木(之上)",意思是"加墨线于枉木之上"或"把墨线加在弯木上面"。

古代汉语"乘"有"升"和"登"的意义,东汉刘熙《释名·释姿容》说:"乘,升也。登亦如之也。"①《诗经·豳风·七月》:"亟其乘屋。"西汉毛亨传:"乘,升也。"《汉书·陈汤传》:"夜过半木城穿,中人却入土城,乘城呼。"唐代颜师古注:"乘,登也。"

除"升""登"义之外,"乘"还有"加"或"加其上"的意义,《淮南子·氾论训》:"强弱相乘,力征相攘。"东汉高诱注:"乘,加也。"《说文·桀部》:"乘,覆也。"李孝定说:"乘之本义为升,为登。引申为加其上。许训'覆也',与'加其上'同意。"②清代段玉裁注"乘"字曰:"加其上曰乘。人乘车是其一耑(端)也。"③朱骏声《说文通训定

---

① [清]王先谦撰集:《释名疏证补》,上海古籍出版社1984年版,第129页。
② 李孝定编述:《甲骨文字集释》第四册第五卷,台北"中研院"历史语言研究所1965年版,第1934页。
③ [清]段玉裁:《说文解字注》,上海古籍出版社1981年版,第237页下。

声》:"自下而升曰登,自上而加曰乘。"①《商君书》"乘枉木"的"乘"就是上述高诱、李孝定、段玉裁、朱骏声等注释为"加""加其上""自上而加"等意义的"乘"字,只是所加之物不一定是墨线而已。古代典籍注释"加"字或写作"驾",音近相通。如《荀子·儒效》:"人遂乘殷而诛纣。"清代王先谦《集解》引郝懿行:"乘者,覆也,谓驾(加)其上也。"

其实加墨线于枉木之上取直,古人或直接用"加"字,对象从取直枉木延至纠察人事,如《荀子·法行》:"公输不能加于绳墨,圣人不能加于礼。"《管子·山国轨》:"上立轨于国,民之贫富如加之以绳,谓之国轨。"《晋书·卞壸传》:"御史中丞钟雅阿挠王典,不加准绳,并请免官。"《华阳国志·卷一》:"绳宪未加,或遇德令。"《四库全书·世宗宪皇帝朱批谕旨》:"积习已久,不可骤加绳墨,亦不可因循姑息。"等等。

"乘"可以代之以"加",说明"乘""加"二字是同义的;《商君书》"乘枉木"的"乘"注释为"加"或"加其上"是正确的。

(二)"乘枉木"的"枉木"

"枉木"的意义是弯曲的树木。《说文·木部》:"枉,衺曲也。从木㞷声。"清代段玉裁注:"本谓木衺曲,因以为凡衺曲之称。"②按,段注是。在《商君书》"乘枉木"中,"枉"是形容词作后面"木"的限定成分。《说文·木部》:"木,冒也。冒地而生……从屮,下象其根。"《说文》释"木"用声训,其本义为"冒地而生"的树木,引申为凡树木之称,词性为名词。《商君书》"乘枉木"的"枉木"就是用形容词"枉"和名词"木"构成的名词短语,典籍中常见,如《荀子·君道》:"譬之是犹立枉木而求其景(影)之直也,乱莫大焉。"《荀子·法行》:"且夫良医之门多病人,檃栝之侧多枉木。"《韩非子·二柄》:"故绳直而枉木斫,准夷而高科削。"《盐铁论·箴石》:"语曰:'五盗执一良人,枉木恶直绳。'"等等。又"枉""曲"意义相通,枉木或作曲木,并与"直木"相对,如《管子·小问》:"曲木已傅,直木无所施矣。"

"枉木"的反义词语是"直木",单音的"枉"和"直"也是一对反义词。运用反义词的特点,我们可以确定《商君书》"乘枉木"的"枉木"是弯曲的树木(原木),同时可以判定"枉木"解释为"杠木"是不正确的。古代典籍中"直木"与"枉木"、单字"直"与"枉"的反义用例都很常见,如《庄子·山木》:"直木先伐,甘井先竭。"《荀子·王霸》:"过犹不及也,犹立直木而求其景(影)之枉也。"《论语·为政》:"举直错诸枉则

---

① [清]朱骏声:《说文通训定声》,武汉市古籍书店1983年影印本,第66页下。
② [清]段玉裁:《说文解字注》,上海古籍出版社1981年版,第250页下。

民服;举枉错诸直则民不服。"《淮南子·本经训》:"矫枉以为直,让险以为平。"等等。

前面曾提到,正确解释"枉木"还要注意分辨是生长的枉木,还是砍伐备用的枉木(原木),只有仍在生长的枉木才可以攀爬。《商君书》"乘枉木"之"枉木"已是砍伐备用的原木,注释者往往忽略这一点,径直认为是生长的弯树,并据以解释"乘"为"升""登""爬上"等,结果都不正确。

(三)"引诸绝绳"的"绳"

"引诸绝绳"与"乘枉木"同见于《商君书》"则如引诸绝绳而求乘枉木也"这句话中,注释者大都把此"绳"看作一般的绳索,结果解释错误。

"引诸绝绳"的"绳"不是一般的绳索,而是木工取直枉木的墨斗上的墨线。墨斗是木工画线或弹墨线的工具,由前斗和后轮组成,前斗形状似斗,里面放入浸有墨水的棉球等,故称墨斗。斗身前后有小孔,为墨线通道。后轮是缠绕墨线的线轮,有手摇的转柄收放墨线。枉木取直方式是牵出墨斗里带有墨汁的墨线,将线头固定在枉木上面的一端,手持墨斗牵引墨线拉直并固定于弯木的另一端,用拇指和食指的指尖捏着墨线向上提起,随后手指松开,墨线落下,枉木上面出现一条直线。这就是墨线取直的方式和过程,俗称"弹墨线"。去掉直线以外不要的部分,枉木变成有用的直木。《淮南子·主术训》云:"是绳正于上,木直于下。"说的就是墨线取直的方式及效果。

《商君书》"则如引诸绝绳而求乘枉木也,愈不冀矣"句中的"绝绳",就是取直枉木的墨线,不过这里的墨线中间已经断开,用来取直枉木,只能事与愿违。《商君书》用以"绝绳"取直枉木注定不能成功作比喻,告诉下属官员"不以货事上"而仅是"以情事上"来求得升迁,犹如用中间断开的"绝绳"取直枉木,那是更加没有希望的。

结　语

《商君书》"乘枉木"的真实意义现在比较清楚了,它是木工使枉木变成直木的一种技术。"乘"不训"升""登",不是"爬(树)",也不是"桀"之讹、"乖"之误。"乘"之义训"加"或"加其上",所加之物为墨线,所加之处在枉木的上面。古代汉语有"杠"而无"杠木",注释者疑"枉木"为"杠木"没有确凿证据。"绝绳"之"绳"是木工取直枉木的墨线,视为一般的绳索是不正确的。《商君书》"乘枉木"的意思是木工取直枉木时"加墨线于枉木之上"或"把墨线加在弯木上面"。这样解释,"乘""枉木""绳"三词各自的意义明确,相互词义关系协调,与"乘枉木"的整体意义也是相吻合的。

Differentiation and Correction of the Different Interpretations of "Riding on the Crooked Wood" in *The Book of Lord Shang*

Fang Youguo, Duan Maosheng

Abstract: In *The Book of Lord Shang*, the phrase "riding on the crooked wood" has been variously interpreted as "ascending" (climbing a tree), or as misreadings of "桀" or "乖". The term "crooked wood" has also been interpreted as "pole wood". In reality, "riding on the crooked wood" refers to the process in woodworking where ink lines are added to a crooked log in order to straighten it. Here, "riding" means "adding" (the ink lines), "crooked" refers to something that is bent, and "crooked wood" refers to a curved log.

Keywords: *The Book of Lord Shang*; riding on crooked wood; adding ink lines; differentiation and correction of interpretations

"饙""馏"考*

张 徽**

摘要：古人称把饭蒸熟为"饙""馏"，有学者认为"饙"指煮米半熟后捞起再蒸熟，"馏"指把熟饭再蒸热，《汉语大字典》说同此。文章通过分析故训与《齐民要术》中"饙"的用例，提出："饙"应指蒸米半熟后用水泡米，泡米是为了让米胀大，故"饙"，贲也，指米粒吸水胀大，从"贲"之字多有大义；"馏"指饙后再蒸熟，其时蒸汽大盛，化为气汗下流，故"馏"的语源是"流"，指气汗下流。用"饙""馏"法蒸饭具有营养流失少、能将生米最大化变为米饭、适用于古代的蒸饭器三种优点。该法曾在20世纪50年代被大力推广，并加以改良。文章的结论或能为字典辞书"饙""馏"的修订提供依据，并为饮食史的研究提供参考。

关键词："饙" "馏" 蒸饭法 优点

古人称把饭蒸熟为"饙""馏"，《尔雅·释言》："饙、馏，稔（指熟）也。"林银生等《中国上古烹食字典》提出"饙"是"煮米半熟时再捞出来放在笼屉上蒸熟"，而"馏就是蒸熟饭。按现在一般的说法，把凉了的食物再蒸热叫馏"。① 徐海荣主编《中国饮食史》卷二也认为"蒸饭之法，西周时就已出现，并在中国沿用了几千年。这时蒸饭是把米从米汤中捞出，用箅子放在甑中蒸……这种把米蒸成饭后，米粒胀大高起的蒸饭方法，周人称之为饙（亦作饡）"。②《汉语大字典》采用了这种说法，认为"饙"指"蒸饭，煮米半熟用箕漉出再蒸熟"，"馏"指"再蒸"，"又方言，把熟食蒸热"。③

---

* 本文系江苏省高校哲学社会科学研究一般项目"南朝正史文化语词研究"（2024SJYB0162）的阶段性成果。
** 张徽，1981年生，文学博士，南京信息工程大学副教授，硕士生导师，研究方向为训诂学、文化语言学。
① 林银生、李义琳、张庆锦编著，王宁审订：《中国上古烹食字典》，中国商业出版社1993年版，第468、475页。
② 徐海荣主编：《中国饮食史》（卷六），杭州出版社2014年版，第50页。
③ 汉语大字典编辑委员会编纂：《汉语大字典（九卷本）》，四川辞书出版社、崇文书局2010年版，第4764、4760页。

从故训与"饙""馏"两词在文献中的使用情况来看,这一意见有待商榷。文章将通过分析故训与《齐民要术》中"饙"的用例,阐释"饙""馏"的词义与语源,揭出"饙""馏"蒸饭法的优点,并描述此法在中国20世纪50年代的推广与改良。文章的结论或能为字典辞书"饙""馏"的修订提供依据,并为饮食史的研究提供参考。

一、"饙"的意义与语源

(一)"饙"的意义

故训中"饙"有两种解释:一是一蒸米(饭),即半蒸未熟。

《诗·大雅·泂酌》:"泂酌彼行潦,挹彼注兹,可以餴饎。"孔颖达疏引《说文》:"饙,一蒸米也。"

《经典释文》引《字书》曰:"饙,一蒸米。"

《广韵·文韵》:"饙,一蒸饭也。"

宋本《玉篇·食部》:"饙,半蒸饭也。"

按:从"一蒸"的表述可知"饙"后会再蒸,那么"一蒸"就是半蒸,故《玉篇》释为"半蒸饭"。半蒸意味着饭粒未熟,清郝懿行云:"饙者,半蒸之,尚未熟。"[①]

二是滫饭,指水沃半熟饭。

《说文·食部》:"餴,滫饭也。从食,奉声。饙,或从贲。"

按:餴同饙,许慎云指"滫饭",段玉裁注"谓以水溲热饭","溲"《说文》云"浸渍(沃)也","水溲热饭"指水沃热饭。王筠云:"烝米半熟,以水溲之,是之谓饙。"[②]此谓"滫饭"是水沃半熟饭。

"饙"指水沃半熟饭在《诗经》中已有用例,比如:

《诗·大雅·泂酌》:"泂酌彼行潦,挹彼注兹,可以餴饎。"

毛亨传:"泂,远也。行潦,流潦也。餴,馏也。饎,酒食也。"

郑玄笺:"流潦,水之薄者也,远酌取之,投大器之中,又挹之注之于此小器,而可以沃酒食之餴者,以有忠信之德,齐絜之诚,以荐之故也。"

孔颖达疏:"言使人远往酌取彼道上流潦之水,置之于大器而来,待其清澄,又可挹彼大器之水,注之此小器之中,以灌沃米餴,以为饎之酒食……沃酒食之

---

① [清]郝懿行:《尔雅义疏》上之二,北京市中国书店1982年版,第16页b面。
② 丁福保编纂:《说文解字诂林》,中华书局1988年版,第5332页。

饙,谓为饙之时,以此水沃润之也。"

按:《诗》谓远远地勺取路上的雨水,放在容器中澄清,可以"餴饎","餴"同"饙",毛传、郑笺的解释语焉不详,孔疏云指"灌沃米餴",即用水灌注沃润米饙。宋朱熹《诗经集传》云:"饙,蒸米一熟,而以水沃之,乃再蒸也。"①可见"饙"指用水沃半熟饭,该做法先秦已存在。

上述"饙"的两种解释虽不同,但都包含"饭粒半熟"的意义,相互之间存在关联,因此我们认为两种说解是从不同角度解释"饙"。"一蒸米"是总体描述,强调"饙"只是蒸饭过程的一半;"潃饭"是细节描写,侧重说明用水沃饭是"饙"的关键步骤。综合两种解释,可知"饙"应指蒸饭半熟后用水沃饭。

"饙"的这种做法现代已不常见,尤其是水沃半熟饭对我们来说十分陌生,因此"饙"容易被误解。有观点认为是煮米半熟后再蒸熟,这种说法从故训来看是可以讨论的。当然对于水沃半熟饭,我们还需要进一步研究,《齐民要术》中"饙"的用例十分丰富,共出现20余次,"饙"多用作名词,指半蒸未熟的饭,②根据这些材料我们可以对中古水沃半熟饙饭的做法有深入的了解。这些用例主要有:

(1)《齐民要术》卷九《飧、饭第八十六》"作粟飧法":"师米欲细而不碎。师讫即炊。淘必宜净。③香浆和暖水浸饙,少时,以手接,无令有块。复小停,然后壮。"贾思勰自注:"凡停饙,冬宜久,夏少时,盖以人意消息之。若不停饙,则饭坚也。"

(2)《齐民要术》卷九《飧、饭第八十六》"折粟米法":"取香美好谷脱粟米一石,于木槽内,以汤淘,脚踏;泻去潘,更踏;如此十遍,隐约有七斗米在,便止。漉出,曝干。炊时,又净淘。下饙时,于大盆中多着冷水,必令冷彻米心,以手接饙,良久停止。"贾思勰自注:"折米坚实,必须弱炊故也,不停则硬。"④

(3)《齐民要术》卷七《造神曲并酒第六十四》"河东神曲方":"假令瓮受五石米者,初下酿,止用米一石。淘米须极净,水清乃止。炊为饙,下着空瓮中,以釜中炊汤,及热沃之,令饙上水深一寸余便止。以盆合头。良久水尽,饙极熟软,便于席上摊之使冷。"⑤

---

① 按"再蒸"的步骤古人称作"馏",详论见下文。[南宋]朱熹:《诗经集传》,影印文渊阁四库全书第72册,商务印书馆2003年版,第873页下栏。
② "饙",缪启愉释为:"一蒸饭,就是蒸汽初次上甑就不再蒸的半熟饭。"[北魏]贾思勰原著,缪启愉校释:《齐民要术校释(第二版)》,中国农业出版社1998年版,第486页。
③ "师"缪启愉认为是"淘"之误,"淘必宜净"应在"师讫即炊"之前。同上书,第649页。
④ 同上书,第648页。
⑤ 同上书,第497页。

(4)《齐民要术》卷七《造神麹并酒第六十四》"作三斛麦麹法":"若作糯米酒,一斗麹,杀米一石八斗。唯三过酘米毕。其炊饭法,直下馈,不须报蒸。其下馈法:出馈瓮中,取釜下沸汤浇之,仅没饭便止。"①

(5)《齐民要术》卷八《蒸缹法第七十七》"蒸肫法":"好肥肫一头,净洗垢,煮令半熟,以豉汁渍之。生秫米一升,勿令近水,浓豉汁渍米,令黄色,炊作馈,复以豉汁洒之。"②

(6)《齐民要术》卷八《蒸缹法第七十七》"缹豚法":"用稻米四升,炊一装;姜一升,橘皮二叶,葱白三升,豉汁涑('涑'同'漱',指加豉汁浸沃)馈,作糁,令用酱清调味。蒸之,炊一石米顷,下之也。"③

(7)《齐民要术》卷七《笨麹并酒第六十六》"作秦州春酒麹法":"作春酒法:治麹欲净,剉麹欲细,曝麹欲干。以正月晦日,多收河水;井水若咸,不堪淘米,下馈亦不得。"④

通过分析以上用例,我们对中古水沃馈饭的方法与目的有了以下认识:

1. 沃馈的方法

① 沃馈时可用水浸泡,也可用水浇淋。例(1)"香浆和暖水浸馈",这是用热水浸泡馈;例(5)"炊作馈,复以豉汁洒之",这是用豉汁浇淋馈。

② 沃馈用水可用热水、冷水以及各类汁水,但不可用苦咸的井水。例(1)"香浆和暖水浸馈",这是用热水浸馈;例(2)"下馈时,于大盆中多着冷水,必令冷彻米心",这是用冷水浸馈;例(5)"炊作馈,复以豉汁洒之"、例(6)"豉汁涑馈",这都是用豉汁浸馈;例(7)"井水若咸,不堪淘米,下馈亦不得",此谓不可用咸井水浸馈。

③ 沃馈所用水量可多可少,但需淹过饭粒。例(4)"出馈瓮中,取釜下沸汤浇之,仅没饭便止",用水仅需没过馈饭;例(3)"命馈上水深一寸余便止。以盆合头。良久水尽",用水仅超过馈饭一寸,让米吸尽水分;例(2)"于大盆中多着冷水",精折米质地坚实,需多用水。

④ 沃馈时间的长短需根据季节调整。例(1)"凡停馈,冬宜久,夏少时,盖以人意消息之",此谓泡馈冬季宜长,夏季需短,可随意增减。

⑤ 沃馈过程中需揉搓米粒。例(1)"少时,以手挼,无令有块",此谓泡馈后不久,需用手揉搓米粒,目的是"无令有块",即防止米粒结块,不能均匀吸水。

---

① [北魏]贾思勰原著,缪启愉校释:《齐民要术校释(第二版)》,中国农业出版社1998年版,第480页。
② 同上书,第598页。
③ 同上书,第600页。
④ 同上书,第505页。

2. 沃馈的目的

沃馈是为了泡软半熟的饭粒,以便再蒸时蒸软饭粒。例(1)、例(2)贾思勰自注云"若不停馈,则饭坚","折米坚实,必须弱炊故也,不停则硬",这都是说蒸饭必须"停馈",即用水浸馈,否则再蒸饭粒会发硬。例(3)云"良久水尽,馈极熟软",此谓馈饭吸尽水后,饭粒会变得熟软。

另外,沃馈后过滤出的汁水,中古时称为"馈汁",可以用来制作浆饮,比如:

> 东晋法显《摩诃僧祇律》卷二十八:"时浆者,一切米汁、馈汁、乳酪浆,是名时浆。"①

> 唐义净《根本说一切有部尼陀那》卷二:"醋浆有六,皆可服用。一大醋,二麦醋,三药醋,四小醋,五酪浆,六钻酪浆……小醋者,谓于饭中投热馈汁,及以饭浆续取续添,长用不坏。"②

以上通过分析故训与《齐民要术》"馈"的用例,我们认为"馈"应指蒸饭半熟后用水沃饭。但是古人为什么不将米直接蒸熟,而要如此费事地蒸米半熟并用水沃饭呢?这大概是因为古人蒸饭常用生米直接蒸③,比如《诗·大雅·生民》:"释之叟叟,烝之浮浮。""释"是淘米,"烝"同蒸。郑玄笺云"释之烝之,以为酒及簠簋④之实",孔颖达疏云"既蹂舂得米,乃浸之于盆,渐而释之,其声溲溲然,言趍疾。又炊之于甑,馕而烝之,其气浮浮然,言升盛也"。据郑、孔注可知,《诗》中蒸饭是淘米后将生米直接上甑蒸。

中古时期人们的蒸饭方式依旧如此,比如《齐民要术》卷八《蒸焦法第七十七》"蒸肫法":"好肥肫一头,净洗垢,煮令半熟,以豉汁渍之。生秫米一升,勿令近水,浓豉汁渍米,令黄色,炊作馈,复以豉汁洒之。"⑤此例"馈"是名词,指半蒸未熟的饭,用作蒸肫的配料。作"馈"的方法是:生秫米一升,不能近水,用浓豉汁浸渍,染成黄色,蒸为"馈"。可见制作"馈"是将生米直接蒸熟。

依照常理,直接蒸生米,即便可以蒸熟,饭粒必定坚硬难食⑥,此因蒸甑中水分不多,米粒不能充分吸水糊化。为解决此问题,古人选择在蒸米半熟米粒裂开后做一番加工,常见的方法是用水沃润半熟饭粒,即"潲饭",待饭粒吸饱水分后,再次上甑,便

---

① [东晋]法显:《摩诃僧祇律》,《大正新修大藏经》第22卷,财团法人佛陀教育基金会出版部1990年版,第457页中栏。
② [唐]义净:《根本说一切有部尼陀那》,《大正新修大藏经》第24卷,财团法人佛陀教育基金会出版部1990年版,第420页中栏。
③ 我国20世纪50年代曾推广"生米蒸饭法"(详见下文),此可证用生米蒸饭的可行性。
④ 簠簋,指盛黍稷稻粱的食器。
⑤ [北魏]贾思勰原著,缪启愉校释:《齐民要术校释(第二版)》,中国农业出版社1998年版,第598页。
⑥ 这一点笔者有切身体会。笔者来自四川广元农村,家中自制酒酿,是将生米直接蒸熟,然后放入酒曲酿制。这种用生米蒸熟的饭,中心发硬,难以食用。

容易蒸熟。由此可见,"潎饭"这一步骤十分关键,直接决定了饭粒的软硬程度,这大概就是许慎释"馈"为"潎饭"的原因。

(二)"馈"的语源

关于"馈"的语源,学者说法不一。东汉刘熙云"馈,分也,众粒各自分也"(见《释名·释饮食》),毕沅《释名疏证》云:"米才一烝,则未粘合,故曰'众粒各自分'。"①黄侃认为"馈之言歕(同喷)也。歕,吹气也"②,吹气指喷蒸汽。

按:刘熙与黄侃均欲通过"馈"的特点推求语源,刘熙认为"馈"的特点是"分散",但"馈"前淘米时米粒是分散的,"分散"并非"馈"的特点。黄侃认为是"喷蒸汽",但"馈"后有"馏",相较而言,"馏"时蒸熟饭粒,蒸汽最盛,因此"喷蒸汽"也不是"馈"的特征。

窃以为"馈"者,贲也,指胀大。此因"馈"的关键步骤是用水沃米,目的是让米吸水胀大变软,故"馈"的特点是米粒吸水胀大,其语源义应是大。"馈",贲音同,贲可指大,比如《诗·大雅·灵台》"虡业维枞,贲鼓维镛",毛传:"贲,大鼓也。"孔颖达疏:"贲,大也,故谓大鼓为贲鼓。"以"贲"为声符的形声字多有大义,比如"墳"指大土堆,"鼖"指大鼓,"鱝"指大鱼,"轒"指大车。盖由此,人们便将蒸米沃米让米胀大的过程称作"馈"。

二、"馏"的意义与语源

(一)"馏"的意义

"馈"后为让米饭完全熟透,则需再蒸,再蒸的步骤古人称作"馏",比如:

《尔雅·释言》:"馈、馏,稔也。"

晋郭璞注:"今呼馈饭为馈,馈熟为馏。"

宋邢昺疏引三国孙炎:"蒸之曰馈,均之为馏。"

宋邢昺疏:"蒸米谓之馈,馈必馏而熟之。"

按:郭璞云"馈熟为馏",意思是将馈后的半熟饭蒸熟为馏。孙炎云"均之为馏",意思是将半熟饭均匀蒸熟为馏。邢昺的疏更为直接,云"馈必馏而熟之",谓馈后必须馏,米饭才能完全蒸熟。

---

① [清]毕沅:《释名疏证》,丛书集成初编本,商务印书馆1936年版。
② 黄侃:《尔雅音训》,转引自朱祖延主编:《尔雅诂林》,湖北教育出版社1996年版,第944页。

(二)"馏"的语源

清郝懿行《尔雅义疏》云:"馏之为言流也,饭皆蒸熟则气欲流。"[①]按:郝懿行认为"馏"的特点是蒸汽下流,其语源义是流。其说可从。"馏"指再蒸饭至全熟,米饭蒸熟时,蒸汽最盛,蒸汽化为水滴下流,这种现象在文献中称为"气蒸汗溜",比如《太平广记》卷三六〇引《五行记》:"后秦姚泓义熙十三年遣叔父大将军(姚)绍帅众攻函谷关,厨人为绍炊饭,气蒸汗溜,辄成血,腥甚,如此积日。"因此,"馏"的语源义应是"流",指气汗下流。另,从"留"之字多有流义,比如"溜"是水流,"霤"是屋檐之流水,盖因此人们将米饭蒸熟时,蒸汽大盛、气汗下流的过程称作"馏"。

三、"馈""馏"蒸饭法的优点

在深入了解"馈""馏"的意义与语源后,我们认为该蒸饭法有以下三个优点。

(一)营养流失少。在"馈"的过程中,若泡米用水适量,水分被米全部吸收,不产生米汁,营养没有流失。如果泡米用水过多,滤出米汁,即上文所说的"馈汁",它也只是泡半熟米的汁水,与煮米后的米汤不同,因此营养流失较少。

(二)能将生米最大化变为米饭。"馈馏"蒸饭法不产生锅巴,能将所有的生米变成饭粒,而且蒸熟的饭粒有弹性,口感更好。

(三)适用于古代的蒸饭器。"馈""馏"蒸饭法常见于先秦两汉以及魏晋南北朝时期。先秦两汉时人们蒸饭常用的工具是甗或釜甑(见图1),它们是鬲、甑合体或釜、甑合体的蒸锅。甑是盆形器,底小口大,底部留有透入蒸汽的孔,使用时于甑底放箅,箅上放米粒。南北朝时期人们蒸饭仍用釜甑,比如《世说新语·夙慧》载陈元方因偷听父亲与客人的谈话,蒸饭时忘记放箅,饭落在釜里煮成了粥。

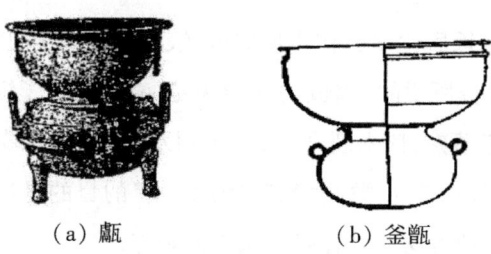

(a) 甗　　　　(b) 釜甑

图1　先秦两汉常用蒸饭工具

(引自孙机:《汉代物质文化资料图说》,文物出版社1991年版,第333页。)

[①] [清]郝懿行:《尔雅义疏》上之二,北京市中国书店1982年版,第17页a面。

依照常理,蒸饭法当与蒸饭器匹配,我们将"馈""馏"蒸饭法试用于釜甑,其做法应是:烧开釜中水,将生米放入甑中,蒸半熟,将米下甑,用水泡米,或者直接浇淋,然后再将米上甑蒸熟。可见"馈""馏"蒸饭法与釜甑这类炊具十分契合。

四、"馈""馏"法在现代的运用与改良

因"馈""馏"蒸饭法具有一系列优点,此法曾在 20 世纪 50 年代被大力推广,命名为"生米蒸饭法"。人们总结其优点为"不但充分保持营养(蒸饭没有米汤),米饭不烂不硬,又松又香,而且没有锅巴,米的成饭率大,可以节约粮食"[1],这些优点与上文所说一致,人们还从实践中摸索出以下操作方法:[2]

第一步:将预先淘好的米,放到木蒸桶内上锅蒸,蒸三十分钟左右。这一步骤主要是把生米蒸熟,使米裂开,便于在第二个步骤中可以充分吸水。

第二步:把蒸好的米,倒在木焖桶里加开水。由于桶内压力小,水分可以吸得足,米能充分膨胀。经过这样焖后,米已初步形成饭。饭的软硬完全决定于加水多少。

第三步:焖桶里的饭虽然基本上烧好,但桶的四周及桶的上下尚有些夹生米,当中的饭虽然已熟,但尚未完全吸水,因此要把焖桶里的饭再放到蒸桶内去回蒸一次,这次一般蒸到上汽后五分钟左右,即成软硬均匀的饭。

按:第一步蒸生米半熟,第二步用开水焖半熟饭,将两步合起来便是古代的"馈"。第三步是将半熟饭回蒸熟,这是"馏"。以上人们在指出操作方法之外,还详细说明了每步的作用与目的,这能让我们对古代的"馈""馏"法有更为深入的理解,比如:

1. 第一步淘米后用生米蒸饭,这证明了古代"馈"的过程中,用生米蒸饭的可行性。

2. 第二步用水焖饭后,"米已初步形成饭,饭的软硬完全决定于加水多少",据此知,用水泡半熟饭(许慎所说的"滫饭")十分关键,直接决定了饭的软硬程度。

3. 第一步将生米蒸熟,使米裂开;第二步用水焖米,让米膨胀。可见第一、二步的目的是让米胀大,第一、二步类似"馈",因此"馈"的目的是让米胀大,这可以佐证上文第一部分"馈"的语源义是米粒吸水胀大的观点。

4. 第一、二步后,"桶的四周及桶的上下尚有些夹生米,当中的饭虽然已熟,但尚

---

[1]《人人都要节约粮食》,新知识出版社 1955 年版,第 56 页。
[2] 同上书,第 59 页。

未完全吸水",这让我们了解到"馈"后饭已成形但未匀熟的状态,因此必须"馏"(回蒸)而熟之。

在操作方法之外,人们又总结出每个步骤需注意的要点。①

要点一:淘米时间不要过分用力搓,以免损失米的营养成分。上蒸前,要先把锅里的水烧开,水里不能有米粒,不然水要发黏,不能透汽。第一次试蒸时,多蒸一些时间,避免发生夹生现象,蒸到透汽时,可在米上面淋些开水,这样第二过程时间可短些。

要点二:蒸过的米倒在木桶内焖时,米和水不能太深,以减少压力,使米的吸水程度均匀,饭就更松,所加的开水如正在沸腾的水,加开水后,可以用棒搅一下,再加盖焖。

要点三:第二次上蒸的时间不能过长,太长了饭会烂,要和加开水的多少相配合。

按:要点二是泡米的要点,其中一些方法已出现在《齐民要术》中,比如加水后用棒搅动的做法与上文"沃馈的方法"中第⑤点"揉搓米粒"相通,都是为了让米粒充分吸水,这应是对前代技术的继承。

当然,在继承前代技术的基础上,人们还进行了改良,这主要体现在为配合该蒸饭法,人们制作出一套新式蒸饭器(如图2),其中铁锅类似古代的釜,蒸桶类似古代的甑,另外还专门制作了泡米的加盖焖桶。这套设备应是在古法今用过程中涌现出来的发明。

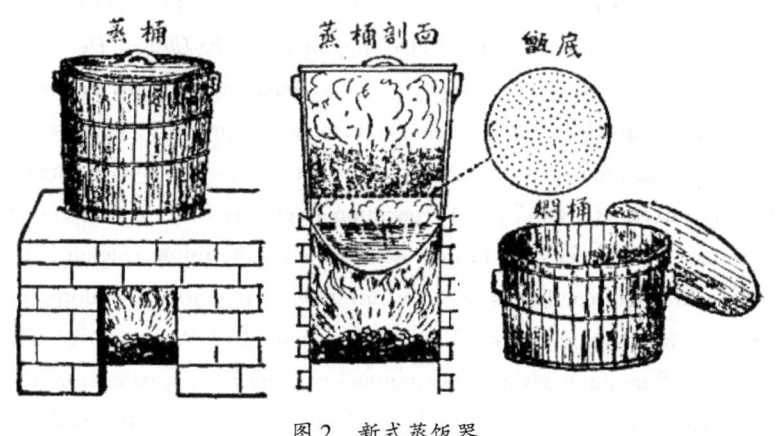

图2 新式蒸饭器

(引自《人人都要节约粮食》,第60页。)

结 语

王宁先生在《中国上古烹食字典》序言中指出,在烹食历史的研究中,汉字和它

---

① 《人人都要节约粮食》,新知识出版社1955年版,第57页。

所记录的汉语词汇是必须借助的,一般可以通过汉字和古代汉语词义的变迁、汉字的构形与同源字等研究烹食文化现象规律。① 王宁先生的论述为烹食词汇与文化的研究指明了方向与路径,本文便是通过语词研究烹食文化的一次尝试。本文通过分析故训与《齐民要术》中"饙"的用例,阐释了"饙""馏"的词义与语源,揭出"饙""馏"蒸饭法的优点,描述了该方法在现代的运用与改良。文章的结论或能为字典辞书"饙""馏"的修订提供依据,并为饮食史的研究提供参考。

Examination of "Fen"(饙) and "Liu"(馏)

Zhang Hui

Abstract: In ancient times, the process of steaming rice was referred to as "Fen"(饙) or "Liu". Scholars have suggested that "Fen"(饙) refers to boiling rice until half-cooked, then removing it and steaming it again, while "Liu" refers to reheating the already cooked rice by steaming it. This interpretation is also supported by *The Chinese Dictionary*. The article analyzes the usage of "Fen"(饙) in the classical text *Qimin Yaoshu*(《齐民要术》) and proposes that "Fen"(饙) refers to steaming rice partially, followed by soaking it in water. The soaking process is intended to make the rice swell. Hence, the etymology of "Fen"(饙) is linked to "Fen"(贲), meaning large, as many characters with "Fen"(贲) denote size. "Liu" refers to further steaming after the initial cooking, during which the steam intensifies and condenses into moisture that flows down. Therefore, the origin of "Liu" is related to the concept of "flow". The method of steaming rice using "Fen"(饙) and "Liu" offers three advantages: minimal nutrient loss, maximum transformation of raw rice into cooked rice, and suitability for ancient rice steamers. This method was widely promoted and improved in the 1950s. The conclusions drawn in this article could serve as a basis for revising dictionaries on "Fen"(饙) and "Liu" and offer insights for the study of culinary history.

Keywords: Fen(饙); Liu; steaming rice method; advantages

---

① 林银生、李义琳、张庆锦编著,王宁审订:《中国上古烹食字典》,中国商业出版社1993年版,第3—6页。

【语言专题专论】

《洛阳伽蓝记》注本差异中的语法问题探析*

萧 红**

摘要：《洛阳伽蓝记》各注本在断句和注释等方面存在差异，其中四则"唯茗不中，与酪作奴""羊肉何如鱼羹。茗饮何如酪浆""斩于都市讫""射僧超亡"反映出注者对文本中的中古汉语语法、词汇现象的不同理解，具体涉及助动词、选择问句、动补结构等语法现象在中古汉语里的发展演变。

关键词：《洛阳伽蓝记》 注本 中古汉语语法

《洛阳伽蓝记》的刻本很多，有明刻本及清刻本。据范祥雍先生和周祖谟先生所述，明刻本主要有三种：如隐堂本、吴琯所刻古今逸史本、毛氏汲古阁所刻津逮秘书本。如隐堂本最古，津逮本据说从如隐堂本出，而有改窜。清代刻本有四种：乾隆间王谟辑校之汉魏丛书本、嘉庆间张海鹏所刊学津讨原本、嘉庆吴自忠真意堂丛书活字本、道光吴若准洛阳伽蓝记集证本。汉魏本出自逸史本；学津本出自津逮本，小有更易；真意堂本参取津逮、汉魏两本所成；吴氏集证本出自如隐堂本，略有删改。近代有两个校本，一是日本大正藏经本，二是张宗祥合校本。这两个校本和唐晏钩沉本都不专主一本，从各本中择长而定。现在比较通行的是两个校本，一是范祥雍先生《洛阳伽蓝记校注》（上海古籍出版社 1958 年版），二是周祖谟先生《洛阳伽蓝记校释》（中华书局 1963 年版）。周一良先生评价这两个校本的特点时说："范注对于名物典故注解甚详，并且收录了一些有关本书的论述，便于寻检。周释谨严简练，于校勘之外，对某些难解之处，颇有阐发。"此外，杨勇、韩结根、周振甫、尚荣等今人的

---

* 本文系国家社科基金一般项目"江汉流域自然语言交互的地理信息和格局形成研究"（20BYY045）的阶段性成果。本文曾在第十七届汉文佛典语言学国际学术研讨会（四川大学，2024 年 10 月 25—28 日）上宣读。

** 萧红，1972 年生，文学博士，武汉大学文学院/武汉大学国家语言文字推广基地教授，博士生导师，主要研究方向为训诂学、汉语语法史、中古汉语研究。

注本也各有千秋。① 笔者亦曾对今注本做过参互对照,归纳了一些异同。其中有些差异很有趣,反映了各家对中古汉语语法、词汇的看法,试举数例。

一、唯茗不中,与酪作奴

肃对曰:羊者是陆产之最,鱼者乃水族之长;所好不同,并各称珍;以味言之,甚是优劣。羊比齐鲁大邦,鱼比邾莒小国。唯茗不中,与酪作奴。

杨勇注释[三六]:谓茗汁远不如酪浆之贵重也。不中,不合时地也。与酪作奴,与酪食之人作奴属也。此隐语也。(杨勇《〈洛阳伽蓝记〉校笺》,第136页)

肃对曰:羊者是陆产之最,鱼者乃水族之长;所好不同,并各称珍;以味言之,甚是优劣。羊比齐鲁大邦,鱼比邾莒小国。唯茗不中与酪作奴。

周祖谟注释:谓茗汁远不堪与酪浆相比也。(周祖谟《〈洛阳伽蓝记〉校释》,第125页)

尚荣译注:唯独茶可以作酪的奴。(尚荣《洛阳伽蓝记》,第224页)

我们的疑问在于,诸家注释中,"不中"是独立作谓语,还是"不中+V"作谓语。这可能会影响对整句话的理解。"唯独茶不行,给酪当奴仆"还是"唯独茶不配给酪作奴仆",连作奴仆都不配,周祖谟先生的"远不堪与酪浆相比"是否包含这个意思?从周先生的断句来看是可以这样理解的。杨勇和尚荣两位先生都在"不中"后点断,杨勇先生的翻译是:只有茶不合时宜地利,给饮用酪浆的人作奴仆。尚荣先生的翻译是"可以作酪的奴",却回避了对"不中"的直译。联系后文北朝贵族呼茗饮为"酪奴",似乎也合理。但"不中"与"不中+V"的源流引发了我们的研究兴趣。

语言学者对"不中"的用法及历史源流多有关注。杨树达《词诠》卷五"中"字条:形容词,合也。有用在名词上者,有用在动词上者。张相《诗词曲语词汇释》:中,犹堪也,合也,行也;不中,犹云不堪也,不合也,不行也,不好也。《汉语大词典》"不中"条:

【不中】(—zhòng)①不符合。《礼记·檀弓下》:"三臣者废辀而设拨,窃礼之不中者也,而君何学焉。"孙希旦集解:"不中谓不合法式。"《庄子·逍遥游》:"吾有大树,人谓之樗,其大本拥肿而不中绳墨。"清蒲松龄《聊斋志异·促织》:

---

① 杨勇校笺:《〈洛阳伽蓝记〉校笺》,中华书局2006年版;韩结根注:《洛阳伽蓝记》,山东友谊出版社2001年版;尚荣译注:《洛阳伽蓝记》,中华书局2012年版;周振甫释译:《〈洛阳伽蓝记〉校释今译》,北京联合出版公司2019年版。

"又劣弱,不中于款。"②不适合,不适当。《论语·子路》:"刑罚不中,则民无所措手足。"《后汉书·崔骃传》:"嗟呼!刑罚不中,乃陷人于阱。"③不行;不成。《孟子·离娄下》:"中也养不中,才也养不才,故人乐有贤父兄也。"宋杨万里《白菊》诗:"霜后黄花顿不中,独余白菊斗霜浓。"元乔吉《金钱记》第三折:"这个先生实不中,九经三史几曾通?"冯金堂《挖圹》:"你光想着美的事,不考虑里边的困难总不中。"④犹不堪。唐王建《春去曲》:"老夫不比少年儿,不中数与春别离。"⑤没有中目标。《左传·襄公二十三年》:"乐(栾乐)射之,不中;又注,则乘槐本而覆。"汉贾谊《君道》:"夫射而不中者,不求之鹄,而反修之于己。"清严有禧《漱华随笔·李孝女》:"诱女誓神前,口啮其面,抽佩刀刺之不中。"⑥指科举落第。

李明对古汉语助动词的历史发展进行了详尽细致的考察①,指出《论语》中形容词"中"表示不适合,可以带名词宾语或不带。《史记》《汉书》中开始出现"中VP","中"可理解为适合、可以、能够,表示条件可能,因此可视为助动词。李先生讨论了中古和近代汉语里助动词"中"的发展,指出"中"的主语多为受事,与"可"用法的区别在于"中"后面可以带体词性宾语,"中"在中古汉语多见,近代开始少见。助动词"中"来源于动词"中"。

也有学者认为肯定意义的"中"是由表示中间、中央等空间意义的名词"中"由隐喻映射而进入心理领域,表示符合某种标准(V)、适中(adj),继而表示可以。

李明先生所举《史记》《汉书》"不中"的用例包括:

> 吾前收天下书不中用者尽去之。(《史记·秦始皇本纪》)
> 武帝择宫人不中用者,斥出归之。(《史记·外戚世家》)
> 武帝择宫人不中用者斥出之。(《汉书·外戚传上》)
> 郭解家贫,不中徙。(《史记·游侠列传》)
> 郭解家贫,不中徙。(《汉书·游侠传》)
> 其不中用,趣自避退,毋久妨贤。(《汉书·王尊传》)

与两汉时期相比,北朝文献中"中"的否定形式"不中"用法既有继承,也有发展。继承之处是"中VP"和"不中VP"常见,"中"常后接动词性词语,助动词性质明确。"不中"的主语为受事。如北魏《洛阳伽蓝记》中"不中"两见。除了前面所举例注释者存在独用、连用的分歧之外,另一例是"众僧房前,高林对牖,青松绿柽,连枝交映。多有枳树,而不中食"(杨勇《校笺》第93页)。断句没有异议。查检同时期《齐民要

---

① 李明:《汉语助动词的历史演变研究》,商务印书馆2017年版。

术》中"中"及其否定形式"不中"都有较多用例。肯定的"中"例如：

> 如此者,无夏虫不生。然唯中作麦饭及面用耳。(《齐民要术·大小麦》)
> 中为咸淡二菹,亦任为干菜。(《齐民要术·种蜀芥、芸薹、芥子》)
> 春初既中生啖,为羹甚香。(《齐民要术·种苜蓿》)
> 数日醋香,便中用。(《齐民要术·养羊》)

否定的"不中"例如：

1. 独用

> 春耕者,不中也。(《齐民要术·种谷》)
> 煮杏酪粥法:用宿穬麦,其春种者则不中。(《齐民要术·醴酪》)

2. 合用

(1) 不中+V

> 其不剪早生者,虽高数尺,柯叶坚硬,全不中食;所可用者,唯有菜心。(《齐民要术·种葵》)
> 成树之后,任为乐器。青桐则不中用。(《齐民要术·种槐、柳、楸、梓、梧、柞》)
> 糟糠经夏辄败,不中停故。(《齐民要术·养猪》)
> 焦,食虽便,不复中食也。(《齐民要术·作酱等法》)
> 动酒酢法:春酒压讫而动不中饮者,皆可作醋。(《齐民要术·作酢法》)
> 五升䪢,用十枚栗,用黄软者。硬黑者,即不中使用也。(《齐民要术·八和䪢》)

以上例子里,"不中"可以理解为不适合、不可以、不能够。表示条件可能,助动词。

(2) 不中+V+宾语

> 褭者,不中为种子,然于油无损也。(《齐民要术·胡麻》)
> 但不中为春酒:喜动。(《齐民要术·笨曲并酒》)
> 尝为菹、酢者,亦不中用之。(《齐民要术·作酱等法》)

以上数例,不中与V之间不能断开,如果断开,则不成句。"不中"为助动词"中"的否定形式,表示不可以。受事主语在前,谓语动词后出现了复指的宾语"之"或其他宾语。

从《齐民要术》可见,"不中"用例非常常见,"不复中食"的例子中,"中"与"不"之间可以插入副词"复"作修饰语,说明彼此联系不紧密。"不中"前面也多有副词修饰,常用于假设复句的后一分句,或前面多出现列举对比的情形。

北魏两部佛经中略少见,"中+VP""不中+VP"用例如：

共舍利弗按行诸地,何处平博,中起精舍。(《贤愚经·须达起精舍品》)

取用奉王,王见奇好,必中作药。(《贤愚经·梨耆弥七子品》)

王将此人入于后园,而约敕言:"吾生一女,形貌丑恶,不中示人,今欲妻卿,可得尔不?"(《杂宝藏经·波斯匿王丑女赖提缘》)

从文献用例的地域分布来看,在笔者调查的南朝文献中有"不中+N"的用例,表示射箭不中,但未见"不中+V"。《颜氏家训》经多次论证,其语言面貌更似南朝通语,其中"中"和"不中"的用法都没有《齐民要术》多样。《颜氏家训》中的例子"中"或是有实义,后接名词性宾语,如:"盖谓非玄黄之色,不中律吕之音也。"(《颜氏家训·书证》)"此之谓乎!且十中六七,以为上手。"(《颜氏家训·杂艺》)或是单独作谓语,如:"卜筮者,圣人之业也;但近世无复佳师,多不能中。"(《颜氏家训·杂艺》)

看来,"中"及其否定形式"不中"从南北朝时期就在北方使用更普遍,与现代汉语方言中的分布比较符合。王子今、司罗红对河南方言"中"进行了讨论。司罗红指出"中"是河南方言的代表性词语,河南全境都说,表示行、好、能、可以,是官话雅言的延续。① 吴梅指出河南话的"中"具有赞赏赞同、应允、确认、礼貌、让步、反语、话语衔接等使用功能。②

不过,从两汉到南北朝,北朝文献的助动词"中"及其否定形式"不中"也出现了新的情况。一是,在《齐民要术》"不中"众多用例中,"不中"的主语虽然仍主要是受事,但多为除人以外的动植物,这与《齐民要术》的内容有关系,也与其说明指南体裁有关系。而《史记》《汉书》里"不中"的受事主语多是人,如"宫人""郭解",也有无生命之物,如"书"。不过从语义上看,李明先生指出《史记》《汉书》"不中"表示不适合、不可以、不能够。表示条件可能。我们认为无论是《史记》《汉书》中的受事主语"宫人""郭解",还是《齐民要术》《洛阳伽蓝记》的非人之物,都是居于下位者,没有自由意志以及自我选择的余地。故而"不中"并未产生带有更强烈主观性的意义"不愿意""不应该",而表示相对不那么主观的"不能够""不适合"。从这一点来看,《齐民要术》《洛阳伽蓝记》的非指人受事主语并无显著差异,可能仅仅是与书中内容有关系。二是,"不中"后动词带体词性宾语,整句不能断开,受事主语在前,谓语动词后出现了复指宾语"之"或其他宾语。这是较之两汉的发展变化。北魏两部佛经中"中"和"不中"各一例,谓语动词后均带宾语。可见佛经中此类现象发展更快。我们分析佛经中"吾生一女,形貌丑恶,不中示人"例,"不中"的受事主语为王女。从前后

---

① 司罗红:《区域软形象提升路径研究——以河南语言形象为例》,《河南社会科学》2021 年第 12 期。
② 吴梅:《河南方言应答词"中"和"管"的地理分布及社会变异》,暨南大学 2015 年硕士学位论文。

文看,除了王女生来形貌丑恶,国王父亲认为不能给外人看见,也有不愿意给外人看见的意味,即客观上不能够,主观上亦不愿意、不允许。《杂宝藏经》此句与同时期的《齐民要术》《洛阳伽蓝记》受事主语皆为非指人不同,与两汉用例尽管受事主语指人但"不中"仍表示"不能够"也不同,可见佛经中的"不中"已然有表示更强烈主观性意义的萌芽。此为助动词"中"发展过程中的一个较大转折点。

那么,回到《洛阳伽蓝记》中的"唯茗不中与酪作奴",从"不中"的发展演变来看,独用或连用两解都可以。但是独用的话,杨勇先生所说"表示不合时地",仍然存在疑问。从注释语来看,周祖谟先生为优。从上下文语境来看,王肃的比喻很有深意,他对魏主的回话全部是谦卑自贬的,宴会的肉食如羊和鱼分别对应北朝和南朝的珍馐,是陆地和水族食品中最尊者,表面上好像地位是并列的,但是羊为齐鲁大邦之主,鱼类拟邾莒小国,二者的地位其实不对等,后面对南北饮品的评价也同样是围绕尊卑等级谈的。杨勇先生的注释"不中,不合时地也",恐怕只看到了表面,"不中"的意思是不符合,解释为茗饮不符合北地的气候和场所。其实从王肃的对话一直紧扣等级尊卑来看,周祖谟先生的注释更切合其话语内在的连贯性,周先生说"谓茗汁远不堪与酪浆相比也","不中"的意思是不堪,指出王肃的意思是茗汁与酪浆地位等级远远不能并列——北朝习用的酪浆好比尊贵的主人,南朝喜欢的茗饮好比卑贱的奴仆,甚至连奴仆都不够格。北方贵族之后常称茗饮为"酪奴",见同篇:"彭城王重谓曰:'卿明日顾我,为卿设邾莒之食,亦有酪奴。'"可谓深入理解了王肃的话。如果我们将独用的"不中"解释为"不成,不行",与同时期其他文献中用例吻合,尤其是"唯N不中",意义上也说得通。正好补上了《汉语大词典》中只有上古、近代用例而无中古用例的缺环。

或是如周祖谟先生所说,表示"不堪",与"与酪作奴"连用,那就是后产生的比较新的用法。

《汉语大词典》关于"不中V"的用例举唐王建例"不中数与春别离",显然晚了。结构上"不中与酪作奴"和"不中数与春别离"比较相似,意义上有一些区别,主要在于前者"与"相当于介词"为,替,给",后者"与"相当于介词"和,跟,同"。《汉语大词典》"不中"表示"不堪"用例出现时代大为提前。

偶然看到搜狐网《茶人茶事:茶的贬称"酪奴"与孝文帝改革》:

> 王肃回答说:"羊肉是畜类之最。鱼是水产之最。爱好不同,都可以说是珍味。以滋味而言,优劣差别显著。羊好比是齐鲁大国,而鱼则似邾莒小国。但是茶不应该与酪为奴。"王肃在评论南北饮食时在措辞上贬低自己的南方饮食,表现得十分谦恭。事后彭城王针对王肃的饮食嗜好认为他:"不看重齐鲁大邦,而

爱惜邾莒小国"。王肃回答说:"家乡的特产,不得不爱好。"以个人爱好、风土习俗为由,替自己无法割舍对于南方饮食的留恋而辩解。唯一一句比较理直气壮的话是,不应该视茶为酪奴,然而由他的这句话反而制造出一个茶的蔑称——酪奴。①

该文作者显然以"不中"的当代用法"不应该"解释王肃的原话,失之谬矣。我们前面提到,"不中"在北魏两部佛经中有向"不该、不愿"发展的萌芽,但从诸家注释及原文上下文意来看,《洛阳伽蓝记》的"不中"并不能这么理解。茶的蔑称"酪奴"的得来并非对王肃谦卑回话的曲解,而是正解。

综上所述,从南北朝时期"不中"的用法来看,《洛阳伽蓝记》"不中"例标点仍是两解皆可。不过,从词语"不中"在中古汉语里的发展来看,笔者倾向于"不中"表示"不堪"义已比较成熟。

二、羊肉何如鱼羹。茗饮何如酪浆

> 高祖怪之,谓肃曰:卿中国之味也。羊肉何如鱼羹?茗饮何如酪浆?(杨勇《校笺》第 136 页)
>
> 高祖怪之,谓肃曰:卿中国之味也。羊肉何如鱼羹?茗饮何如酪浆?(周祖谟《校释》第 124 页)
>
> 吴琯本、王本作:"羊肉何如?鱼羹何如?茗饮酪浆何如?"

从汉语语法的历史发展来看,"何如"即"如何",意为"怎么样",可以记作"何如$_1$",在句中做谓语。后来在中古汉语里发展出表示选择问的用法,用于比较问句,可以记作"何如$_2$"。这些用法在魏晋南北朝文献中都有例证。"何如$_1$"的例子如"陶氏才识何如?"(《周氏冥通记》卷二),"此不可为定,但论功业何如耳"(《周氏冥通记》卷二)。"何如$_2$"的例证如"此中诸位任何如世上侍中公卿邪?"(《周氏冥通记》卷二),"未知真仙品与都水监何如耳"(《周氏冥通记》卷三)。"A 何如 B""A 与 B 何如"都表示选择问句。

吴琯本、王本《洛阳伽蓝记》是不了解中古新用法,误以上古汉语用法点断中古汉语用例。当以周本断句为是。

《经传释词》卷九"孰"字条对"孰"能表"何"义进行了详细的论证:

---

① 《茶人茶事:茶的贬称"酪奴"与孝文帝改革》,2017 年 8 月 18 日,https://www.sohu.com/a/165693930_488249。

> 又书传中言"孰与"者,皆谓"何如"也。《广雅》曰:"与,如也。"《秦策》曰:"秦昭王谓左右曰:'今日韩、魏孰与始强?'对曰:'弗如也。'王曰:'今之如耳、魏齐,孰与孟尝、芒卯之贤?'对曰:'弗如也。'"《齐策》曰:"田侯召大臣而谋曰:'救赵孰与勿救?'"《赵策》曰:"赵王与楼缓计之曰:'与秦城何如不与?'"……是"孰与"即"何如"也。故《汉书·司马相如传》"楚王之猎,孰与寡人",《史记》作"何与寡人"。①

《战国策》:"与秦城何如?不与何如?"王引之《经义述闻》认为后面的"何如"涉上而衍,当删。但有学者从《战国策》全书习惯讨论"何如"的句末用法是对的。我们从汉语语法的历史发展来看,"何如"后来才发展出表示选择问的用法。王氏虽从"孰与"与"何如"相似句式对比提出"与秦城何如不与"相当于"与秦城孰与不与","孰与"即"何如",但未进一步考虑"何如"的功能拓展以及"孰与"与"何如"的兴替关系。与吴琯本、王本《洛阳伽蓝记》断句思路类似。细究之,王氏是误以"何如"在中古汉语中的新生用法比对上古汉语的用例。而吴琯本、王本《洛阳伽蓝记》是不了解中古新用法,误以上古汉语用法点断中古汉语用例。他们出错的内中原因却相同,都没有全面考虑古书用语的时代差异。

三、斩于都市讫

> 神龟年中,以直谏忤旨,斩于都市讫,目不瞑,尸行百步,时人谈以柱死。
> (杨勇《校笺》第77页)

> 神龟年中,以直谏忤旨,斩于都市讫,目不瞑,尸行百步,时人谈以柱死。
> (范祥雍《校注》第87页)

> 神龟年中,以直谏忤旨,斩于都市。讫目不瞑,尸行百步,时人谈以柱死。
> (周祖谟《校释》第78页)

表示完结意义的"讫"在中古汉语时期用于动词后,开始虚化,作为补语。这是中古汉语语法发展的时代特点之一。由于并未彻底虚化,谓语动词与完结意义动词之间还可以插入其他成分。如果认可新兴语法现象的话,"讫"承上断句是可以的,所以杨、范本都如此断句。如果从韵律上考虑当时的四字格节奏,且"讫"的独立性仍较强,那么"讫"启后亦可,如周本断句。从语法发展的角度来看,笔者认为"讫"作为补语承上断句更合适。

---

① [清]王引之撰,李花蕾点校:《经传释词》,上海古籍出版社2014年版,第191—192页。

四、射僧超亡

丑奴募善射者射僧超,亡,延伯悲惜哀恸,左右谓"伯牙之失钟子期,不能过也"。(杨勇《校笺》第 177 页)

丑奴募善射者射僧超亡,延伯悲惜哀恸,左右谓伯牙之失钟子期不能过也。(周祖谟《校释》第 158 页)

魏晋南北朝时期动补结构发展,反映了汉语表达愈加精密化的趋势。此期动补结构有"隔开式",即"动词+宾语+补语"。笔者认为此处不宜点断,此为隔开式补语句,动词"射"带宾语"僧超"和补语"亡","亡"补充说明"射"的结果。周先生的断句更合适。

A Study of Grammatical Issues in the Differences Among the Annotated Versions of *A Record of Buddhist Monasteries in Luoyang*

Xiao Hong

Abstract: The various annotated versions of *A Record of Buddhist Monasteries in Luoyang* exhibit differences in punctuation and commentary. Four examples—"唯茗不中,与酪作奴","羊肉何如鱼羹。茗饮何如酪浆","斩于都市讫" and "射僧超亡"—highlight the annotators' different interpretations of the text, reflecting diverse grammatical and lexical phenomena in Middle Chinese. These differences specifically concern the development and evolution of grammatical features in Middle Chinese, such as auxiliary verbs, alternative questions, and resultative verb compounds.

Keywords: *A Record of Buddhist Monasteries in Luoyang*; annotated versions; Middle Chinese grammar

从"移风易俗"的定型谈语法搭配的制约因素

武建宇*

摘要： 本文考证了"移风易俗"及其相近成语内"移""风""易""俗"等词的词义，构建词义引申系统，提取语义内涵，辨析词义异同。同时，文章梳理了汉语语法组合的制约因素，支持"语义语法"理念，并以此说明"移风易俗"在众多成语中竞争胜出是由于词义搭配协调、音韵搭配协调造成的语法搭配协调。

关键词： 移风易俗　语义内涵　搭配　协调

"移风易俗"很早就已出现，《礼记·乐记》说："移风易俗，天下皆宁。"[①]《孝经·广要道》说："移风易俗，莫善于乐。"[②]可见这种概念古已有之，但是在文字表述上，还有另外的一些形式，如：

(1) 变俗易教，不知化，不可。(《管子·七法》)[③]

(2) 凡音乐通乎政而移风平俗者也。(《吕氏春秋·适音》)[④]

(3) 向使秦缓其刑罚，薄赋敛……变风易俗，化于海内，则世世必安矣。(《史记·主父偃列传》)[⑤]

(4) 故凡欲变风改俗者，其行赏罚者也，必使足惊心破胆，民乃易视。(王符《潜夫论·三式》)[⑥]

(5) 移风改俗，致和乐之极。(《宋书·乐志一》)[⑦]

---

* 武建宇，1972年生，文学博士，河北师范大学文学院教授，主要研究方向为汉语词汇学、近代汉语词汇语法。
[①] [清]阮元校刻：《十三经注疏》，中华书局1980年版，第1536页。
[②] 同上书，第2556页。
[③] 黎翔凤撰，梁运华整理：《管子校注》，中华书局2004年版，第107页。
[④] 许维遹撰，梁运华整理：《吕氏春秋集释》，中华书局2009年版，第116—117页。
[⑤] [西汉]司马迁：《史记》，中华书局1963年版，第2958页。
[⑥] [东汉]王符著，[清]汪继培笺，彭铎校正：《潜夫论笺校正》，中华书局1985年版，第209页。
[⑦] [南朝梁]沈约：《宋书》，中华书局1974年版，第546页。

(6) 移风革俗,天保载定。(《魏书·高闾传》)①
(7) 以去就之官,临苟且之民,欲移风振俗,乌可得乎?(《新唐书·刘祥道传》)②

可见,"移风易俗"在发展过程中曾经出现过"移风改俗""移风振俗""变风易俗"等近似的形式,但最终"移风易俗"的搭配得以保留、固化下来,其中隐含着汉语词法搭配的独特理据,显示着汉语自身的特色。

一、说"风""俗""尚""教"

(一) 说"风"

《现代汉语词典》对"风"的解释是:"跟地面大致平行的空气流动的现象,是由于气压分布不均匀而产生的。"③《说文·风部》:"風,八风也。东方曰明庶风,东南曰清明风,南方曰景风,西南曰凉风,西方曰阊阖风,西北曰不周风,北方曰广莫风,东北曰融风。风动虫生。故虫八日而化。从虫凡声。"④

按照《说文》的字形分析,"風"是"从虫凡声","八风"即八方之风,代表了全部的方位,"凡"表声兼表意,俞樾《古书疑义举例·古书连及之词例》:"'風'读为'凡','風'本从'凡'得声,故得通用。……'風'即'凡'字,犹云'言其大凡'也。"⑤"風动虫生"所以"从虫"。不同季候的风从不同方位吹来,风力所及,自然界就会出现与之相适应的"虫",所以字形里包含"虫"。

《说文·虫部》:"虫,一名蝮,博三寸,首大如擘指。象其卧形。物之微细,或行,或毛,或赢,或介,或鳞,以虫为象。"

段玉裁注:"古虫、蟲不分,故以蟲谐声之字多省作虫。"⑥

"蟲"并不是指节肢动物的昆虫。《大戴礼记·易本命》说:"有羽之蟲三百六十,而凤皇为之长;有毛之蟲三百六十,而麒麟为之长;有甲之蟲三百六十,而神龟为之

---

① [北齐]魏收:《魏书》,中华书局1974年版,第1197页。
② [北宋]欧阳修、宋祁:《新唐书》,中华书局1975年版,第4050页。
③ 中国社会科学院语言研究所词典编辑室编:《现代汉语词典》(第7版),商务印书馆2016年版,第388页。
④ [东汉]许慎撰,[清]段玉裁注:《说文解字注》,上海古籍出版社1981年版,第677页。
⑤ [清]俞樾著,马叙伦校录,傅杰导读:《古书疑义举例》,上海古籍出版社2007年版,第69页。
⑥ [东汉]许慎撰,[清]段玉裁注:《说文解字注》,上海古籍出版社1981年版,第677页。

长;有鳞之蟲三百六十,而蛟龙为之长;倮之蟲三百六十,而圣人为之长。"①古人所说的"蟲"指的是一切动物。"从虫凡声"的分析是就秦代的小篆乃至后来的隶书、楷书等字体而言的,从甲骨文来看,"風"的字形 更像一只高冠修尾的鸟,这个字写作"鳳"。

《说文·鸟部》:"凤,神鸟也。天老曰:'凤之象也,鸿前麐后,蛇颈鱼尾,鹳颡鸳思,龙文虎背,燕颔鸡喙,五色备举。出于东方君子之国,翱翔四海之外,过昆仑,饮砥柱,濯羽弱水,莫宿风穴。见则天下大安宁。'从鸟凡声。……凤飞,群鸟从以万数,故以为朋党字。"

段玉裁注:"《文选注》引许慎曰:'风穴,风所从出也。'"②

可见"凤""风"是有关联的。《庄子·逍遥游》说:"鹏之徙于南冥也,水击三千里,抟扶摇而上者九万里,去以六月息者也。"③"鹏"迁徙时要驾着六月的大风,从"鹏"自然要联想到"风",所以由"凤""鹏"就引申出了"风"的意思,演变成小篆字形作" "(風),"風"的字形记录了"凤""鹏"的引申义。

从"凤"演变成"风"是非常重要的一步,天地之风是"生物以息相吹"的结果,由此产生众多引申义。

一方面,"风"有"动"义。《广雅·释诂一》:"风,动也。"王念孙疏证:"《释名》云:'风,兖豫司冀横口合唇言之。风,汜也,其气博汜而动物也。青徐言风,跛口开唇推气言之。风,放也,气放散也。'《诗序》云:'风,风也,教也。风以动之,教以化之。'是凡言'风'者皆动之义也。"④《玉篇·风部》:"风,风以动万物也。"⑤引申指"风教"。《楚辞·九叹·忧苦》:"思余俗之流风。"王逸注:"风,化。"⑥《汉书·扬雄传》:"风以《诗》《书》。"颜师古注:"风,化也。"⑦再引申指政教。《周礼·夏官》:"除其怨恶,同其好善。"郑玄注:"所好所善,谓风俗所高尚。"孔颖达疏:"既风俗别言则风俗异矣,风谓政教所施,故曰'上以风化下',又云'风以动之'是也。"⑧"风"是流动的,引申指不受约束的。《广雅·释言》:"风,放也。"⑨《玉篇·风部》:"风,散也。"⑩

---

① [清]王聘珍撰,王文锦点校:《大戴礼记解诂》,中华书局1983年版,第259—260页。
② [东汉]许慎撰,[清]段玉裁注:《说文解字注》,上海古籍出版社1981年版,第148页。
③ [清]郭庆藩辑,王孝鱼整理:《庄子集释》,中华书局1961年版,第4页。
④ [清]王念孙著,张其昀点校:《广雅疏证(点校本)》,中华书局2019年版,第90页。
⑤ [南朝梁]顾野王:《大广益会玉篇》,道光东山精舍本,第83页。
⑥ [宋]洪兴祖撰,白化文等点校:《楚辞补注》,中华书局1983年版,第299页。
⑦ [东汉]班固:《汉书》,中华书局1962年版,第3568—3569页。
⑧ [清]阮元校刻:《十三经注疏》,中华书局1980年版,第864页。
⑨ [清]王念孙著,张其昀点校:《广雅疏证(点校本)》,中华书局2019年版,第363页。
⑩ [南朝梁]顾野王:《大广益会玉篇》,道光东山精舍本,第83页。

动物不受约束就会"牝牡相诱""风马牛",孔颖达《左传正义》引服虔说:"风,放也,牝牡相诱谓之风。……此言'风马牛',谓马牛风逸,牝牡相诱。"①人的情感不受约束就是"风情",恣意或广泛地发表议论叫"风议"。

另一方面,每个方向吹来的自然风产生的影响、结果都有差异,所以就有不同的"风光""风景";"风"吹来的方向、力度不同,所以有不同的"风格""风操""风骨";长时间的方式、方法累积,就形成了"风气""风范""风俗";不同"风俗""风气"的地理区域会形成不同"风格"的文学样式和流派。《左传·成公九年》:"言称先职,不背本也;乐操土风,不忘旧也。"杨伯峻注:"土风,本乡本土乐调。"②所以周代采诗官采集来的十五个诸侯国的歌谣就叫作"风"。《诗·周南·关雎·序》:"先王以是经夫妇,成孝敬,厚人伦,美教化,移风俗。"孔颖达疏:"民有刚柔缓急,音声不同,系水土之风气,故谓之风。"③段玉裁在《说文解字注》中说:"故凡无形而致者皆曰风。"④风气、风格、风范都会对身处其中的事物产生潜移默化的影响,中医学上把无形中致人生病的外在因素也叫"风"。《素问·风论》说:"黄帝问曰:'风之伤人也,或为寒热,或为热中,或为寒中,或为疠风,或为偏枯,或为风也,其病各异,其名不同,或内至五藏六府,不知其解,愿闻其说。'岐伯对曰:'风气藏于皮肤之间,内不得通,外不得泄,风者善行而数变……'"⑤常见的有"中风""伤风""头风""痛风"等。

(二) 说"俗"

《说文·人部》:"俗,习也。从人谷声。"⑥《诗·郑风·缁衣·序》孔颖达疏:"俗谓土地所生习,教之安存,则民不偷惰。"⑦不同的地域会产生不同的习俗,形成地域之间的文化差异。东西方文明差异的根源就在于各自民族居住的地理环境不同。古希腊文明发源于爱琴海,有人称之为蓝色文明;中华文明发源于中原,是黄土地承载的黄色文明。同样是中国的领土,而"吴楚则时伤轻浅,燕赵则多涉重浊"⑧;既可以有十七八岁的女郎,手执红牙拍板,轻唱"杨柳岸晓风残月",也可以有关东大汉,铜琵琶,铁绰板,高歌"大江东去"。⑨就连植物也会有"橘生淮南则为橘,生于淮北则为

---

① [清]阮元校刻:《十三经注疏》,中华书局1980年版,第1792页。
② 杨伯峻编著:《春秋左传注》,中华书局1990年版,第845页。
③ [清]阮元校刻:《十三经注疏》,中华书局1980年版,第271页。
④ [东汉]许慎撰,[清]段玉裁注:《说文解字注》,上海古籍出版社1981年版,第677页。
⑤ 《黄帝内经素问》,人民卫生出版社2012年版,第161页。
⑥ [东汉]许慎撰,[清]段玉裁注:《说文解字注》,上海古籍出版社1981年版,第376页。
⑦ [清]阮元校刻:《十三经注疏》,中华书局1980年版,第336页。
⑧ 周祖谟:《广韵校本》,中华书局2004年版,第14页。
⑨ [宋]俞文豹撰,张宗祥校订:《吹剑录全编》,古典文学出版社1958年版,第38页。

枳,叶徒相似,其实味不同"①的情况。《汉书·王吉传》说:"百里不同风,千里不同俗。"②习俗的形成是以地理环境为根基的,所以中国人特别强调"入乡问俗"。《礼记·曲礼上》说:"入竟而问禁,入国而问俗,入门而问讳。"③本地民众遵守的"习俗"在当地通行,就是"通俗"。"谷"是"俗"的声符,也表意。"谷"是两山中间流水的山谷,是一个相对封闭、低洼的区域,所以这个地域通行的习俗相对于大范围通行的、具有强大影响力的习俗来说会给人以"低俗""庸俗"的感觉。佛家把佛门称作净土,把净土之外的叫俗世,不能脱离尘世、不能出家修行的就是俗人。但"雅""俗"又是相对的,当本地的政治、经济、文化处于主流地位之时,本地的"习俗"扩大影响范围、提升地位,甚至可能在全国、全世界通行,这就会变成一种新的"通俗"。

(三) 说"尚"

《说文·八部》:"尚,曾也。庶几也。从八向声。"

段玉裁注:"曾,重也。尚,上也。皆积累加高之意。义亦相通也。《释言》曰:'庶几,尚也。'从八亦象气之分散。"④

"尚"是气体从"向"(窗口)向上飘散之形,所以有"曾"(增)的意思,有"庶几"(差不多接近)的意思。气体向上飘散,所以有"向上"的意思,"尚"和"上"可以通用,《左传·襄公二十七年》杜预注:"尚,上也。"⑤《论语·阳货》:"君子义以为上。"邢昺疏:"上即尚也。"⑥"上"与"高"通。《广雅·释诂》:"高、尚,上也。"⑦"上"可以指天、君、高、尊、前、夫等对象。"向上的""到达上面"就意味着被人崇尚,成为风尚、时尚,被认为是高尚的,引申为喜好、仰慕。《国语·晋语八》:"其为人也,刚而尚宠。"韦昭注:"尚,好也,好自尊宠。"⑧喜好则意味着超过、胜过其他。《论语·里仁》:"好仁者无以尚之。"⑨《孟子·滕文公上》:"江汉以濯之,秋阳以暴之,皜皜乎不可尚已。"⑩

---

① 吴则虞编著:《晏子春秋集释》,中华书局1962年版,第392页。
② [东汉]班固:《汉书》,中华书局1962年版,第3063页。
③ [清]阮元校刻:《十三经注疏》,中华书局1980年版,第1251页。
④ [东汉]许慎撰,[清]段玉裁注:《说文解字注》,上海古籍出版社1981年版,第49页。
⑤ [清]阮元校刻:《十三经注疏》,中华书局1980年版,第1997页。
⑥ 同上书,第2526页。
⑦ [清]王念孙著,张其昀点校:《广雅疏证(点校本)》,中华书局2019年版,第78页。
⑧ 徐元诰撰,王树民、沈长云点校:《国语集解》,中华书局2002年版,第431页。
⑨ [清]阮元校刻:《十三经注疏》,中华书局1980年版,第2471页。
⑩ 同上书,第2706页。

(四) 说"教"

《说文·教部》:"教,上所施下所效也。从攴从孝。"①
《字源》认为是"手持器械施教形",是"教育儿童"的样子。② 教育本来是教学相长的。《书·商书·说命》:"惟敩学半。"孔颖达疏:"惟教人乃是学之半。"③一方面引申指上对下的教育。《广韵·效韵》:"教,教训也。"④《礼记·燕义》:"掌其戒令,与其教治。"孔颖达疏:"教谓教学。"⑤《孟子·梁惠王上》:"谨庠序之教,申之以孝悌之义。"⑥引申指政教、教化。《商君书·更法》:"前世不同教,何古之法?"⑦另一方面也可以指下对上的仿效。《释名·释言语》:"教,效也,下所法效也。"⑧《白虎通义·三教》:"教之为言效也,上为之,下效之。"⑨

总体来看,"风""俗""尚""教"都可以引申出类似"习惯"的意义:"风"是由某地理区域上常年吹动的季风而形成的习惯,"俗"是长时间居住在某一地理区域形成的习惯,"尚"是某个群体或个人形成的良好的、值得人崇尚学习的习惯,"教"是在教化过程中形成的上下一致的习惯,彼此之间的语义内涵存在差异,见表1。

表1 "风""俗""尚""教"语义内涵比较

	语义内涵1	语义内涵2	语义内涵3	语义内涵4	语义内涵5
风	关乎天地	流动	不可控	不可变	高
俗	关乎人文、地理	相对静止	可控	可变	低
尚	关乎人文	相对静止	可控	可变	向上、高
教	关乎人文	相对静止	可控	可变	互动、变好

---

① [东汉]许慎撰,[清]段玉裁注:《说文解字注》,上海古籍出版社1981年版,第127页。
② 李学勤主编:《字源》,天津古籍出版社2012年版,第264页。
③ [清]阮元校刻:《十三经注疏》,中华书局1980年版,第175页。
④ 周祖谟:《广韵校本》,中华书局2004年版,第417页。
⑤ [清]阮元校刻:《十三经注疏》,中华书局1980年版,第1690页。
⑥ 同上书,第2666页。
⑦ 蒋礼鸿:《商君书锥指》,中华书局1986年版,第4页。
⑧ 任继昉:《释名汇校》,齐鲁书社2006年版,第189页。
⑨ [清]陈立撰,吴则虞点校:《白虎通疏证》,中华书局1994年版,第371页。

二、说"移""易""变""改""革""平""振"

(一) 说"移"

《说文·禾部》:"移,禾相倚移也。从禾多声。"

段玉裁注:"相倚移者犹言虚而与之委蛇也。《吕氏春秋》曰:'苗其弱也欲孤,其长也欲相与俱,其熟也欲相扶。'倚移,连绵字,叠韵,读若阿那。……《说文》于禾曰倚移,于旗曰旖施,于木曰橾施,皆谓阿那也。毛传曰:'猗傩,柔顺也。'猗傩即阿那。……移犹广大也,禾泛移盖谓禾蕃多。……据《说文》则自此之彼字当作迻。"①

"移"从"禾",与庄稼、植物有关,《字源》解释为"禾苗随风摇摆的样子"②,但段玉裁所引《吕氏春秋》的意思是:苗在弱小的时候是孤立的,后来由于枝叶繁盛,庄稼都棵棵相连,枝叶继续生长,到成熟的时候已经相互交叉扶持。由于枝叶日益修长密集,开始向侧面生长,所以"移"的语义特征是改变原来向上生长的状态,向左右发生位移。《字源》同意段玉裁的观点,认为"转移""迁移"的"移"本字是"迻",③实际上"迻"是"移"的后起分化字。

(二) 说"易"

《说文·易部》:"易,蜥易,蝘蜓,守宫也,象形。"

段玉裁注引郑玄的观点说:"易之为名也,一言而函三义:简易一也,变易二也,不易三也。"④

《字源》认为"易"的古文字字形是 ,"像双手持器向另一器倾注液体之形"⑤,后来引申为"赐予""更易""变易""容易"。"赐予"意味着事物从一人转到另一人,"易"的语义特征是事物发生位移而导致所有者发生变化。

---

① [东汉]许慎撰,[清]段玉裁注:《说文解字注》,上海古籍出版社1981年版,第323页。
② 李学勤主编:《字源》,天津古籍出版社2012年版,第636页。
③ 同上。
④ [东汉]许慎撰,[清]段玉裁注:《说文解字注》,上海古籍出版社1981年版,第459页。
⑤ 李学勤主编:《字源》,天津古籍出版社2012年版,第853页。

（三）说"变"

《说文·攴部》："变，更也。从攴䜌声。"①

"变"的形符是"攴"，《字源》认为是"手持器械治事之象"②，是在外力加持之下使对象发生改变，侧重的是外形变化。《易·乾·彖传》："乾道变化，各正性命。"孔颖达疏："变谓后来改前，以渐移改谓之变。"③《书·毕命》："既历三纪，世变风移。"孔传："言殷民迁周已经三纪，世代民易，顽者渐化。"④《荀子·不苟》："变化代兴，谓之天德。"杨倞注："改其旧质谓之变。"⑤《史记·五帝本纪》："于是舜归而言于帝，请流共工于幽陵，以变北狄。"司马贞索隐："变，谓变其形及衣服，同于夷狄也。"⑥

（四）说"改"

《说文·攴部》："改，更也。从攴己。"⑦

《字源》认为"攴"为手持器械治事状，"己"像隹射之缴，含约束意。⑧ "改"意味着对事物本体施加影响使之受到约束而发生变化，侧重于重新、另来一次。《易·益》："君子以见善则迁，有过则改。"⑨《左传·成公九年》："郑人围许，示晋不急君也，是则公孙申谋之曰：'我出师以围许，为将改立君者，而纾晋使，晋必归君。'"杜预注："勿亟遣使诣晋，示欲更立君。"⑩《国语·周语中》："叔父若能光裕大德，更姓改物，以创制天下，自显庸也。"韦昭注："更姓，易姓也；改物，改正朔，易服色也。"⑪《文选·张衡〈东都赋〉》："改奢节俭，则合美乎《斯干》。"李善注："《韩诗》曰：'宋襄公去奢即俭。'"⑫

（五）说"革"

《说文·革部》："革，兽皮治去其毛，革更之。"

---

① ［东汉］许慎撰，［清］段玉裁注：《说文解字注》，上海古籍出版社1981年版，第124页。
② 李学勤主编：《字源》，天津古籍出版社2012年版，第253页。
③ ［清］阮元校刻：《十三经注疏》，中华书局1980年版，第14页。
④ 同上书，第245页。
⑤ ［清］王先谦撰，沈啸寰、王星贤点校：《荀子集解》，中华书局1988年版，第46页。
⑥ ［西汉］司马迁：《史记》，中华书局1963年版，第29页。
⑦ ［东汉］许慎撰，［清］段玉裁注：《说文解字注》，上海古籍出版社1981年版，第124页。
⑧ 李学勤主编：《字源》，天津古籍出版社2012年版，第253页。
⑨ ［清］阮元校刻：《十三经注疏》，中华书局1980年版，第53页。
⑩ 同上书，第1906页。
⑪ 徐元诰撰，王树民、沈长云点校：《国语集解》，中华书局2002年版，第53页。
⑫ ［南朝梁］萧统编，［唐］李善等注：《六臣注文选》，中华书局2012年版，第79页。

段玉裁注:"治去其毛,是更改之义,故引伸为凡更新之用。《杂卦》传曰:'革,去故也。'郑注《易》曰:'革,改也。'"①

"兽皮治去其毛"意味着保留主体、去除外在的东西。《易·序卦》:"革物者莫若鼎,故受之以鼎。"韩康伯注:"革去故鼎,取新。"②《易·革》:"水火相息,二女同居,其志不相得,曰革。"③《资治通鉴》卷一三八:"乃遣任城王澄还平城,谕留司百官以迁都之事,曰:'今日真所谓革也,王其勉之。'"胡三省注:"今之迁都真以革北方之俗。《易·说卦》曰:'革,去故也。'"④又卷一六九:"文遥以为县令治民之本,遂请革选。"胡三省注:"革,更改也。"⑤《红楼梦》第二回:"龙颜大怒,即批革职。"⑥

(六) 说"平"

《说文·亏部》:"平,语平舒也。从亏从八。八,分也。"

段玉裁注:"引伸为凡安舒之偁,分之而匀适则平舒矣。"⑦

"平"由"平缓"引申指齐平。《诗·小雅·伐木》:"神之听之,终和且平。"郑玄笺:"平,齐等也。"⑧《墨子·经上》:"平,同高也。"⑨高使低、低使高,才能达到齐平的结果。《韩非子·外储说右下》:"椎锻者所以平不夷也,榜檠者所以矫不直也。"⑩

(七) 说"振"

《说文·手部》:"振,举救也。从手辰声。一曰奋也。"⑪

从"辰"得声的字多含有"动"的意思,如"震""娠""宸"等,"振"的造字之意是以手使动,所以"振奋"可能才是本义。"举"表示举高,"举救"意味着使人升高而动。宋永培教授指出,远古时期有"尧遭洪水"事件,面临洪水的侵害,就要使百姓转移到高平的地方去,所以《说文》用"举救"来释义,引申指奋起、振作。《礼记·月令》:"(孟春之月)东风解冻,蛰虫始振。"郑玄注:"振,动也。"⑫《史记·高祖本纪》:

---

① [东汉]许慎撰,[清]段玉裁注:《说文解字注》,上海古籍出版社1981年版,第107页。
② [清]阮元校刻:《十三经注疏》,中华书局1980年版,第96页。
③ 同上书,第60页。
④ [北宋]司马光编著,[元]胡三省音注:《资治通鉴》,中华书局1956年版,第4340页。
⑤ 同上书,第5261页。
⑥ [清]曹雪芹、高鹗:《红楼梦》,人民文学出版社1974年版,第15页。
⑦ [东汉]许慎撰,[清]段玉裁注:《说文解字注》,上海古籍出版社1981年版,第205页。
⑧ [清]阮元校刻:《十三经注疏》,中华书局1980年版,第410页。
⑨ 吴毓江撰,孙启治点校:《墨子校注》,中华书局1993年版,第475页。
⑩ [清]王先慎撰,钟哲点校:《韩非子集解》,中华书局1998年版,第343页。
⑪ [东汉]许慎撰,[清]段玉裁注:《说文解字注》,上海古籍出版社1981年版,第603页。
⑫ [清]阮元校刻:《十三经注疏》,中华书局1980年版,第1355页。

"秦军复振,守濮阳,环水。"裴骃集解引如淳曰:"振,起也,收败卒自振迅而复起也。"①《孟子·万章下》:"集大成也者,金声而玉振之也。"赵岐注:"振,扬也。"②引申指救援。《荀子·尧问》:"天使夫子振寡人之过也。"王念孙注:"振,救也。"③再引申指救济。《易·蛊》:"君子以振民育德。"王弼、韩康伯注:"君子以济民养德也。"④

总体来看,"移""易""变""改""革""平""振"都会引申出改变的意义或造成改变的状态,但是语义内涵不同。"移"侧重位移、迁转,"易"侧重改换,"变"侧重外形,"改"侧重重新,"革"侧重去除,"平"侧重前后齐同,"振"侧重由低到高,见表2。

表2 "移""易""变""改""革""平""振"语义内涵比较

	释义	语义内涵
移	迁徙	位移
易	交换	替代
变	改变	外形
改	改变	重来
革	改变	去除
平	齐一	相等
振	振作	由低到高

三、词语搭配的制约因素

"移风易俗"与"变俗易教""移风平俗""变风易俗""变风改俗""移风改俗""移风革俗""移风振俗"的竞争与淘汰,涉及词语选择搭配问题。关于词语搭配的性质,学术界存在不同的看法。林杏光概括为六种观点:(1)语法说:认为词语搭配的性质是语法问题;(2)非语法说:认为词语搭配的性质不是语法问题;(3)阶段语法说:不一般地说词语搭配的性质是语法问题,当发现了搭配的类并且认识了这些类的意义之后就变成语法问题;(4)词义和习惯说:认为汉语是无形态语言,汉语搭配的性质是词义和习惯;(5)逻辑说:认为词语搭配的性质是逻辑问题;(6)综合说:认为词语搭配的性质不是单一的问题,是多角度、多层面的综合性问题,属于语法、词汇、逻辑

---

① [西汉]司马迁:《史记》,中华书局1963年版,第355页。
② [清]阮元校刻:《十三经注疏》,中华书局1980年版,第2741页。
③ [清]王先谦撰,沈啸寰、王星贤点校:《荀子集解》,中华书局1988年版,第548页。
④ [清]阮元校刻:《十三经注疏》,中华书局1980年版,第35页。

(甚至包括非逻辑的语言习惯)等综合性问题。林杏光自己持"词汇—语法范畴"或称"语义—语法范畴"的观点。①

我们认为,词语的搭配根本上是词义问题。李裕德认为:"搭配是目标词和对象词相应义素的协同、联结、共振;只有双方产生了语义上的协同,两个词才能结成一个搭配对子。"②常敬宇等学者都持这种观点。③下面我们对以上诸家观点做一辨析:

关于逻辑说。语言有逻辑问题,但不全是逻辑问题,语言中有非逻辑的情况存在。"有些话虽然用严格的逻辑眼光来分析有点说不过去,但是大家都这样说,都懂得它的意思,听的人和说的人中间毫无隔阂,毫无误会。站在语法的立场,就不能不承认它是正确的。"④例如:

基本上把不好的习惯克服干净了;

这种现象在人类历史上是绝无仅有的。⑤

"基本上"与"干净"、"绝无"与"仅有"在逻辑上是矛盾的,但是符合语言"约定俗成"的原则,也是可以说的。"由于约定俗成,其表达的语义是清楚明白的,绝不能视为病句。"类似的例子还有:

恢复疲劳;

打扫卫生;

台上坐着主席团;

贵宾所到之处,受到热烈的欢迎。

吕叔湘先生说:"通不通是个约定俗成的问题,多数人都这样说,就算是通。"⑥就汉语的情况来说,苏宝荣教授指出:"与注重理性、以形统神的西方思辨哲学不同,汉民族注重体验和感悟、以神统形的文化特质,在思维形态上突出表现为整体性和模糊性。这种模糊、整体的思维形态,在语言学上表现为汉语语义、语法的'意合'特征。……即汉语更多地依赖于语义的搭配来反映语词之间的组合关系,并注意到这种'意合'特点同民族思维形态的密切关系。"⑦所以把词语组合搭配归因于逻辑显然没有注意到语言尤其是汉语意合的特性。

关于语法说。吕叔湘、朱德熙先生的《语法修辞讲话》说得很清楚,"语法不是修

---

① 林杏光:《词语搭配的性质与研究》,《汉语学习》1990年第1期。
② 李裕德:《词语搭配是相应义素的协同》,《语文建设》1990年第4期。
③ 常敬宇:《语义在词语搭配中的作用》,《汉语学习》1990年第6期。
④ 吕叔湘、朱德熙:《语法修辞讲话》,商务印书馆2013年版,第215页。
⑤ 同上书,第217页。
⑥ 吕叔湘:《语文杂记:附〈未晚斋语文漫谈〉》,生活·读书·新知三联书店2008年版,第190—191页。
⑦ 苏宝荣:《词义研究与辞书释义》,商务印书馆2000年版,第97页。

辞学,它只管虚字的用法,至于一般有实在意义的词儿用得对不对,例如'喝饭'的'喝',它是不管的。"①也就是说,"喝饭"语法层面上是合法的,但是我们不这样说,是因为"喝"与"饭"的词义不搭配。

关于习惯说。习惯就是约定俗成的,但约定俗成也只是表层形式,习惯养成的内在机制是语义,人们在选择词语时总会自觉、不自觉地以语义的最佳搭配作为选择原则,我们对"移风易俗"的分析可以证明这一点。汉语的很多固定用法、成语都存在结构成分不可改易的现象。

马挺生认为除了词的意义的影响之外,还有惯用范围限制、词的音节协调的要求。②我们认为,惯用范围的限制仍然是词义,场合不同、侧重点不同,造成的词义搭配会有不同。音节协调应该也是语法搭配选择的因素之一。

张斌梳理了汉语实词虚词划分标准的历史演变,他说:"20 世纪的前 50 年中,意义一直是划分汉语词类的标准。从黎锦熙的《新著国语文法》到王力的《中国现代语法》、吕叔湘的《中国文法要略》、高明凯的《汉语语法论》,一直到吕叔湘、朱德熙的《语法修辞讲话》,几乎都是以意义作为划分虚实的主要标准的,尽管各书的语法体系和词类系统并不完全相同。然而,从 20 世纪 30 年代起,结构主义语法在世界范围内开始兴起,并渐渐占据了主导地位,必须根据词的分布与功能划分词类的理论和观点逐渐得到了人们的认同。……赵元任的《汉语口语语法》、朱德熙的《语法讲义》以及几部有代表性的高校《现代汉语》,也都采用了以功能为主的分类标准。"③随着汉语研究的深入,语法学家又把意义带入语法研究。陆俭明指出:"我们汉语语法研究中的一些理论和方法基本上是从国外语言学,特别是从美国语言学中借鉴来的,但又不是照搬,而是根据汉语语法研究的实际加以变通、改造和活用。其中极为重要的一点,那就是上面已提到的,我们比较注意形式和意义的结合,而非纯形式或纯意义的描写。"④再后来,汉语语法研究中意义的重要性又被学者们加以强调。马庆株指出:"语义对语法有决定作用","语义是形成语法聚合的基础,语义成类地制约词语和词语之间的搭配,制约语法单位的组合行为和表达功能。"⑤邵敬敏指出:"语义语法的雏形,实际上是吕叔湘在《中国文法要略》中提出来的,他开创了'从意义研究形式'的汉语语法研究新思路。"在总结"语义语法"基本构想的八点中提出:"语义决定形式,语义与形式的结合才是语用的基础","汉语语法研究可以从形式出发,但是更适

---

① 吕叔湘、朱德熙:《语法修辞讲话》,商务印书馆 2013 年版,第 4 页。
② 马挺生:《试谈词语搭配的形式和条件》,《语言教学与研究》1986 年第 3 期。
③ 张斌主编:《现代汉语描写语法》,商务印书馆 2010 年版,第 196 页。
④ 陆俭明:《八十年代中国语法研究》,商务印书馆 1993 年版,第 61 页。
⑤ 马庆株:《结构、语义、表达研究琐议——从相对义、绝对义谈起》,《中国语文》1998 年第 3 期。

合从语义出发。"①王宁先生更明确提出:"我们认为正确的语义观是:语义中心论。……语义中心,就是语义首先决定语音、语法。"②我们认为这个观点是符合汉语实际的。

结 论

"移风易俗"等相近成语的选择竞争,符合"语义语法"的精神,实现了语义协调。

从音节搭配看,"移风易俗"是"改变旧的风俗习惯"③。"旧的风俗习惯"作为改变的对象,意味着它是不好、不合适的,而"尚"的"向上""高"的语义内涵、"教"的"互动、变好"的语义内涵,决定了它们不适合出现在此类成语的宾语位置。"风"和"俗"隐含着好、坏两个方面,可以作为改变的对象。"风"是天上来的,流动、无形,人不可控,所以具有施加人力而造成的"改变""齐一""振作"之意的"易""变""改""革""平""振"几个动词不适合与之搭配。"俗"具有"低"的语义内涵,不适合与具有"相等""由低到高"的"平""振"搭配。

"移风"指的是面对无形伤人的"风",人只能迁移到风不伤人的地方。"革俗"是去除旧俗,但是仅仅革除旧俗,未能涵盖新俗。"变"侧重外在形式的改变,未能涵盖内在内容的改变,二者也不适合。"改"的语义内涵是"更新",即用新俗替换了旧俗,从语义上看,与"移风"搭配是合适的。

从音韵角度看,《广韵》中"移"属余母支韵,④"易"属余母昔韵,⑤"改"属见母海韵⑥。"移""易"双声,韵相近,只有声调之别,比见母海韵的"改"更为协调,所以"移风易俗"最终胜出。

---

① 邵敬敏:《汉语语法的多维研究》,上海教育出版社2020年版,第323页。
② 王宁:《汉语词汇语义学的重建与完善》,《宁夏大学学报(人文社会科学版)》2004年第4期。
③ 中国社会科学院语言研究所词典编辑室编:《现代汉语词典》(第7版),商务印书馆2016年版,第1545页。
④ 郭锡良编著:《汉字古音手册(增订本)》,商务印书馆2010年版,第101页。
⑤ 同上书,第103页。
⑥ 同上书,第196页。

The Conventionalization of "Yifeng Yisu"(移风易俗): Mechanisms in Grammatical Collocational Constraints

Wu Jianyu

Abstract: This paper engages in textual research of the meanings of "Yifeng Yisu" and these four words "yi"(移) "feng"(风) "yi"(易) and "su"(俗) in similar idioms, constructs a semantic extension system, extracts semantic connotations, and distinguishes the differences and similarities of their meanings. At the same time, the paper sorts out the restrictive factors of Chinese grammar combination, supports the concept of "semantic grammar", and indicates the reason why "Yifeng Yisu" wins in the competition among many idioms is due to the coordination of grammatical collocation by means of the coordination of lexical collocation and phonological collocation.

Keywords: Yifeng Yisu; semantic connotation; collocation; coordination

安大简《诗经》与《毛诗》异文"某""楳"与"梅"历时动态关系辨析

王 梦 刘 刚[**]

摘要："某"与"梅"、"楳"与"梅"是安大简《诗经》与今本《毛诗》对比产生的异文，文章旨在对"某""楳"与"梅"的历时动态关系进行辨析。由于"梅"字产生于汉代，尽管先秦语言中有"梅"这个词，而文字中却无"梅"这个字，所以先秦《诗》文本中不存在这两对异文。汉代"梅"字产生后，《毛诗》《鲁诗》《齐诗》将"某"或"楳"转写为"梅"，《韩诗》仍然从古作"楳"，以此参照安大简，"某"与"梅"、"楳"与"梅"的异文关系方才构成。以《说文解字》判断，在汉代"某"是本字，"梅"是借字，"楳"为"梅"之或体。然而，汉代的主流《诗经》传本与汉末的刻石写经以"梅"为标准字样，"梅"字通过假借用字实践取代了"某"与"楳"的本义及相关引申义，而成为文字书写中的通用字。此后，又由于晋代郭璞《尔雅》注的误释以及魏代《广雅》、隋代《切韵》等小学著述对郭注不断地圆通其说，弥合三个异文本义原本的不同与转注引申的同化，导致了异文间本字与借字、正字与异体的颠覆性转化，致使"梅"字在隋唐之际由标准字样或假借通用字成为字典辞书中的正字。

关键词：安大简　《诗经》　异文　某　楳　梅

今本《毛诗》中《召南·摽有梅》"摽有梅"句、《秦风·终南》"有条有梅"句、《陈风·墓门》"墓门有梅"句、《曹风·鸤鸠》"其子在梅"句、《小雅·四月》"侯栗侯梅"句所用之"梅"字，在可与之对应的出土先秦文献安大简《诗经》选本《召南·摽有

---

[*] 本文系国家社科后期资助项目"安大简《诗经》与今本《毛诗》比较研究"（23FZWB006）的阶段性成果。
[**] 王梦，1991年生，文学博士，淮北师范大学文学院讲师，主要研究方向为先秦两汉文学；刘刚，1951年生，湖北文理学院宋玉研究中心教授，主要研究方向为中国古代文学、文献学。

梅》与《秦风·终南》中写作"呆",整理者隶定为"某",认为"梅""某"通假,①于是便构成了一对在安大简《诗经》与今本《毛诗》中音同义异形亦异的异文。事实上,在安大简《诗经》未出土整理问世之前,这对异文在《诗经》异文诂训中业已被讨论,不过"梅"的异文不是安大简中的"某"字,而是今文三家诗《韩诗》中由"某"孳乳派生出的"楳"字。

东汉许慎《说文解字》曰:"梅,枏也。可食。从木每声。楳或从某。"《说文》:"某,酸果也。从木从甘,阙。"②唐陆德明《经典释文·毛诗音义上》说:"摽有梅……《韩诗》作楳,《说文》楳亦梅字。"③清段玉裁《说文解字注》"梅"字条注说:"按《释木》曰'梅,枏也',《毛诗·秦风》《陈风》传皆曰'梅,枏也',与《尔雅》同,但《尔雅》《毛传》皆谓楩枏之枏。毛公于《召南》'摽有梅'、《曹风》'其子在梅'、《小雅·四月》'侯栗侯梅'无传,而《秦》《陈》乃训为枏,此以见《召南》等之'梅'与《秦》《陈》之'梅'判然二物,《召南》之'梅'今之酸果也,《秦》《陈》之'梅'今之楠树也。"④清桂馥《说文解字义证》卷十六"楳"字条说:"馥案:梅、楳皆假借,当作某。"⑤清朱骏声《说文通训定声·颐部第五》"某"字条说:"《韩诗》摽有梅,经典相承以梅枏字为之。"⑥清王筠《说文解字句读》卷六上"楳"字条说:"窃谓'楳'盖'某'之絫增字,《毛诗》当用古文'某',《韩诗》今文则加'木'旁。"又于"某"字条说:"某"字"今借(为)梅"。⑦古人的释说在于说明"某"与"楳"的古今字关系、"某"与"梅"的通假字关系、"楳"与"梅"的异体字关系。释说虽简明无误,但属于积累字之义项于一时、共时静态的字义字音字形的释说,因而没有将这两对异文的构成历史与嬗变关系解释清楚。为此我们拟以文字产生、字义发展变化与应用的历时动态角度,探讨"某"与"梅"、"楳"与"梅"这两对异文在不同时代的关系与嬗变轨迹。

一、先秦"某"字

考先秦的古文字,在已见的甲骨文、金文、陶文、简帛文字中只有"某"与"楳"字,而无"梅"字。

---

① 黄德宽、徐在国主编:《安徽大学藏战国竹简(一)》,中西书局 2019 年版,第 21、33、92 页。
② [东汉]许慎:《说文解字(附检字)》,中华书局 1985 年版,第 179 页。
③ [唐]陆德明撰,黄焯汇校:《经典释文汇校》,中华书局 2006 年版,第 127 页。
④ [东汉]许慎撰,[清]段玉裁注:《说文解字注》,上海古籍出版社 1981 年版,第 239 页。
⑤ [清]桂馥:《说文解字义证》,上海古籍出版社 1987 年版,第 463 页。
⑥ [清]朱骏声:《说文通训定声》,中华书局 2016 年版,第 207 页。
⑦ [清]王筠:《说文解字句读》,中华书局 2016 年版,第 197、203 页。

具体来看,考"某"字的字形有二,一作呆,从木从口;一作杲,从木从日。必须指出的是,字所从的"口"或"日"不指口舌之口或日月之日,而是古人"六书"造字法中树木上果实的"象形"书写。前辈学者丁山认为"'杲'上从日与从口同,盖果尚未熟之象,既熟则有龟坼纹,字不从口而从田,作'果'矣。"① 许慎《说文》将"呆"与"杲"之小篆隶定为"某"字,并在字形解析中说"从木从甘,阙"。说明他对此字是否应从"甘"心存犹豫或怀疑。不过《说文解字》在传统文字学中是奠基之作,且影响深远,我们权且依据《说文》隶定的"某"字来展开本文的讨论。

考先秦"某"字的词义:

一、字之本义为酸果。《说文》:"某,酸果也。"《包山楚简》简二·二五五"蜜呆一埚";②《信阳楚墓》简二·〇二一"一瓶食酱,一瓶呆酱";③两座古墓《遣策》中的"呆"字即《说文》释为"酸果"的"某"字,在《遣策》例句中均指古人饮食所用的佐料梅子酱,即为梅树的酸果所制,其字当指梅树的果实梅子。

二、引申为结酸果之某(梅)树。安大简《诗经·召南·摽有梅》"茇(摽)又(有)呆","呆"整理者隶定为"某"。《说文》:"某,酸果也。"为"某"之本义,由此本义引申指结酸果梅子之梅树。《毛诗》"某"字作"梅"可证。

三、假借引申为楠木。安大简《诗经·秦风·终南》"又(有)柚又(有)呆","呆"整理者隶定为"某",读为"梅"。《毛诗》其字作"梅",《毛传》:"梅,柟也。"与《尔雅》《说文》释为"柟"和"枏"相同,即今之楠木。

四、字又引申为姓氏。《包山楚简》简二·一八五"邸易君之呆敳",④清华简《子犯子余》简一二"呆之女",⑤二例"呆"即"某"字,均为自殷商以来便已出现的古人之姓氏。"呆敳"即姓呆名敳,"呆之女"即指呆氏之女子。

五、字亦引申为人称代词。其用法有二:1. 讳称。《侯马盟书》中"呆"字多见,整理者《侯马盟书丛考·"子赵孟"考》说:"在盟辞中对主盟人的称谓有三种:一是'嘉',二是'某',三是'子赵孟'。……'某'应是参盟人对主盟人的讳称。当时不但卿、大夫对国君不能直称其名,而且卿大夫的家臣、邑宰对卿、大夫也不能直称其名。《说文通训定声》'某'字条:'臣讳君,故曰某。'"⑥2. 自称。清华简《祝辞》"句

---

① 丁山:《说文阙义笺》,国立中央研究院历史语言研究所1930年石印本,第25页。
② 湖北省荆沙铁路考古队:《包山楚简》,文物出版社1991年版,第37页。
③ 河南省文物研究所:《信阳楚墓》,文物出版社1986年版,第130页。
④ 湖北省荆沙铁路考古队:《包山楚简》,文物出版社1991年版,第31页。
⑤ 清华大学出土文献研究与保护中心编:《清华大学藏战国竹简(七)》原大图版,中西书局2017年版,第2页。
⑥ 山西省文物工作委员会编:《侯马盟书丛考·"子赵孟"考》,文物出版社1976年版,第65页。

(侯)兹呆也发扬",清华简《祷辞》呆字凡16见,如"呆邑之社""见呆而喜""曾孙呆敢用弍元夫猪",诸例"呆"即"某"字,为祝者自称。①

六、字在先秦金文、简帛文字中的通假用例。1.《禽簋》"周公呆","呆"即"某"字,通"禖";②2.《谏簋》"女呆不又(有)劳","呆"即"某"字,通"靡";③3.上博简《三德》"呆="即"某某",通"冥冥";④4.《睡虎地秦简·为吏之道》简四九"呆不可遣","呆"即"某"字,通"谋"。⑤

此外,"呆""杲"由本义"酸果"引申出结酸果之树的树木名,并由此义项派生出"楳"字,《史槑兄簋》铭文"史槑兄乍且辛宝彝",⑥"槑"即"楳"字。商承祚《战国楚竹简汇编·信阳长台关一号楚墓竹简第二组遣策考释》说:"'呆',金文或作'呆',从甘。《说文》同,训'酸果'。字书通梅,亦作楳。简文从口、作呆,金文《史槑兄簋》作'槑',《侯马盟书》作'呆',而《说文》古文作'槑',云'某从口',徐笺:'古文槑,或省作呆,皆从木,象形。'段注:'从口者,甘之省也。'"⑦汉代三家诗《韩诗》应当是将古篆"槑"字隶定作"楳"。出土文献阜阳简《诗经》作"菜"当为"楳"字之异体。后起之"梅"字当借鉴了"楳"从木某声的造字法,将声符"某"更换为"每",创造了先秦用"某"与"楳"字借指的、语言中有字义字音而文字中无其字形的、本义为楠木的字——"梅"。

据此可以说,在先秦的《诗》文本中,从文字学角度说不存在"某"与"梅"或"楳"与"梅"的异文现象,因为在先秦时期"梅"字还没有产生,在语言中虽有"梅"这个词,在文字中却没有"梅"这个字,只能用其同音字"某"或"楳"来代替。

于此要特别注意一个问题,文字、训诂学家常常依据传世的《毛诗》和《说文》《玉篇》以后的字书说"某通梅"或"楳亦作梅",仅是以隋唐而后之字典辞书为依据的视"梅"字为"正字"的共时静态说法。事实上,"某"之古篆"呆"与"杲"和其后起字"楳"的出现皆早于"梅"字,为先秦时期的通用字,而"梅"字后起,始见于汉代。在汉代的《诗经》传本中"某""楳"才与"梅"构成通假关系或异体关系,在"某—梅"通

---

① 清华大学出土文献研究与保护中心编:《清华大学藏战国竹简(三)》原大图版,中西书局2012年版,第18页。清华大学出土文献研究与保护中心编:《清华大学藏战国竹简(九)》原大图版,中西书局2019年版,第20—21页。
② 严一萍编:《金文总集(一)·禽簋》,台北艺文印书馆1983年版,第1388页。
③ 同上书,第1617页。
④ 马承源主编:《上海博物馆藏战国楚竹书(五)》图版,上海古籍出版社2005年版,第145页。
⑤ 睡虎地秦墓竹简整理小组编:《睡虎地秦墓竹简》图版《为吏之道》简四九,文物出版社1990年版,第85页。
⑥ 严一萍编:《金文总集(一)·史槑兄簋》,台北艺文印书馆1983年版,第1191页。
⑦ 商承祚编著:《战国楚竹简汇编》,齐鲁书社1995年版,第32页。

假关系中,"某"是本字,"梅"是借字;在"楳—梅"指梅子树的通假关系中,"楳"是本字,"梅"是借字;在"楳—梅"指楠木的异体关系中,"楳"是先造的经假借引申而形成的正字,"梅"是后起之异体字。直到隋唐之际,"梅"字才被视为正字,"某—梅""楳—梅"本字与借字、正字与异体的关系才被颠覆。

二、汉代"梅"字

据《古文字诂林》对先秦两汉古文字的普查、检索与统计,小篆"槑"(梅)字始见于汉石刻文字,《汉印文字征》有名章"梅陶",《石刻篆文编》有人名"梅胤",①二例之"梅"字皆用作人名之姓氏。

"梅"字在汉代出现也得到了汉代辞书与字书的印证:今本《尔雅注疏》卷九《释木》曰:"梅,枏。"注:"似杏,实酢。"音义:"梅,莫回反。枏,而占反。杏,户猛反。酢,七故反。"疏:"孙炎云:'荆州曰梅,扬州曰枏。'郭云:'似杏,实酢。'《诗·秦风·终南》云'有条有梅',陆玑疏云:'梅树,皮叶似豫樟,叶大如牛耳,一头尖,赤心,华赤黄,子青,不可食。枏,叶大,可三四叶一丛,木理细致于豫樟,子赤者材坚,子白者材脆是也。'"②明毛晋《毛诗草木鸟兽虫鱼疏广要》曰:"若《尔雅》之'梅,枏',乃陆云似豫章者,景纯不当以'似杏,实酢'解之。"③据陆玑、邢昺、毛晋的训诂与考证可知,"梅枏"之"梅"与结酸果之"梅"不同,"梅枏"之"梅"是一种可作栋梁等优质建材的树木,而结酸果之"梅"是果树,其所结之果实今人称之为"梅子"。

今本《说文解字》卷六《木部》曰:"梅,枏也。可食。从木每声。莫桮切。""楳,或从某。"④据考,今本《说文》注释语中被后人窜入了"可食"二字,马叙伦《说文解字六书疏证》卷十一考辨说:"钮树玉曰:'《玉篇》引无可食二字。'严可均曰:'可食二字校语,橘橙楸亲十余篆皆不言可食。'伦按:王鸣盛以梅为今之酸果;段玉裁、桂馥、迮鹤寿、王筠、朱骏声、陈衍皆谓梅即枏。枏字亦作楠,非酸果之某。枏梅均不当次于柿、杏之间,某亦不当转次于楷、檵之间,乃后人妄有窜易,增'可食'二字耳。"⑤段玉裁《说文解字注》曰:"按《释木》曰:'梅,枏也。'《毛诗·秦风》《陈风》传皆曰'梅,枏也',与《尔雅》同。但《尔雅》《毛传》皆谓楩枏之枏。毛公于《召南》'摽有梅'、《曹

---

① 李圃主编:《古文字诂林》第5册,上海教育出版社2002年版,第741页。
② [东晋]郭璞注,[唐]陆德明音义,[北宋]邢昺疏:《尔雅注疏》卷九《释木》,《十三经注疏》本,中华书局2009年版,第5734页。
③ [明]毛晋:《毛诗草木鸟兽虫鱼疏广要》,《儒藏》精华编第26册,北京大学出版社2012年版,第127页。
④ [东汉]许慎:《说文解字(附检字)》,中华书局1985年版,第179页。
⑤ 马叙伦:《说文解字六书疏证》卷十一,上海书店1985年版,第3页。

风》'其子在梅'、《小雅·四月》'侯栗侯梅'无传,而《秦》《陈》乃训为枏,此以见《召南》等之'梅'与《秦》《陈》之'梅'判然二物。《召南》之'梅',今之酸果也;《秦》《陈》之'梅',今之楠树也。楠树见于《尔雅》者也,酸果之梅不见于《尔雅》者也。"①段注的考辨不仅印证了毛晋《毛诗草木鸟兽虫鱼疏广要》的说法是正确的,而且以《诗经》中的例句作为结酸果之"梅"与楠木之"梅"的用例实证。

据《说文》,先秦已有的"某"字本义为酸果,即便"某"字引申为结酸果的梅子树,与后起字"梅枏"之"梅"也是不同的两个字。汉代出现的"梅"字本义指楠木,"楠"在先秦写作"枏",既见于仲枏父簋,又见于《说文》;在汉代或写作"柟",见于《尔雅》。在汉代出现的"梅"字所指的楠木在先秦属于语言中有其音义而书写中无其字形的语用现象,在书写中只能用同音字"某"或"楳"来借代。就《毛诗》中"梅"字用例而言,《毛诗·秦风·终南》"有条有梅"之"梅"即用楠木之本义,三国吴陆玑《毛诗草木鸟兽虫鱼疏》"有条有梅"条曰:"柟,叶大,可三四叶一丛。木理细致于豫章,子赤者材坚,子白者材脆。荆州人曰梅,终南及新城、上庸皆多樟柟,终南与上庸、新城通,故亦有柟也。"②而《毛诗·召南·摽有梅》之"梅"当为借字,借本义为楠木的"梅"字指结酸果的梅树之"梅"。陆玑《毛诗草木鸟兽虫鱼疏》"摽有梅"条曰:"梅,杏类也。树及叶皆如杏而黑耳,曝干为腊,置羹臛齑中,又可含以香口。"③两个"梅"字在安大简《诗经》中皆作"呆","呆"即"某"字,这一用字差异完全可以证明先秦文字使用中因有音义无字形而权且用同音字来代替的用字现象。

根据上文分析,我们可以说先秦《诗经》文本结酸果之"梅"与楠木之"梅"理应如安大简《诗经》所隶定皆作"某",即古篆"呆""杲"或"楳"字,今本《毛诗》将字写作"梅"当是在汉代"梅"字产生后传承《毛诗》者对文本进行相关校改所致。其实,先秦文献传世者如《周易》、《尚书》、"三礼"、"三传"及诸子的著述都经历过传承者用后世文字的校改,并非先秦文字书写的历史原貌。诸如今本《尚书·说命下》"若作和羹,尔惟盐梅"句中"梅"字,唐陆德明《经典释文·尚书音义上》曰:"梅,亦作楳。"④今本《毛诗·召南·摽有梅》中"梅"字,《经典释文·毛诗音义上》曰:"梅,木名也。《韩诗》作楳。"⑤此二例便是后世校改先秦古本文字的证明。

---

① [东汉]许慎撰,[清]段玉裁注:《说文解字注》,上海古籍出版社1981年版,第239页。
② [三国吴]陆玑:《毛诗草木鸟兽虫鱼疏》,《儒藏》精华编第26册,北京大学出版社2012年版,第25页。
③ 同上书,第30页。
④ [唐]陆德明:《经典释文·尚书音义上》,中华书局2006年版,第97页。
⑤ 同上书,第127页。

三、"梅"与"某"用例比较

考本义为楠木之"梅"字在汉代的用例：

一、有用作本义指楠木者。《后汉书·郡国志》"密有大騩山,有梅山",梁刘昭补注："密,春秋时曰新城,《传》曰新密。僖六年诸侯围新城。杜预曰一名密县。"①据上引陆玑"有条有梅"疏,今河南省新郑市一属地古称新城,乃盛产樟柟之地,故"梅山"之"梅"指樟柟,即楠木。

二、有借指酸果梅子者。《淮南子·说林训》："百梅足以为百人酸,一梅不足以一人和。"②《续后汉书·吴载记》："(孙)亮尝出西苑食生梅,使黄门至中藏取蜜渍梅,蜜中有鼠矢。"③二例"梅"字皆指梅树之果实梅子。

三、有借指类似梅子的酸性果实者。《史记·司马相如列传》所录《上林赋》："樗枣杨梅,樱桃蒲陶。"④《淮南子·览冥训》："食荐梅。"⑤二例"梅"字指口感甜中带酸的水果,前例指杨梅,后例指草莓。

四、有借指结酸果梅子之梅树者。《汉书·五行志》："刘向以为周十二月今十月也,李、梅当剥落,今反华实,近草妖也。"⑥《世说新语》卷下《假谲第二十七》："魏武行役,失汲道,军皆渴,乃令曰：'前有大梅林,饶子,甘酸,可以解渴。'士卒闻之,口皆出水。乘此得及前源。"⑦《文选》张衡《南都赋》："乃有樱梅山柿。"⑧三例"梅"字皆指结酸果梅子的梅树。

五、有借指腊月开花之腊梅树者。《史记·东越列传》有"梅岭","梅"用为山岭名称的限定语。梅岭之"梅"即腊梅。

六、有用为姓氏者。如《史记·项羽本纪》有"梅鋗",《酷吏列传》有"梅免",《汉书·杨胡朱梅云传》有"梅福",三例"梅"字皆用为姓氏。

以汉代"梅"字用例与先秦"呆"与"杲"隶定为"某"字的用例相比较,可以发现

---

① [南朝宋]范晔撰,[唐]李贤等注：《后汉书》第十二册,中华书局1965年版,第3394页。
② 何宁撰：《淮南子集释》,中华书局1998年版,第1206页。
③ [南宋]萧常：《续后汉书》卷二十五《吴载记二》,《文渊阁四库全书》第三八四册,台湾商务印书馆1986年版,第384—533页。
④ [西汉]司马迁：《史记》第九册卷一一七《司马相如列传》,中华书局1959年版,第3028页。
⑤ 何宁撰：《淮南子集释》,中华书局1998年版,第465页。
⑥ [东汉]班固撰,[唐]颜师古注：《汉书》第五册卷二十七中之下《五行志》,中华书局1962年版,第1412页。
⑦ [南朝宋]刘义庆撰,[南朝梁]刘孝标注,龚斌校释,《世说新语校释》,上海古籍出版社2011年版,第1642页。
⑧ [南朝梁]萧统编,[唐]李善注：《文选》,上海古籍出版社1986年版,第155页。

在"梅"字于汉代产生后,直到许慎作《说文》时,"梅"与"某"可谓构成了通假关系,通假中"梅"是借字,"某"是本字。"某"的诸多义项均可以运用通假的文字使用规则写作"梅",如"某"的酸果本义、结酸果之树的直接引申义与作为姓氏的间接引申义,均可用借字"梅"来表示;只有"某"字用作代词的义项不能用借字"梅"来表示。

"某"用作代词,在先秦无论是"讳称"还是"自称",都含有回避确指人物名称的意味,表现出对其称谓出于某种原因而不便直呼其名的指代模糊性与称谓不确定性。这个"某"字的义项当由其本义"酸果"转引而出。商承祚《说文中之古文考·木部》认为:"某当为某人之某之本字。从'曰'殆象未成硕果之形,与孰果从'田'作有坼裂文者不同。果未孰,其味酸,既孰则甘。在未孰与孰之间,故有不定义。"①正是"某"的"酸果"本义所含有的这种酸甜度的不确定性含义,引申出了"某"用为不确指称代对象的义项。

而"梅"不能借作代词的原因是,时至汉代,"某"的代词义项又引申出新义项,可泛指某人、某物、某地、某事、某时,读音也相应地发生了变化,由与"梅"字读音相同的"莫回反"(见《尔雅音义》)变读为与"梅"字韵部不同的"莫厚切"(见《说文》"某"字条段注),所以在语言使用的约定俗成中读为"莫厚切"的"某"字不能为"梅"字所通假借用,这是个不成文的而又为书写者共同遵守的规定。梁顾野王《玉篇》曰:"梅,莫回切,《说文》枏也。""某,莫回切,酸果也。又音母,不知名者云某。"②可说明"某"与"梅"同音时可以通假、不同音时则不可通假的汉代以来的用字规则与用字实践。

"梅"字在汉代产生后,在书写实践中,先秦《诗》文本中的"某"字,只有汉代四家诗中《韩诗》写作其派生字"楳",出土文献阜阳简《诗经》写作"楳"的异体"楳",而《鲁诗》《齐诗》《毛诗》三家皆接受了后起的"梅"字,并用在三家《诗》传本之中。因而构成了"某"与"梅"、"楳"与"梅"两对异文。就当时的文化背景来说,《诗经》在汉"罢黜百家,独尊儒术"之后,几乎成为当时国子与士人的必读书,可谓是儒家五经中具有识字与学习百科知识等启蒙作用的基础读本。在西汉《鲁诗》《齐诗》《韩诗》的传承者先后被朝廷聘为学官,《毛诗》在东汉后期由于《郑笺》能兼采古文、今文之优长也成为显学。就汉以来的《诗经》教育与传播而言,两汉以《鲁诗》为主,东汉后期《毛诗》又赢得了主导地位。由于《鲁诗》与《毛诗》将古文"某"皆转写为"梅","梅"虽然是借字,但其在《诗经》教育与传播中的影响却远远优胜于"某"与"楳"二字,因而在梅子树、酸果、姓氏的义旨上,借字"梅"从汉代开始成了古人书写广泛使用的常用字;而本字"某"则不再用来表示上述义项,仅仅用来表示代词的义项,汉代

---

① 商承祚:《说文中之古文考》,上海古籍出版社1983年版,第57页。
② [南朝梁]顾野王撰,吕浩校点:《大广益会玉篇》,中华书局2019年版,第406、413页。

的识字读本《仓颉篇》收录了"某"字,在释说其含义时只说"语设事也";①至于"楳"则成了"古董",在《说文》的或体字和非通行本《诗经》中被保存下来。可见从汉代开始,"梅"字在其本义楠木的基础上,孳乳出梅子树、酸果、姓氏等假借义,甚或还可以借指类梅子树的腊梅树和类酸果梅子的杨梅与草莓;而"某"字的本义酸果、引申义梅子树与姓氏仅作为曾经的古义被"封存"在字书中,不再在日常书写中使用,而其常用义只有原本用作代词的引申义,且转注出某人、某物、某地、某事、某时的新义项。这种文字义项的增生与缩减或转化与借用以及新造字的滋生,在文字的发展与演变中是时常发生的事情,而这种发展与变化又在潜移默化之中约定俗成,悄然蜕变,成为字义字形滋生、发展、变化的一种趋势。

这种文字义项的增生与缩减或转化与借用以及新造字的滋生是把"双刃剑",一方面丰富了文字的义涵和数量,另一方面也会给文字书写带来一字多义不便记忆、字义繁多不便识读、异体字俗体字滋生不便掌握的干扰。如果像"梅"字这样的后起字不断出现并取代《诗经》等文本中的原本用字,势必会造成经典文本传承的混乱与文字书写难以规范的乱象。

事实上,时至东汉这种混乱与乱象已经不可避免地发生了。东汉许慎《说文解字序》曰:"故诡更正文,乡壁虚造不可知之书,变乱常行,以耀于世,诸生竞说字解经,宣称秦之隶书为仓颉时书,云父子相传,何得改易。……若此者甚众,皆不合孔氏古文,谬于史籀,俗儒鄙夫玩其所习,蔽所希闻,不见通学,未尝睹字例之条,怪旧执而善野言,以其所知为秘妙,究洞圣人之微恉。"②《后汉书·蔡邕传》曰:"邕以经典去圣久远,文字多谬,俗儒穿凿,疑误后学。熹平四年乃……奏求正定六经,灵帝许之。"③可以说,这种乱象一时间到了不得不治理、不可不整顿的地步。

四、异文形成的历时动态过程

东汉以来,对于经典文本传写的混乱采取了刻石写经的方式,宣示范本,统一字样,以正视听;对于文字书写的乱象采取了编撰字典辞书的方式,训诂字词,注音定形,规范正字。然而这种治理与整顿由于魏晋南北朝的时局动荡与社会分裂,不可能

---

① 陶方琦:《仓颉篇》补本一卷,《续修四库全书》编纂委员会编:《续修四库全书》第二四三册,上海古籍出版社1995年版,第628页。
② [东汉]许慎:《说文解字(附检字)》卷十五上,中华书局1985年版,第504—505页。
③ [南朝宋]范晔撰,[唐]李贤等注:《后汉书》第七册卷六十下《蔡邕列传》,中华书局1965年版,第1990页。

立竿见影、一蹴而就,不可避免要经历一段较长的发展历程。

就刻石写经而言,据清桂馥《历代石经略》考证,自汉至唐,主要的刻石写经有《汉一字石经》《魏三字石经》《晋石经》《唐石经》,①对经典文本的传承起到了统一文本、统一字样、统一识读的作用。若回到我们讨论的"梅"字上来,"梅"字正是在刻石写经的过程中得到了官方与读书人的认可。虽然汉、魏、晋石经本于《鲁诗》,唐石经本于《毛诗》,但无论是《鲁诗》还是《毛诗》都将先秦《诗》文本中的"某"或"楳"字转写作"梅",这就使后起的借字"梅"成了标准字样,并为"梅"字被后世字典辞书视为正字奠定了基础。这是我们不得不承认的文字书写的历史事实。

就编撰字典辞书而言,东汉许慎《说文解字》曰:"梅,枏也,从木每声。""楳或从某。""某,酸果也。从木从甘,阙。莫厚切。""楳,古文某从口。"②《说文》以传统的六书方法分析本义的释说,认为"某"与"梅"是两个不同的字,已经明确告诉读者《鲁诗》作"梅",于《秦风·终南》"有条有梅"句是为本字,于《召南·摽有梅》"摽有梅"句则是借字。与《韩诗》写作"楳"比较,"梅"字于《终南》指楠木时二者是异体关系,于《摽有梅》指结酸果之梅树时则依然是通假关系。《说文》虽厘清了"某"与"梅"、"楳"与"梅"在《诗经》中先造字与后起字共时后的用字关系,但是还不足以释说当时文字使用中"某"字常用义从"酸果"到"代称"的转注。

于是魏张揖作《广雅》补《尔雅》之未备,曰:"某、命(原字误作'今')、鸣,名也。"③结合《尔雅》"梅,枏"来研读,其释说是以汉代用字为标准承认《诗经》作"梅"的现实,而认为"某"在汉代已经失去了指"酸果"与"结酸果之梅树"的义项,仅承认"某"作代词指代不可或不能明说的称谓。《广雅》虽注意到了"某"字在汉代的实用义,却割断了汉代"某"字实用义与古义的联系,也存在明显的不足。

梁顾野王《玉篇》似乎注意到了《广雅》的不足,在《玉篇·木部》中将关系字连续释说,曰:"枏,奴含、而盐、而剡三切。菒(原字误作'菜')似桑子,似杏而酸。《尔雅》云:'梅,枏。'""楠,同上。俗。""梅,莫回切。《说文》'枏也。'""楳,同上。"以上四字连释。"某,莫回切,酸果也。又音母,不知名者云某。""楳,古文。"以上二字连释。④ 将以上六字的释说结合起来看,《玉篇》认为"枏"与"楠"是正字与俗字的关系,"梅"与"枏"是同义词关系,"梅"与"楳"是异体字关系,"某"与"枏"在"酸果"义项上同义,"某"与"梅"在"酸果"的义项上同音又同义,在"不知名者云某"的义项上

---

① [清]桂馥:《历代石经略》,《续修四库全书》编纂委员会编:《续修四库全书》第一八三册,上海古籍出版社1995年版,第609—638页。
② [东汉]许慎:《说文解字(附检字)》,中华书局1985年版,第179、184页。
③ [清]王念孙著,张其昀点校:《广雅疏证(点校本)》,中华书局2019年版,第258页。
④ [南朝梁]顾野王撰,吕浩校点:《大广益会玉篇》,中华书局2019年版,第405—406、413页。

音义皆不同。《玉篇》虽弥补了《广雅》的不足，释说了关系字间的承接演化，使读者能体会到文字义项的增生与缩减或转化与借用，却承袭了晋郭璞《尔雅》"梅，柟"注"似杏，实酢"的混淆楠木与结酸果之梅树的误释，在"柟""楠""梅""楳""某"关系的释说上犯了轻信前人释说而未加深考的失误（说见前引晋郭璞注、宋邢昺等疏《尔雅注疏》与吴陆玑《毛诗草木鸟兽虫鱼疏》），虽厘清了"某"字古义与今义的变化，却没有说清楚"梅"字被《鲁诗》与《毛诗》用为《诗经》标准字样的理据。

因而隋陆法言等的《切韵》对《玉篇》遗留的"梅"字为何能成为石刻写经中标准字样作出了相应的解答，唐孙愐《唐写本切韵》残卷三《切韵（卷）第一平声上·十五灰》曰："梅，木。"《切韵卷第二·廿一盐》曰："楳，菓似柰而酸。""柟，梅。"①释说中作出了撰写者个人的解释，认为"梅"是梅类树种的泛称，因而在《诗经》中既可以指楠木之梅，也可以指结酸果之梅，所以只释说一个字"木"。这样的解说虽然解决了《鲁诗》《毛诗》用"梅"取代"某"或"楳"的问题，但并没有勾画出文字发展历史中从"某"字到"楳"字再到"梅"字的文字历史嬗变轨迹，然而这种解释却得到了清代以前《诗经》研究与注释者的认同。

宋陈彭年等《钜宋广韵》卷一《上平声·十五灰》曰："梅，果名，又姓。"②更将《切韵》所释用语"木"进一步释为"果名"，意在说明"梅"本义为"果名"，由"果名"引申为泛指果树之"木"，实际是用"梅"取代了先秦"某"的本义与直接引申义"楳"，而在卷三《上声·四十五厚》中曰："某，诏前人之言也。"③把"某"释为与酸果、果树无关的另一个字。这种释说完全违背了《说文》的字本义释说，让人觉得难以接受。

于是宋丁度等《集韵》不得不修正其说，《集韵》卷二《平声·十五灰》曰："梅楳某楳，果名。《说文》：'柟也，可食。'亦姓。或作楳某楳。"卷六《上声下·四十五厚》曰："某楳，《说文》：'酸果也。'古作楳。"④让人可以感知到文字发展演变中的痕迹。

但是《广韵》《集韵》仍然同《切韵》一样都相信郭璞《尔雅》"梅，柟"注"似杏，实酢"的释说。而郭璞的释说，则是因为《汉一字石经》《魏三字石经》中《鲁诗》和传世本《毛诗》指结酸果的梅树与指楠木的梅树字皆作"梅"，才误以为《尔雅》"梅，柟"之树也结酸果，于是混淆了两种不同的树木，因此从《切韵》到《广韵》再到《集韵》终难以将问题释说得完全合情合理。

事实上，自梁顾野王《玉篇》以来，唐宋乃至明代学者对晋郭璞说均无异议，宋朱

---

① [唐]孙愐：《唐写本切韵》（残卷），《续修四库全书》编纂委员会编：《续修四库全书》第二四九册，上海古籍出版社1995年版，第337、365、366页。
② [北宋]陈彭年等：《钜宋广韵》，上海古籍出版社2017年版，第55页。
③ 同上书，第221页。
④ [北宋]丁度等：《集韵（附索引）》卷二《十五灰》，上海古籍出版社2017年版，第111、438页。

熹《诗经集传》卷一《摽有梅》注:"梅,木名,华白,实似杏而酢。"①即用郭璞说。宋郑樵《尔雅注·释木第十四》:"梅,柟。今梅子也。"②更是郭璞说在宋代的延续。明梅膺祚《字汇·木部》曰:"梅,模杯切,音枚。果名。""某,古梅字。又莫口切,谋上声。某者,未定辞。又某以代名,凡未知主名与不敢斥其名者,以此代之。""呆,古某字。今俗以为痴呆字,误。""楳,同梅。"③也是承郭璞说,对《玉篇》以及《广韵》《集韵》未说清楚的释义作了补充说明。

说到底,郭璞以来由于《汉一字石经》《魏三字石经》的刻经与《毛诗》传本的实证,用这个后起的"梅"字取代先造的"某"和"楳"字,混淆了楠木与梅子树两种树木,实在是一个历史的错误。然而恰恰是这个历史的错误使"梅"字成了《诗经》文本与汉代以来文字书写的正字。面对这个时间跨度超过千年的既成事实,现当代学者应当像有清一代的乾嘉学者一样既敢于指出其误,又要理性地面对其在传世文献中的存在。于此应当强调,理性承认这个既定事实,绝不是将错就错,而是遵守诂训与校勘原则不宜擅自改动传世文献的文字,然而在释读中一定要知其因何而误,即不仅要知其然,而且要知其所以然。

本文在讨论"某"与"梅"这对通假关系和"楳"与"梅"这对异体关系的异文时,意在通过这两对异文形成的历时动态的嬗变轨迹与"梅"字在约定俗成和误释误传中成为正字的例证,说明对于安大简《诗经》与今本《毛诗》中的通假关系与异体关系的异文也不能简单地以共时静态的角度去看待,否则得出的结论就会出现偏差。同时也以此证明,安大简《诗经》与今本《毛诗》的通假关系与异体关系异文中,有一部分是在先秦以后形成的。如"某"与"梅"的通假关系,"楳"与"梅"的异体关系,以及它们之间本字与借字、正字与异体的颠覆性转移变化,都是在汉代发生的。在安大简《诗经》与今本《毛诗》异文研究中,对于这类通假关系与异体关系异文必须慎重对待,最好能做到逐一考辨,只有如此,才能作出令人信服的解读。

---

① [南宋]朱熹:《诗经集传》卷一《摽有梅》,中华书局2017年版,第17页。
② [南宋]郑樵:《尔雅注》卷下《释木》,景印《文渊阁四库全书》第221册,台湾商务印书馆2008年版,第267页。
③ [明]梅膺祚:《字汇》,《续修四库全书》编纂委员会编:《续修四库全书》第二三三册,上海古籍出版社1995年版,第11页。

An Analysis of the Temporal Dynamics Between the Variants "某", "楳", and "梅" in the *Book of Songs* from Anhui University Bamboo Slips and the *Mao Shi*(《毛诗》)

Wang Meng, Liu Gang

Abstract: The variants "某" and "梅", as well as "楳" and "梅", emerge from a comparison between the *Book of Songs* on bamboo slips from Anhui University and the *Mao Shi*. This paper analyzes the temporal dynamics of the relationship between "某," "楳," and "梅." The character "梅" originated in the Han dynasty. Although the word "梅" existed in the pre-Qin language, the character itself did not appear in pre-Qin texts. Therefore, these two pairs of variants did not exist in the pre-Qin *Book of Songs*. With the creation of the character "梅" in the Han dynasty, texts such as *Mao Shi*, *Lu Shi*(《鲁诗》), and *Qi Shi*(《齐诗》) began transcribing "某" or "楳" as "梅", while *Han Shi*(《韩诗》) continued using the ancient "楳". Referring to the *Book of Songs* bamboo slips from Anhui University helps explain how the variant relationship between "某" and "梅", and between "楳" and "梅", formed. According to the *Shuowen Jiezi*(《说文解字》), in the Han dynasty, "某" was the original character, "梅" was a loan character, and "楳" was a variant of "梅". However, in the mainstream Han dynasty versions of the *Book of Songs* and in late Han dynasty engraved scriptures, "梅" became the standard character. Over time, "梅" replaced the original meanings of "某" and "楳" and their associated extended meanings, becoming a common character in writing. Subsequently, due to a misinterpretation of Guo Pu's annotations in the Jin dynasty, and the continuous development of these interpretations in works such as *Guangya*(《广雅》) in the Sui dynasty and *Qieyun*(《切韵》) in the Liang dynasty, the differences between the original meanings of these variants were bridged, leading to a subversive transformation of the original character, loan character, correct character, and variant. As a result, "梅" became the standard character in dictionaries by the Sui and Tang dynasties, transitioning from a standard or loan character to the correct character.

Keywords: Anhui University bamboo slips; *Book of Songs*; textual variants; "某"; "楳"; "梅"

基于梵汉对勘的东汉译经介词"从"语义研究[*]

孟奕辰[**]

摘要：东汉译经介词"从"的语法意义十分丰富且复杂，可分为三组：(一)沿袭先秦时介词"从"的语法意义，引介动作经由处、起始处、所在处；(二)两汉时介词"从"的新兴语法意义，引介依据、对象、时间起点；(三)东汉译经中介词"从"的特有语法意义，引介原因、表结束动作的起始处、凭借对象。其中，"从"引介原因是经历了"起点→依据→原因"语法化链；"从"引介表结束动作的起始处则是在梵汉差异和译者汉语水平有限的条件下产生的。

关键词：东汉译经　梵汉对勘　介词　从

东汉时期汉译佛经极具特色，它含有丰富的口语性成分，并混合了部分原典语成分。同时，东汉是佛经翻译的开创期，语言并无范式可循，因而译经中偶有译者不规范使用汉语的情况，厘清其中的语言成分对汉语史的研究有着重要意义。然而，东汉译经虚词的研究往往被忽略，事实上，东汉时期汉语的虚词有了很大的发展变化，一方面表现在出现了大量的新兴虚词，另一方面表现在上古已有的虚词发展出新的语法意义或语法功能。

介词"从"在先秦时期用例相对较少，在两汉魏晋时期用例整体增多。而东汉译经中介词"从"的语法意义尤其丰富，这一点并未被关注，需要细致研究。本文尝试解决三个问题：(一)东汉译经中介词"从"的梵汉对勘情况；(二)厘清"从"在东汉译经中的语法意义，分清这些语法意义哪些沿袭自先秦汉语，哪些是两汉时期新兴的语

---

[*] 本文系浙江省哲学社会科学规划课题"基于梵汉对勘数据库的早期佛经虚词语码复制研究"(24NDQN106YB)、浙江省社会科学界联合会研究课题"基于梵汉对勘数据库的早期佛经虚词语义复制研究"(2024N048)的研究成果。
[**] 孟奕辰,1992年生,文学博士,浙江外国语学院中国语言文化学院副教授,主要从事早期汉译佛经虚词和梵汉对勘研究。

言现象,哪些为东汉译经所特有;(三)探讨东汉译经特有的介词"从"的语法意义来源,是汉语自身演变而来的,还是受原典语影响而来的,或者其他的可能性。

《说文解字·从部》:"从,随行也。""从"的本义为"跟随",甲骨文、金文材料中已见动词用法,如金文《过伯》中有"过白(伯)从王伐反荆"[1]。马贝加、徐晓萍等学者已阐述动词"从"至介词"从"这一语法化过程[2],甲骨文中已见介词"从"的用例,表示动作经过的处所,如"戊午卜:王往田从东,擒。田从南,擒"(屯,2298)[3]。

《汉语大词典》列出介词"从"的四种语法意义:①介词。在;由。介绍动作行为发生的处所。②介词。自。介绍动作行为发生的时间。③介词。向。介绍动作行为发生的对象。④介词。根据,依照。介绍动作行为发生时凭借的事物或依据。此外,《经籍籑诂》《助字辨略》《经词衍释》《词诠》等传统虚词训诂专著皆对介词"从"进行过解释,但传统训诂忽略了介词"从"的语法意义,更多地关注它的词汇意义,如《经籍籑诂》:"从,自也。《尔雅·释诂》。"何乐士总结了介词"从"的三种语法意义[4];董志翘、蔡镜浩则多以南北朝以后的用例,总结"从"的两种语法意义[5]。这些语义都没有完全地覆盖东汉译经中"从"的语法意义,并且语法意义分类简单。现具体分析东汉译经中介词"从"的语法意义。

一、沿袭先秦时介词"从"的语法意义

(一) 引介动作的经由处

介词所引介的 NP 为动作所经过的处所,义为"由",对应梵文从格[6]。

(1) 佛语舍利弗:"是诽谤法人,傥闻说是事,其人沸血便从面孔出,或恐便死,因是被大痛,其人闻之,心便愁毒如自消尽,譬如断华着日中即为萎枯。"(《道行般若经》卷三,08/441b)

  tat kasya hetoḥ? mā tathārūpasya pudgalasya tadātmabhāvasya pramāṇaṃ śrutvoṣṇaṃ rūdhiram mukhād āgacchet, maraṇam vā nigacchet, maraṇamātrakaṃ vā

---

[1] 转引自刘子瑜:《〈朱子语类〉中的"从"字介宾结构研究——兼论介词"从"的起源和发展》,《语言学论丛》2013年第1期。
[2] 马贝加、徐晓萍:《时处介词"从"的产生及其发展》,《温州师范学院学报(哲学社会科学版)》2002年第5期。
[3] 转引自张玉金:《甲骨文虚词词典》,中华书局1994年版,第68—72页。
[4] 参见何乐士等:《古代汉语虚词通释》,北京出版社1985年版,第72—75页。
[5] 参见董志翘、蔡镜浩:《中古虚词语法例释》,吉林教育出版社1994年版,第78—79页。
[6] 梵文从格(ablative),又名夺格、离格,表示自何处来,也可以表示事件的由来和原因。

duḥkhamāgāḍhamābādhaṃ spṛśet, dahyeta vā, śokaśalyo vā asyāviśet, mahāprapātaṃ vā prapatet, upaśuṣyeta vā mlāyeta vā.

其中,"其人沸血便从面孔出"对应梵文"rūdhiraṃ mukhād āgacchet",见下:

梵文	rūdhiraṃ	mukhād	āgacchet
语法标注	nom. sg. n.	abl. sg. n.	3ʳᵈ. sg. pres. opt. √gam
语义	血	口	来

该小句直译为"血从口出",梵文"mukhād"为"mukha"的单数、中性、从格变形,汉语介词"从"对应了梵文的从格,引介动作"出"的经由处,该语法意义常见,且皆对应梵文的从格,由于这种语法意义较为普遍,不再赘述。

(二) 引介动作的起始处

介词所引介的NP为动作或事件的起始处,义为"从、自",亦对应梵文从格。

(2) 是人从何来?当复往至何许?(《一切流摄守因经》,01/813b)

ayaṃ nu kho satto kuto āgato? So kuhiṃ gāmī bhavissatī'ti?

其中,"是人从何来"对应巴利文"ayaṃ nu kho satto kuto āgato",见下:

梵文	ayaṃ	nu	kho	satto	kuto	āgato
语法标注	nom. sg. m.	ind.	adv.	nom. sg. m.	ind.	pp. √gam
语义	这个	nu kho 强调疑问语气		人	从哪里	来

该小句意为"这个人到底从哪里来?"其中巴利文"kuto"即梵文的"kutas",梵文为不变词,为疑问代词"ku"的从格。《パーリ语辞典》解释"kuto"为"ku の abl."。汉语介词"从"亦对应了梵文的从格,引介动作"来"的起始处。

"从何来"所指的起始处相对较为实在,而译经中存在大量的介词"从"引介相对较为抽象的动作起始处,如:

(3) 过去恒萨阿竭、阿罗诃、三耶三佛,皆从六波罗蜜出。(《道行般若经》卷七,224/462a)

ye 'pi te subhūte atīte 'dhvani tathāgatā arhantaḥ samyaksaṃbuddhā anuttarāṃ samyaksaṃbodhim abhisaṃbudhya parinirvṛtāḥ, teṣām api buddhānāṃ bhagavatām ito nirjātaiva sarvajñatā, yad uta ṣaḍbhyaḥ pāramitābhyaḥ.

其中"皆从六波罗蜜出"对应梵文小句"yad uta ṣaḍbhyaḥ pāramitābhyaḥ",见下:

梵文	yad	uta	ṣaḍbhyaḥ	pāramitābhyaḥ
语法标注	nom. sg. n.	ind.	abl. pl. f.	abl. pl. f.
语义	关系代词	也	六	波罗蜜多、到彼岸

该梵文小句直译为"他也从六波罗蜜多(出)","ṣaḍbhyaḥ pāramitābhyaḥ"是"ṣaṣ paramita"(六波罗蜜多)的从格变形,而汉语介词"从"亦对应了梵文的从格,引介较为抽象的动作来源处。

(三) 引介动作的所在处

介词"从"引介动作或事件发生时所处的位置,义为"在、于",对应梵文的从格和依格①。

(4) 譬如,天中天!欲得极大宝者,当从大海索之;欲得萨芸若珍宝成怛萨阿竭、阿罗呵、三耶三佛者,当从般若波罗蜜中索之。(《道行般若经》卷二,08/434a)

tadyathāpi nāma bhagavan yāni kānicid ratnāni mahāratnāni, sarvāṇi tāni mahāsamudraprabhāvitāni, sarvāṇi tāni mahāsamudrādgaveṣitavyāni, evam eva bhagavan sarvajñatāmahāratnaṃ tathāgatānām arhatāṃ samyaksaṃbuddhānāṃ prajñāpāramitāmahāsamudrādgaveṣitavyam.

梵文	evam	eva	bhagavan	sarvajña-tā-mahā-ratnam	tathāgatānām
语法标注	ind.	ind.	voc. sg. m.	nom. sg. n.	gen. pl. m.
语义	这样	确实	世尊	一切智者的大珍宝	佛(怛萨阿竭)的

梵文	arhatāṃ	samyaksaṃbuddhānāṃ	prajñāpāramitā-mahā-samudrād	gaveṣitavyam
语法标注	gen. pl. m.	gen. pl. m.	abl. sg. m.	ger. nom. sg. n.
语义	阿罗汉的	正等觉者的	般若波罗蜜的大海	求索

该梵文小句直译为"世尊啊,确是如此,佛的、阿罗汉的、三耶三佛的一切智者的大珍宝应当从般若波罗蜜的大海里求索",其中"prajñāpāramitāmahāsamudrād"(般若波罗蜜的大海)为梵文从格的变形,而汉语介词"从"正对应梵文的从格,引介动作或事件发生时所处的位置,义为"在、于"②。

---

① 梵文依格(locative),又名位格,主要表示动作发生的地点或时间。
② 例(4)的同经异译为:"世尊。譬如大宝当于大海中求。世尊。诸佛萨婆若大宝。应于般若波罗蜜中求。"(《小品般若波罗蜜经》卷2,08/544a)例(4)的"从"对应同经异译中的"于"。

(5) 佛从是般若波罗蜜中学成,过去、当来、今现在佛,无所挂碍诸智慧法,悉从般若波罗蜜具足成。(《道行般若经》卷九,08/469b)

asyām ānanda prajñāpāramitāśikṣāyāṃ śikṣitvā buddhā bhagavanto 'tītānāgatapratyutpanneṣu dharmeṣv asaṅgatām anuprāptāḥ.

其中,"佛从是般若波罗蜜中学成"对应梵文"asyām ānanda prajñāpāramitāśikṣāyāṃ śikṣitvā",见下:

梵文	asyām	ānanda	prajñāpāramitā-śikṣāyāṃ	śikṣitvā
语法标注	loc. sg. f.	voc. sg. n.	loc. sg. f.	abs. √śikṣ
语义	这	阿难	般若波罗蜜的学习	学完

该梵文小句直译为"阿难啊,在这般若波罗蜜的学习中学完……",其中,"prajñāpāramitāśikṣāyāṃ"为梵文复合词"prajñāpāramitāśikṣā"的依格,表示动词"学习"的境地。汉语用"从……中"结构来对应梵文的依格。其中,"从"义为"在",引介动作发生的位置。

二、两汉时介词"从"的新兴语法意义

(一) 引介动作或事件的依据

东汉译经中出现大量的介词"从"引介动作或事件依据的用例,同时,两汉时期中土文献中同样出现该用法的用例。此时,"从"义为"依据、根据",对应梵文从格。

(6) 如是,阿难!从爱求因缘受,从受因缘有,从有因缘生,从生因缘老、死、忧、悲、苦,不可意、恼生,如是为具足最苦阴。(《人本欲生经》,01/242a)

Iti kho, ānanda, nāmarūpapaccayā viññāṇaṃ, viññāṇapaccayā nāmarūpaṃ, nāmarūpapaccayā phasso, phassapaccayā vedanā, vedanāpaccayā taṇhā, taṇhāpaccayā upādānaṃ, upādānapaccayā bhavo, bhavapaccayā jāti jātipaccayā jarāmaraṇaṃ sokaparidevadukkhadomanassupāyāsā sambhavanti. Evametassa kevalassa dukkhakkhandhassa samudayo hoti.

此段巴利文直译为"阿难啊!像这样,依名色缘而有识;依识缘而有名色;依名色缘而有触;依触缘而有受;依受缘而有渴爱;依渴爱缘而有取;依取缘而有有;依有缘而有生;依生缘而有老、死、愁、悲、苦、忧、绝望生起,这是苦蕴的集。"汉译文本相对压缩,但其中"从爱求因缘""从受因缘""从有因缘""从生因缘"分别对应巴利文

的"taṇhā-paccayā"(渴爱缘)、"upādāna-paccayā"(取缘)、"bhava-paccayā"(有缘)和"jāti-paccayā"(生缘),皆为巴利文从格变形,表示事件的依据。

该用法在两汉时期中土文献同样有用例,见下:

(7) 若能入火取锦者,从所得多少赏若。(《列子·黄帝》)

(8) 圣人从外知内,以见知隐也。(《淮南子·说山训》)

(二) 引介动作关涉的目标对象

介词"从"引介动作关涉的目标对象,义为"向、对",该用法是介词"从"于两汉时期新出现的语法意义。

(9) 诸比丘从贤者舍利曰:"请愿欲闻。"舍利曰:"便说从一增起至十法,皆聚成无为。从苦得要出,一切恼灭。"(《长阿含十报法经》卷上,01/233c)

(10) 譬若狗子从大家得食,不肯食之,反从作者索食。(《道行般若经》卷四,08/447a)

例(9)的梵文本残缺,例(10)非直译,难以对勘。除此之外,还有介词"从"后省略动作关涉目标对象的用例,见下:

(11) 须菩提言:"弥勒菩萨近前在,旦暮当补佛处,是故知当从问。"(《道行般若经》卷六,08/457c)

例(11)的介词"从"后省略了"弥勒菩萨",即动作"问"的对象。

同时,两汉时期中土文献同样存在介词"从"引介动作关涉的目标对象的用例,如:

(12) 长卿第具如临邛,从昆弟假贷犹足为生,何至自苦如此!(《史记·司马相如列传》)

(13) 雎从簀中谓守者曰:"公能出我,我必厚谢公。"(《史记·范雎蔡泽列传》)

(三) 引介时间的起始点

介词"从"引介时间的起始点,义为"自",这种引介时间起始点的用例十分少见,两汉时期中土文献同样少见。

(14) 第十三法,自证慧不复学。从本来,亦往生,尔无所应除。(《长阿含十报法经》卷上,01/234a)

(15) 便婆罗门持头礼佛:"已觉知,从今已后,自归佛、自归法、自归比丘僧。"(《七处三观经》,02/878a)

Abhikkantaṃ, bho gotama…pe…upāsakaṃ maṃ bhavaṃ gotamo dhāretu ajjat-agge pāṇupetaṃ saraṇaṃ gatan"ti. Chaṭṭhaṃ.

其中,例(15)的"从今已后"对应巴利文"ajjatagge",因为语音规则,"ajja"与"agge"相连,中间插入辅音"t"。"ajja"义为"今",而"agge"①为介词,义为"从……""……之后"。汉语介词"从"完美对应巴利文的"agge"。

两汉时期,中土文献亦偶见汉语介词"从"引介时间起始点的用例,如:

(16)恃险与马,不足以为固也,从古以然,是先王务德音以享神人,不闻其务险与马也,邻国之难不可虞也。(《新序·善谋》)

三、东汉译经中介词"从"的特有语法意义

(一)引介动作或事件的原因

东汉译经中存在大量介词"从"引介动作或事件根由的用例,"从"所引介的 NP 为动作或事件的依据、原因或条件,义为"因为",对应梵文具格②,这种用法是译经中"从"的特有语法意义。

(17)或时一者比丘,色像多端正,余比丘不如,便从端正故自誉欺余,是非贤者法。(《是法非法经》,01/838a)

(18)复次,或有一人端正可爱,余者不然,彼因端正可爱故,自贵贱他,是谓不真人法。(《中阿含经》卷二十一,01/561b)

例(18),东晋时期《中阿含》中《长寿王品》的《真人经》第十四(第二小土城诵),为例(17)《是法非法经》的同经异译。其中《是法非法经》的"便从端正故自誉欺余"对应《中阿含经》的"彼因端正可爱故","从"对应"因",可证明介词"从"引介动作或事件的根由。

(19)贤者复不尔,贤者但念学计是我不必从年大故,亦不从多知识故,亦不从多得福故,能断贪欲、能断瞋恚、能断愚痴。(《是法非法经》,01/838a)

na kho bāhusaccena lobhadhammā vā parikkhayaṃ gacchanti dosadhammā vā parikkhayaṃ gacchanti, mohadhammā vā parikkhayaṃ gacchanti.

---

① "agge"在巴利字典 PTS Pali-English Dictionary 中解释为"agge (loc) 1. at the top. 2. (as prep.) from. After, since"。"agge"有两个义项:(1) agga 的依格,在顶端;(2)介词,"从……"或"……之后"。
② 梵文具格(instrumental),主要表示动作所用的工具或方式,同时还可表示手段和原因。梵文(或巴利文)用具格来表示事件原因是十分常见的用法,而译师一般会选择用"由、因、用"等来对应。

该句直译为"不因多闻,而贪法走到遍尽,或瞋法走到遍尽,或痴法走到遍尽(能断贪欲、能断瞋恚、能断愚痴)",其中"不必从年大故,亦不从多知识故,亦不从多得福故"对应巴利文"bāhusaccena"(不因多闻),为"bāhusacca"的阳性、单数、具格变形。汉语介词"从"对应梵文具格的语法意义,表示原因。

(20) 或时是闻一者比丘,知闻经能说经、知律知入通经,余比丘不如。便从入故、从通经故,自誉自憍欺余,是非贤者法。(《是法非法经》,01/838b)

Puna caparaṃ, bhikkhave, asappuriso vinayadharo hoti. So iti paṭisañcikkhati-'ahaṃ khomhi vinayadharo, ime panaññe bhikkhū na vinayadharā'ti. So tena vinayadharattena attānukkaṃseti, paraṃ vambheti. Ayampi, bhikkhave, asappurisadhammo.

其中,"便从入故、从通经故,自誉自憍欺余"对应梵文"So tena vinayadharattena attānukkaṃseti, paraṃ vambheti",见下:

梵文	so	tena	vinayadharattena	attān-ukkaṃseti	paraṃ	vambheti
语法标注	nom. sg. m.	ins. sg. m.	ins. sg. m.	3rd. sg. pres.	acc. sg. m.	3rd. sg. pres.
语义	他	那	持律	夸耀自己	他人	轻蔑

该小句直译为"他因他那持律(的状态),夸耀自己,轻蔑他人",其中"vinayadharattena"为梵文具格变形,表示凭借的原因,汉语介词"从"亦对应梵文具格的语法意义,表示原因。但以上3例,句中还存在"故"表原因,更直接的应该是"从……故"对应梵文具格,表事件的原因。

"从"引介原因是由"从"引介依据这一语法意义演变而来的。史金生指出"从起点、来源、依据到原因是一个常见的语法化模式,比如英语中的 since、日语中的から、汉语中的'缘、由'这些表示起点、来源义的词都发展出表原因的用法"[①],并从不同类型语言中得出语法化链:起点→依据→原因,这与本文介词"从"的语法化路径完全相同。

首先,我们看"起点→依据"这一段语法化路径,本文认为介词的语法意义与搭配的动词(从 NP+VP 结构中的动词)有着密切的关系,当介词"从"后的动词为位移动词时,"从"引介的起始义即表示位移动作的起始处。随着介词"从"的流行,"从"与表认知(或涉及认知)的动词搭配时,"从"引介的起始处自然变得抽象,转表认识

---

① 史金生:《目的标记"起见"的语法化——兼谈汉语后置词的来源》,载张伯江主编:《现代汉语语法的功能、语用、认知研究》,商务印书馆 2016 年版,第 216 页。

判断的起始点,此时介词"从"便引介依据。刘子瑜认为"由抽象位移的起点可以发展出引介动作的着眼点的功能,即观察事物的角度或立足点","当与'从'字结构搭配的动词为表示认知义的'看、观'等动词时,就可以表示主观判断的依据或凭借",这一演变的过程,时贤已讨论,不再举例说明。

再看"依据→原因"这一段语法化路径,当"从"后搭配的动词从表认知(或涉及认知)的动词变为含有一定结果义的动词时,介词"从"所引介的NP,变为表事件结果的起始点,即事件的原因,见下例:

(21) 何等为当知行分布?谓有黑行,从黑受殃;有清白行,从清白受清白福。(《漏分布经》,01/853b)

(22) 如是,阿难!为从是起、从是本、从是习、从是因缘令有受。(《人本欲生经》,01/242b)

(二) 引介表结束动作的起始处

汉语介词和动词有着密切关系,东汉译经中,介词"从"后有表结束动作的动词,这种用法亦是译经中"从"的特有语法意义,对应梵文从格。

(23) 或时行者,身有病苦极,便念:"我有病苦极,有时从是病死,念我须臾间求方便行。"……或时行者,适从病起不久,便念:"身适从病起,畏恐病复来,今我居前求方便行。"(《长阿含十报法经》卷下,01/238a)①

(24) 第六十法。行令多十净行。何等为十?一为离杀从杀止、二为离盗从盗止、三为离色从色止、四为离两舌从两舌止、五为离妄语从妄语止、六为离粗语从粗语止、七为离绮语从绮语止、八为离痴从痴止、九为离瞋从瞋止、十为离邪意从邪意止。(《长阿含十报法经》卷下,01/241a)

daśa dharmā viśe(ṣa)bhāgīyāḥ, daśa kuśalāḥ karmapathāḥ, katame daśa, tadyathā. prāṇātipātād viratir, adattādānāt, kāmamithyācārād, mṛṣāvādāt, paiśunyāt, pāruṣyāt, sambhinnapralāpād viratir, anabhidhyā, avyāpādaḥ, sa(myagdṛṣiḥ).

其中,"prāṇātipātād"(杀)、"adattādānāt"(不与取)、"kāmamithyācārād"(欲邪行)、"mṛṣāvādāt"(妄语)、"paiśunyāt"(离间)、"pāruṣyāt"(粗恶语)、"sambhinnapralāpād"(绮语),皆为梵文从格变形。

介词"从"引介结束动作的起始处,这种特殊语言现象的产生,很有可能是因为

---

① 例(23)的梵文为"(punar aparaṃ bhikṣur ābādhiko bhavati duḥkhito bāḍhaglānaḥ, tasyaivaṃ bhavati, aham e)-tarhy ābādhiko duḥkhito bāḍhaglāna(ḥ), sthānam etad vidyate yad...(yannu aham pratiyaty'eva vyāya)-teyaṃ pūrvavat",无直接对应。

汉语和梵语的差异以及译者汉语水平有限。在中土文献中不可能出现介词"从"标记结束性动作起点的用例,汉语"结束动作"和"运动起点"是不相容的。这是因为汉语介词"从"引介动作的起始处时,"从"后的动词是有限制的,一般是位移动词,介词"从"为位移动作标记起点,如:

(25) 礼义之经也,非从天降也,非从地出也,人情而已矣。(《礼记·问丧》)

(26) 一奏之,有玄云从西北方起;再奏之,大风至,大雨随之,裂帷幕,破俎豆,隳廊瓦。(《韩非子·十过》)

然而,梵文从格又叫离格,是在表明来源,与之搭配的动词可以是表结束动作的动词,此时从格强调动作是从某种状态离开。因而例(23)"从是病死"和"从病起"在强调从病这个状态离开,例(24)"从 NP 止"是强调从 NP 状态离开。汉语"从"引介动作的起始与梵文从格表示动作来源看似相近,但存在细微差异。正是有这种差异,在译者汉语水平有限的条件下,介词"从"引介结束动作起始处这种特殊语法现象出现了。

(三) 引介动作凭借对象

(27) 譬如莲华水中生水中长,至根至茎至叶,一切从冷水遍浇渍遍行。(《长阿含十报法经》卷上,01/234c)

该句的"从"引介的"冷水"为"遍浇渍遍行"(动作)的凭借对象,这种用法佛经仅见一例,可惜该句无梵文本对应,但它存在平行文本:

(28) 犹如于青莲池、红莲池、白莲池中,有青莲、红莲、白莲生于水中、长于水中、浸于水中、吸引水底之营养,由顶上至根,受冷水所充满、盈溢、周徧之流润,冷水无不普洽青莲、红莲、白莲。(《长部经典》卷二,06/83-84)

Seyyathāpi, mahārāja, uppaliniyaṃ vā paduminiyaṃ vā puṇḍarīkiniyaṃ vā appekaccāni uppalāni vā padumāni vā puṇḍarīkāni vā udake jātāni udake saṃvaḍḍhāni udakānuggatāni antonimuggaposīni, tāni yāva caggā yāva ca mūlā sītena vārinā abhisannāni parisannāni paripūrāni paripphuṭāni.

例(27)"从冷水"对应其平行文本例(28)的"受冷水",同时,例(28)存在巴利文本,其中"受冷水"对应巴利文的"sītena vārinā"(冷水),为巴利文的具格变形,表示动作凭借的对象。该用法在东汉译经中仅见 1 例,很有可能是临时使用。

结　论

介词"从"的语法意义十分丰富,东汉译经中,它表现出先秦、两汉时期"从"的语

法意义,同时又有在译经中它特有的语法意义①。现将这些不同语法意义的梵汉(汉巴)对勘情况列出如表1:

表1 "从"不同语法意义的梵汉对勘情况

梵巴＼汉	动作经由处	动作起始处	动作所在处	动作依据	动作对象	时间起点	动作原因	表结束动作的起始处	动作凭借对象
从格	√	√	√	√	—			√	
依格		√							
具格					—		√		√
介词						√			

汉语介词"从"在梵汉(汉巴)对勘上,最主要对应梵巴的从格,表示来源;少数对应梵巴的具格,表示原因;极少数对应梵巴的依格,表示所在的位置;亦极少数对应巴利文的介词,引介时间。

同时,引介动作经由处、起始处、动作发生时所在位置,这三种语法意义是沿袭先秦时介词"从"的语法意义;引介动作或事件的依据、关涉的目标对象、时间的起始点,这三种语法意义是两汉时新兴的语法意义;引介动作或事件的原因、表结束动作的起始处、动作凭借对象,这三种语法意义是东汉译经特有的语法意义。

东汉译经中介词"从"特有的语法意义来源不同,"从"引介动作原因是汉语自源的,经历了"起点→依据→原因"语法化链;"从"引介表结束动作的起始处,是在梵汉差异和译者汉语水平有限条件下产生的;"从"引介动作凭借对象是偶见用例,并没有成为固定的语法意义。

附:梵文缩略表

3rd. the third person 第三人称 abl. ablative 从格 abs. absolutive 独立式 acc. accusative 业格 adv. adverb 副词 f. feminine 阴性 gen. genitive 属格	ger. gerund 绝对分词 ind. indeclinable particle 不变词 ins. instrumental 具格 loc. locative 位格,依格 m. masculine 阳性 n. neuter 中性 nom. nominative 主格	opt. optative 祈愿语气 pl. plural 复数 pres. present 现在时 pp. past participle 过去分词 sg. singular 单数 voc. vocative 呼格

---

① 东汉译经中,安世高译经出现"从后"表示将来时间的用法,暂时没有很好的解释,仍待解决。

The Semantic Study of the Preposition "Cong" (从) in the Chinese Translation Buddhist Scriptures of Eastern Han Dynasty Based on the Comparison Between Chinese and Sanskrit

Meng Yichen

Abstract: The function of the Chinese preposition "Cong" is various and complex in the Chinese translated Buddhist scriptures of Eastern Han dynasty, which can be divided into three groups: (1) the historical function from the Pre-Qin period, including "via" "starting point" "location"; (2) the new function in the Two Han dynasties, including "condition" "object" "time starting point"; (3) the special function in the Chinese translated Buddhist scriptures of Eastern Han dynasty, including "reason" "the starting point of the ending action" "by". The function of "reason" is caused by the grammaticalization of "starting point → condition → reason", and the function of "the starting point of the ending action" is caused by the differences between Sanskrit and Chinese and the limited Chinese proficiency of the translator.

Keywords: the Chinese translated Buddhist scriptures of Eastern Han dynasty; the comparison between Chinese and Sanskrit; preposition; "Cong"

宋代避讳词语考论二题

卞仁海[*]

摘要："薯蓣"一词曾因避宋英宗赵曙名讳被改为"山药"，但作为"薯蓣"的别名，"山药"一词宋代以前既已产生；元代及其以降，"山药"之名逐渐增加并最终取代"薯蓣"的优势地位，其原因还是在于语言内部，即"山药"之名的强理据性。"蒸饼"曾因避宋仁宗赵祯名讳改为"炊饼"，但宋讳以来，"蒸饼"的使用一直占绝对优势，充分说明了避讳作为外部原因对于词汇演变所起作用的有限性。

关键词：宋代避讳 训诂 薯蓣 山药 炊饼 蒸饼

一、薯蓣和山药

薯蓣的最常用名是山药，它也是一种常用中药，多年生缠绕藤本，地下具圆柱形肉质块茎，含淀粉，可蔬食。它还有很多异名，如白山药、怀山药、淮山药、土薯、山薯、野薯、扇子薯、佛掌薯、薯药、藷藇、蛇芋、署预、山芋、玉芋、玉延、白苕、修脆、野白薯、儿草等等。

薯蓣之"蓣"，曾触及唐讳。为避唐代宗李豫名讳，《本草经》中的"薯豫"曾写作"薯蓣"：

> 《本草经》："薯豫，味甘小温。"曹元宇辑注："唐代宗名豫，故古本'豫'字多经唐人改做'蓣'。"

或又讳"豫（蓣）"为"药"：

> 山药，即《本草》所谓薯蓣也。唐避代宗嫌名，故民间呼薯药。自此全失其本称矣。（高承《事务纪原》卷十）

---

[*] 卞仁海，1974年生，文学博士，深圳大学人文学院教授，主要从事语言学、中国文化史研究。

薯蓣之"薯",又曾触及宋讳。宋英宗赵曙,为避其嫌名"薯",曾改"薯药(蓣)"为"山药":

  山药,按《本草》本名薯蓣,唐代宗名蓣,故改下一字为药;今英庙讳犯上一字,若却取下一字呼"蓣药",于理无害。(《宋朝事实类苑》卷六二)

此外,宋人顾文荐《负暄杂录》、赵彦卫《云麓漫钞》、王楙《野客丛书》,明人李时珍《本草纲目》、姚可成《食物本草》等都认为"山药"得名于唐代和宋代的讳改:

  山药本名薯蓣。唐代宗讳豫,改名薯药。本朝避英宗讳,遂名山药。(宋顾文荐《负暄杂录》)

  《本草》有薯豫,避唐代宗讳,改云薯药。避英宗讳,又改为山药。(宋赵彦卫《云麓漫钞》卷三)

  (唐)代宗讳豫,以薯蓣为薯药。至本朝避英宗讳曙,曰山药。(宋王楙《野客丛书》卷九)

  薯蓣,因唐代宗名豫,避讳改为薯药;又因宋英宗讳曙,改为山药。(明李时珍《本草纲目》卷二七)

  薯蓣,一名山药,因唐代宗名预,避讳改为薯药。又因宋英宗讳署(曙),改为山药。尽失当日本名。(明姚可成《食物本草》卷七)

但是,早在东汉的医学药方中已有"山药"之名,如东汉华佗的药方中就有5处出现"山药"(内科门2见,妇科门3见),如《华佗神医秘方真传》内科门:

  心虚遗精……方用:熟地八两　山药　山茱萸　白术各四两　人参　茯苓　麦冬　巴戟天　肉苁蓉各三两　肉桂　北五味　远志　枣仁炒　柏子仁　杜仲　破故纸各一两　砂仁五钱　附子一枚　鹿茸一付　紫河车一具

但同书内科门中也出现"薯蓣"之名:

  虚劳失精。人参二两　桂心　牡蛎　薯蓣　黄柏　细辛　附子炮　苦参各三分　泽泻五分　麦门冬去心　干姜　干地黄各四分　菟丝子二分

根据《本草纲目》所谓山药有"益肾气,健脾胃,止泄痢,化痰涎,润皮毛"等功能,比较两处方的功能和主治,其中的"山药"当是薯蓣。

东汉张仲景的《金匮要略》也有含"山药"的处方:

  肾气丸方:干地黄八两　山药　山茱萸各四两　泽泻　牡丹皮　茯苓各三两　桂枝　附子(炮)各一两 上八味末之,炼蜜和丸梧子大,酒下十五丸,加至二十五丸,日再服

两部药方典籍中"薯蓣"和"山药"出现次数如表1所示:

表1 "薯蓣""山药"在两部医学典籍中的用例频次

	《华佗神医秘方真传》	《金匮要略》
薯蓣	1	5
山药	5	1

其至在同一部典籍中,"薯蓣"又或称"山药"。可见,早于东汉时期,"薯蓣"就有"山药"之别称。

魏晋南北朝时也有"山药"之名,如王羲之书法作品《山药帖》,其尺牍中就有"以南都山药分惠"句,见于《宣和书谱·草书三·王羲之》。晋人嵇含《南方草木状》亦载:"土藷即山药,又名山藷。"南北朝时期的刘敬叔《异苑》亦载:"薯蓣一名山芋,根既可入药,又复可食,野人谓之藷。"

唐时王焘《外台秘要方》第八卷和第十卷就有含"山药"的药方,如:

饮冷水过多所致方:远志(去心) 苦参 乌贼鱼骨 藜芦 白术 甘遂 五味子 大黄 石膏 桔梗 半夏(洗) 紫菀 前胡 芒消 栝楼 桂心 苁蓉 贝母 芫花 当归 人参 茯苓 芍药 大戟 葶苈 黄芩(各一两) 常山 甘草(炙) 山药 厚朴 细辛(各三分) 附子(三分炮) 巴豆(三十枚去皮心)(《外台秘要方》卷八)

而在隋唐时的诗、文中也多见"山药"之名,如:

呼儿采山药,放犊饮溪泉。(唐马戴《过野叟居》诗)

山药经雨碧,海榴凌霜翻。(唐韦应物《答僴奴重阳二甥》诗)

僧还相访来,山药煮可掘。(唐韩愈《送文畅师北游》诗)

作酒和山药,教儿写道诗。(唐张籍《寒食夜寄姚侍郎》诗)

烧烟连野白,山药拶阶枯。(唐贯休《秋寄李频使君二首》诗)

谏草封山药,朝衣施衲僧。(唐黄滔《上李补阙》诗)

病尝山药遍,贫起草堂低。(唐项斯《题令狐处士溪居》)

常有二人日来买山药,称王老所使。(唐牛僧孺《玄怪录》卷三)

当然,以上诗、文中"山药"有的可能是指"山野所产之药",并不一定指"薯蓣",但综合以上汉唐材料看,可以确信,在宋代以前"薯蓣"已有"山药"之名称。

宋代避讳甚为严苛,"避讳之礼,莫重于宋"(《经史避名汇考》卷二十),尤其在政治和法律层面都有严苛的避名制度。因此,以上文献所载为避宋英宗名讳"曙",曾改称"薯蓣"为"山药",当为不争之史实;而从"薯蓣"已有的别名中选择一个词作为替代词,也是古代避讳常用的一种方法。

但是,这些都是临时性的避讳改称,绝不是"山药"一词的由来。清人王念孙《广雅疏证》也认为"山药"之称名不必为避讳:

> (宋)寇宗奭《本草衍义》云:"薯蓣上一字犯英宗讳,下一字曰蓣,唐代宗名豫,故改下一字为药,今人呼为山药。此谓药字改于唐,山字改于宋也。"案韩愈《送文畅师北游》诗云:"山药煮可掘。"则唐时已呼山药。别国异言,古今殊语,不必皆谓避讳也。(王念孙《广雅疏证》卷十之"薯蓣"条)

《辞源》(修订版)也认为山药之名并非始于宋代:

> 《宣和书谱》十五载晋王羲之草书《山药帖》,唐韦应物《韦江州集》三《郡斋赠王卿》诗也有"山药寒始华"之句,是山药之名,晋唐已有,非始于宋代。(《辞源》修订版)

而且,"薯蓣""薯药"等作为一种常用的食材和药材,在民间的称呼积习已久,约定俗成,不可能因为皇帝的名讳遽然全部改称"山药"。表2是我们根据数据库统计的"薯蓣""山药"历代用例频次(不涉及其他异名):①

表2 "薯蓣""山药"历代用例频次

	汉	魏晋南北朝	隋唐	宋	元	明	清
薯蓣	6	4	44	274	15	718	58
山药	6	2	26	173	76	1316	276

数据显示,汉代已有"山药"之名。宋代"山药"用例大幅增加,可能和避讳有关,但"薯蓣"用例还是占据大多数,说明宋英宗名讳并没有改变以"薯蓣"为主的称名系统。这也说明了敬讳作为外部原因对词汇发展变化作用的有限性。所以,有的学者认为宋代避讳导致"山药"取代"薯蓣"或因避讳导致"山药"的用例优势都是值得商榷的。② 元代及其以降,"山药"之名才取得了相对于"薯蓣"的绝对优势,这个优势是否为宋代避讳所导致,值得研究。时至今天,"山药"作为最常用的称名,已被《中华人民共和国国家标准蔬菜名称》确定为国家标准名称。

我们认为,"山药"之名的逐渐增加并最终取代"薯蓣"的优势地位,还是出于语言内部的原因,即"山药"之名的强理据性。"薯蓣"的名称长期处于优势地位,也是因为其造名之初的强造词理据,清人王念孙《广雅疏证》关于"薯蓣"命名理据的论述就很具有启发性:

---

① 根据汉籍全文检索系统所作的统计。
② 孙玉文先生认为:"唐宋时期,因为避讳,它才取代了'薯蓣'的优势地位。"参见氏著:《考"苕"》,《长江学术》2014年第1期。

今之山药也。根大,故谓之藷萸,藷萸之言储与也。《淮南·俶真训》:"储与扈冶。"高诱注云:"褒大义也。"署预犹藷萸耳……《本草图经》云:"江湖闽中出一种薯蓣,根如姜芋之类而皮紫,极有大者,彼土人但呼为藷,音若殊,亦曰山藷也。"(《广雅疏证》)

根据王氏的论述,结合我们的理解,认为薯蓣果实为埋于地下的根茎。薯之言"储",大也,藏也;"蓣"或通"芋",一种芋类作物的通名,《说文》:"芋,大叶实根,骇人,故谓之芋也。"段注:"凡于声皆训大,芋之为物,叶大根实,二者皆堪骇人,故谓之芋。"此即为薯蓣的构词理据。

薯蓣原产于山野,所谓"山藷""山芋""山羊"是也,明王世懋《瓜菜蔬》:"薯蓣本山中野植……故名山药。"明徐献忠《吴兴掌故集》亦云:"山药,本名薯蓣,以山土所宜,故名山药。"魏吴普所撰《吴普本草》曾记载山药的多个称名:"一名诸署,秦、楚名为玉延,齐、越名山羊,郑、赵名山羊,一名玉延,一名修脆,一名儿草。"其中的"山羊"就有人怀疑是"山药"的一声之转。① 作为很常见的药材和食材,"山药"之名含义为"产于山野的中药材",相比于意义理据已不能被大部分人所悉知的古语词"薯蓣","山药"之名更通俗简约,符合人们对于这种药食两用植物的习惯认知,进而逐渐取代了"薯蓣"之称名的优势地位。

总之,随着时代变迁,"薯蓣"造词理据渐趋隐晦;"山药"则以产地+属性构词,表义显豁,易于认知,是其最终胜出的内因。当然这种趋势是渐变的,其间宋代避讳可能会使"山药"的用例有所增加,但不是其取得绝对称名优势的主要原因。

另外,山药又称"山芋",番薯(红薯)有时也称"山芋",这是同名异物现象,虽然二者的果实都是根茎,但科属差别很大。薯蓣(山药)属薯蓣科植物,在中国已有三千多年的种植历史,甚至在《山海经》中就有记载;②而番薯(红薯)属旋花科植物,原产南美地区,大约明代才传入中国,又有苕、红苕、红芋等异名。"山药"一词一般不用来表示番薯(红薯),二者是差别很大的不同植物(见图1),各方言区的方言也对二者区分得很清楚;但石声汉先生认为可以考虑"ʂau"是"山药"二字拼合而成的,③孙玉文先生认为番薯(红薯)的方言音"苕"(sháo)是"山药"的合音,④均可以商榷、再讨论(可能有的地方把红薯误称为山药)。我们赞成清人《遵义府志》所转引郑珍《田居蚕室录》所云的"韶"为"薯"一声之转的观点:"俗呼'韶','薯'声之转,有

---

① 徐媛:《汉语植物异名研究》,华中师范大学2018年博士学位论文。
② 《山海经·北山经》:"又南三百里,曰景山,南望盐贩之泽,北望少泽,其上多草、藷萸。"
③ [北魏]贾思勰著,石声汉校释:《齐民要术今释》,中华书局2009年版,第1047页。
④ 孙玉文:《考"苕"》,《长江学术》2014年第1期。

红、白二种。"

山药(薯蓣、薯药)　　　红薯(红苕、苕、红芋、番薯)

图 1　山药、红薯图

二、蒸饼和炊饼

宋仁宗赵氏名祯,避嫌名"蒸",①将"蒸饼"改为"炊饼",宋吴处厚《青箱杂记》载:

仁宗庙讳祯,语讹近蒸,今内庭上下皆呼蒸饼为炊饼。(《青箱杂记》卷二)

宋周密《齐东野语》亦载:

昔仁宗时,宫嫔谓正月为初月,饼之蒸者为炊。(宋周密《齐东野语》卷四"避讳"条)

古人所谓的"饼"和今天扁平、圆形、叫饼的面食不同。汉刘熙《释名·释饮食》:"饼,并也。溲面使合并也。……蒸饼、汤饼、蝎饼、髓饼、金饼、索饼之属,皆随形而名之也。"即凡是用水和面粉"合并"而做成的面食都叫"饼"。而什么是蒸饼呢？明王三聘《古今食物考》、明彭大翼《山堂肆考》解释得很清楚:

凡以面为食具者,皆谓之饼。故火烧而食者呼为烧饼,水瀹而食者呼为汤饼,笼蒸而食者呼为蒸饼,而馒头谓之笼饼是也。(明王三聘《古今食物考》)

饼,面餐也。溲麦面,使合并为之也。然其状不一。入炉熬者,名熬饼,亦曰烧饼;入笼蒸者,名蒸饼,亦曰馒头;入汤烹之,名汤饼,亦曰湿面,曰不拖,亦曰傅饦;入胡麻着之,名胡饼,又曰麻饼;其他餶饼、䭔饼、环饼,名不可数计,大抵皆面食也。(明彭大翼《山堂肆考·饮食》)

可见,"饼"的语源是"并",所有的面食最早都可以叫"饼"。

---

① 宋淳熙年间修订的《淳熙重修文书式》中所列避讳字,有宋仁宗避讳字"祯(陟盈切)桢、侦、寊、贞、征、嫃、揁、䦜、鄭、徵"等。又:"宋代韵书《附释文互注礼部韵略》所附《韵略条式》中载宋朝皇帝的讳字,仁宗名'祯'(陟盈切),讳字'徵'(知陵切)。原来,宋代是,'祯'字为《广韵》清韵字,韵尾亦为后鼻音,正好与同摄(耕摄)的蒸韵的'徵'字韵尾相同,而音相近。"参见杜爱英:《也谈"炊饼"》,《古典文学知识》1998 年第 4 期。

直接用火烤熟的面食叫"烧饼"。《齐民要术·饼法》:"作烧饼法:面一斗。羊肉二斤,葱白一合,豉汁及盐,熬令熟,炙之。面当令起。"其中提到用羊肉、葱白等等,说明烧饼是有馅儿的。如果不考虑面食形状,大致和今天的"烧饼"概念相当。

放在水中煮熟的面食叫"汤饼",相当于今天的面条之类。《儿女英雄传》第二八回:"羹汤者,有'汤饼'之意存焉。古无'面'字,凡面食一概都叫作'饼'。"

用笼屉蒸熟的发酵面食就是"蒸饼",它是无馅儿的,如果不考虑形状和样式,大致相当于今天的"馒头"之类。但《赵录》载:"石虎好食蒸饼,常以干枣、胡桃瓤为心蒸之,使坼裂方食。及为冉闵所篡,幽废,思其不裂者,不可得。"我们绝不能以偏概全,以为此时的蒸饼都是像石虎好食的那样带馅儿的;烹调食材的选用因个体因素差异很大,一般的蒸饼都是无馅儿的,但可能会加些芝麻、油、盐、糖之类的东西用以调味,或许石虎好食的蒸饼所加的干枣之类也只能算是调味用料,这也是蒸饼不同于今之馒头的地方。杜冠章先生考证认为古之蒸饼和今之馒头在大小、用料、形状、品质等方面均有不同。① 如果上笼蒸且有馅儿,那就是另一种名称了。用蒸饼做成的"蒸饼丸"还可入药,李时珍《本草纲目》即载:

> 小麦面修治食品甚多,惟蒸饼其来最古,是酵糟发成,单面所造,丸药所须,且能治疾,而《本草》不载,亦一缺也。惟腊月及寒食日蒸之,至皮裂去皮,悬之风干。临时以水浸胀,擂烂滤过。和脾胃及三焦药甚易消化,且面已过性,不助湿热,其以果菜、油腻诸物为馅者,不堪入药。(《本草纲目·蒸饼》)

用笼屉蒸熟的带馅儿面食叫笼饼,如果不考虑形状,大致相当于今天的"包子"。《汉语大词典》认为"笼饼"就是"馒头"的古称,因为古时的馒头是带馅儿的。宋高承《事物纪原·酒醴饮食·馒头》:"稗官小说云:诸葛武侯之征孟获,人曰:'蛮地多邪术,须祷于神,假阴兵一以助之。然蛮俗必杀人,以其首祭之,神则向之,为出兵也。'武侯不从,因杂用羊豕之肉,而包之以面,象人头,以祠。神亦向焉,而为出兵。后人由此为馒头。"其中提到的馒头来源不一定准确,但大致可推测馒头是有馅儿的。宋陆游《蔬园杂咏·巢》:"昏昏雾雨暗衡茅,儿女随宜治酒殽。便觉此身如在蜀,一盘笼饼是豌巢。"陆游自注:"蜀中杂彘肉作巢馒头,佳甚。唐人正谓馒头为笼饼。"《水浒词典》:"馒头,指有馅的馒头。"② 如今,有的方言中"馒头"还可指有馅儿的包子,比如吴方言区的很多地方如吴江、常熟、无锡、江阴、湖州、海门等地,仍称包子为"馒头";浙江长兴把包子称为"馅心馒头",浙江云和把包子称为"有馅馒头",

---

① 杜冠章:《"炊饼"献疑》,《寻根》2019 年第 6 期。
② 胡竹安编著:《水浒词典》,汉语大词典出版社 1989 年版,第 287 页。

福建将乐把包子称为"包馒头",①这些应该都是古语用法的保留。

表3是蒸饼等5个面食类词语的语义特征:

表3　蒸饼等词的语义区别特征

	面食	有馅儿	烹调方式		
			炙烤而熟	笼蒸而熟	水煮而熟
蒸饼	+	−	−	+	−
炊饼	+	−	−	+	−
烧饼	+	+	+	−	−
汤饼	+	−	−	−	+
笼饼	+	+	−	+	−

一般认为,"炊饼"一词来自"蒸饼"的讳改,即"蒸饼"就是"炊饼"。我们遍查宋以前的典籍,确实未发现"炊饼"之用例。但为什么讳"蒸"为"炊",而不是讳为其他的字词?有人认为可能是从俗之音。②《玉篇》:"蜀人呼蒸饼为䭔。"《集韵》或作䭔、䬴、䉒。《慧琳音义》卷六十五"炊作"注引《韵诠》云:"炊,蒸也。""炊"的本义是生火做饭(《说文》"炊,爨也"),而据《说文》"蒸"的本义是"折麻中干",麻杆易燃,是生火做饭的极好燃料和引燃物,也引申为炊、熏、燎之义。可见,"炊""蒸"俗音相近,语义相关,都是给食物加热的一种方式,所以才讳"蒸饼"为"炊饼"。

表4是宋代以降历代"蒸饼""炊饼"的用例分布情况:③

表4　"蒸饼""炊饼"历代用例频次

	宋	元	明	清	民国
蒸饼	273	95	1054	67	8
炊饼	36	54	220	20	2

上表显示,虽然宋代避讳"蒸"字,但"蒸饼"的用例相对于"炊饼"还是占绝对多数,说明"蒸饼"的使用已约定俗成,而政治、法律层面的避讳词"炊饼"的使用只占人们生产生活用例的很小部分。宋代以后,避讳的语境消失,但"炊饼"一词继续使用,应该是避讳文化的惯性使然,但更重要的还是"炊饼"的语音、语义和"蒸饼"相通,也有一定的理据,人们由"炊饼"的能指可以正确认知到概念的所指,而不至于发生混

---

① 曹志耘主编:《汉语方言地图集(词汇卷)》,商务印书馆2008年版,第92页。
② 乐于时:《炊饼》,《社会科学辑刊》1993年第1期。
③ 根据汉籍全文检索系统所作的统计。

淆或误解。而宋讳以来,"蒸饼"的使用一直占绝对优势,充分说明了避讳作为外部原因对于词汇演变所起作用的有限性,真正主导称名更替者,仍是语言内部的选择机制——理据明晰度、语义透明度及词汇系统的自我调节功能。清代以降,"蒸饼""炊饼"用例均出现式微的趋势,时至今天,"蒸饼""炊饼"均已不再使用或极少使用,其间当有其他的语言学规律在起作用,因和避讳无关,兹不再讨论。

Two Discussions on Taboo Words in the Song Dynasty

Bian Renhai

Abstract: The term Shuyu(薯蓣) was once replaced by Shanyao(山药) to avoid the name taboo of Emperor Yingzong of the Song dynasty, Zhao Shu. However, Shanyao, as an alternative name for Shuyu, had already been in use prior to the Song dynasty. From the Yuan dynasty onwards, the term Shanyao gradually became more common, eventually replacing Shuyu as the dominant term, largely due to the strong linguistic rationale behind the use of Shanyao. On the other hand, the term Zhengbing(蒸饼) was changed to Chuibing (炊饼) to avoid the name taboo of Emperor Renzong Zhao Zhen of the Song dynasty. Despite this, Zhengbing has remained overwhelmingly dominant in usage since the Song dynasty, illustrating the limited role that taboos, as external factors, play in the evolution of vocabulary.

Keywords: Song dynasty taboo; exegesis; Shuyu; Shanyao; Chuibing; Zhengbing

乾嘉学者文集中训诂资料的整理与研究综论*

丁喜霞**

摘要：乾嘉学者文集中丰富的训诂资料与训诂专著、学术札记共同成就了乾嘉训诂学的辉煌，在训诂学史和中国语言学史的建构中发挥了重要作用。学界对于乾嘉学者文集中的训诂资料虽已有所关注，但总体而言，利用十分有限，相关研究也比较薄弱。本文从文献学、训诂学和语言学史三个层面，对乾嘉学者文集中的训诂资料进行全面发掘整理和系统研究，不仅可以为乾嘉训诂学研究提供新的研究视角和富有价值的基础资料，也可以拓展训诂学和语言学史研究的视野，推动不同学科的交叉研究，对于今人从事训诂实践、准确诠释古代经典、弘扬优秀传统文化也具有重要意义。

关键词：乾嘉时期 文集 训诂资料

一

传统训诂学发展至清代乾隆、嘉庆时期臻于鼎盛，从事训诂研究的学者多不胜数，各类训诂著作层出不穷，产生了一大批成就卓著的训诂学家和训诂专书，如王念孙《广雅疏证》、戴震《方言疏证》、毕沅《释名疏证》、邵晋涵《尔雅正义》、郝懿行《尔雅义疏》等，构成了乾嘉训诂学的主体。同时，为数众多的训诂学者，"其著作于专书之外，凡有心得，又多宣之于篇章，或为诸体之文，或辑录而为札记"[①]，后多集之成

---

* 本文系国家社科基金项目"乾嘉学者文集中训诂资料的整理与研究"（21BYY029）的阶段性成果，曾在"汉语史研究高端论坛"（2024年7月，开封）汇报过，先后得到张生汉、王立军、黄树先、王云路等教授的鼓励和指正，谨致谢忱！

** 丁喜霞，1966年生，文学博士，河南大学文学院/国家语言文字推广基地教授，博士生导师，主要研究方向为汉语史、训诂学等。

① 王重民：《清代文集篇目分类索引·序》，国立北平图书馆1935年版，第1页。

帙，或汇为文集。以学术专论、序跋、随笔、书札的形式抒写训诂实践的观点及对相关问题的理论思考并与其他学者进行交流，是乾嘉训诂学者常用的学术撰著和交流的方式。这些训诂专论、札记、序跋和书信，是乾嘉学者训诂研究成果的重要载体，因而也是研究乾嘉训诂学不可或缺的重要资料。乾嘉学者文集中的训诂资料与训诂专著、学术札记共同成就了乾嘉训诂学的辉煌，对清代学术文化的繁荣产生了深远影响，在训诂学和中国语言学史的建构中发挥了重要作用。

综观学界对于乾嘉训诂学的研究，其研究对象主要集中于训诂大师及其训诂专著，尤其是关于王念孙《广雅疏证》的研究，取得了丰硕成果，研究内容涵括对《广雅疏证》的总体评价、校勘补正、训诂方式、训诂术语、训诂内容、价值意义等方面，李福言《近三十年〈广雅疏证〉研究述论》（2013）有较为详细的评述，此后相关研究成果仍不断涌现，研究内容进一步扩展。以研究专著而言，彭慧《"高邮王氏四种"汉语语义学研究》（2014），揭示了王氏四种"形音义互求"的语言文字系统观、"引申触类"的语义联系观和"揆之本文而协"的语境互动观；胡继明、周勤、向学春《〈广雅疏证〉词汇研究》（2015），系统研究了《广雅疏证》中的同义词、反义词、同源词和动植物名词"异名同实"现象等词汇语义问题；李福言《〈广雅疏证〉因声求义研究》（2017），讨论了王念孙在《广雅疏证》中使用"语之转""一声之转""之言"等因声求义术语的异同及其在训诂实践中的倾向性。

对于乾嘉学术札记中的训诂资料及其理论价值的研究，尤其是王念孙《读书杂志》和王引之《经义述闻》中的训诂材料，也引起了一些学者的关注，取得了一定成绩。如王云路师《〈读书杂志〉方法论浅述》（1990），发掘《读书杂志》中的一些训诂材料，探讨了王氏的训诂方法论。朱小健《王念孙札记训诂所体现的治学方法与精神——以王念孙对〈毛诗〉旧注的纠正为例》（2001），探讨了王氏札记训诂的方法及其特点。韩陈其、立红《论循境求义——〈经义述闻〉的语言学思想研究》（2003）、《论汇比求义和文本诠释》（2003）、《论因声求义——〈经义述闻〉的语言学思想研究》（2004）以及谢俊涛、张其昀《〈经义述闻〉因文求义说略》（2008），对循境求义、汇比求义、因声求义、因文求义等训诂方法进行了详细的分析和解说，并对其中蕴含的语言学思想进行了梳理和阐发。张先坦《〈读书杂志〉词法观念研究》（2007）、《〈读书杂志〉句法观念研究》（2011），讨论《读书杂志》的语法观念以及语法与训诂的关系，涉及《读书杂志》中的一些训诂材料。张其昀《〈读书杂志〉研究》（2013），结合《读书杂志》中的校勘和训诂实例，分析了有关训诂方法的材料。曹海东《乾嘉学术札记训诂理论研究》（2020），通过发掘乾嘉学术札记中的训诂理论材料，初步建构了乾嘉学者的训诂学思想体系，阐释了乾嘉训诂学的思想内涵，并对乾嘉学者的训诂学理论进行了综合考察。此外,一些学术史、典籍评介、训诂通论和阐述王氏父子训诂学思想与成就的论著对《读书杂志》和《经义述闻》等札记中的训诂材料也有所引用和阐释。

对于乾嘉学者文集中的训诂资料及其价值,学界虽已有所关注,并在探讨乾嘉学术成就和训诂学史论著中有所论及,但总体而言,利用十分有限,相关研究也比较薄弱。目前所见相关成果主要表现为以下几个方面:

1. 训诂学史、语言学史和学术史著作对乾嘉学者文集训诂资料的讨论和参证

李建国《汉语训诂学史》(2002),讨论清代训诂学的复兴,以顾炎武、戴震、段玉裁、王念孙等训诂大师及其代表著作为主线,兼涉《戴震集》《经韵楼集》《潜研堂集》《揅经室集》的有关论述。张舜徽《清代扬州学记》(2004)曾指出,阮元《揅经室集》和黄承吉《梦陔堂文集》中的学术文章在训诂名物方面有不少有价值的发现。王力《中国语言学史》(2006)讨论训诂学的发展,论及段玉裁《经韵楼集》中的《广雅疏证序》所主张的因声求义训诂方法。漆永祥《乾嘉考据学研究》(1998/2020),除直接取材于各家经史专著外,对诸家文集及相关训诂论述亦有所参证。

2. 讨论乾嘉学者训诂思想和成就的论著对文集中训诂资料的征引与论析

漆永祥《乾嘉考据学家臧庸》(1995)、吴明霞《论清代学者臧庸的学术成就》(2000)、丁喜霞《臧庸及〈拜经堂文集〉整理研究》(2016)之研究篇,依据臧庸《拜经堂文集》中的书信、序跋和学术专篇文章,探讨臧庸的治学经历、学术思想、学术特点和贡献。王俊义《钱大昕寓义理于训诂的义理观探讨》(2002)、李细琴《从〈潜研堂文集〉看钱大昕的学术活动》(2014)以钱大昕《潜研堂文集》为主要资料,兼及方东树《仪卫轩文集》、王鸣盛《西庄始存稿》等资料,讨论钱大昕的学术活动及其寓义理于训诂的学术思想。郭娟娟《卢文弨之训诂学研究》(2007)以卢文弨的学术札记为中心讨论其训诂学成就,对其《抱经堂文集》中的相关论述有所征引。陈小华《〈诂经精舍文集〉研究》(2013),探讨《诂经精舍文集》中学术文章的内容、方法、价值及其对当今学术研究的启示和借鉴,涉及一些训诂研究的篇章。郭院林《乾嘉学者训诂意义的选择与思想导向》(2020)以阮元《揅经室集》为主,兼涉钱大昕《潜研堂文集》、戴震《戴震文集》、焦循《雕菰集》、翁方纲《复初斋文集》等有关资料。

3. 语文工具书对乾嘉学者文集训诂资料的简略收列

张斌、许威汉主编《中国古代语言学资料汇纂·训诂学分册》(1993)主要选录传统训诂要籍关于训诂的观点和部分实例,兼及少数文集如《戴东原集》《湖海文传》中的训诂资料。宗福邦、陈世铙、萧海波主编《故训汇纂》(2007)汇辑从先秦至晚清古籍中的注释材料,分条收列小学专书和经史子集中的故训,收录有乾嘉学者文集中的一些字词训释条目。《中华大典》编纂委员会编《语言文字典·训诂分典》(2014)分训诂理论、语义通释、经籍注疏、方言俗语、语法修辞五个总部,收录训诂学史上的重要学者和论著的相关资料,也收有部分乾嘉学者的文集及其训诂资料。但因受编纂体例的影响,一篇文章往往会被切割成若干部分而散见于相关条目,且因资料浩博,难以尽收全文,文字往往节略。如桂馥《书尔雅后》一文(《晚学集》卷四),散见于《训诂分典》第一册"语义通释总部·尔雅部"之"文本考证分部·论说"类、"注释分部·郭璞《尔雅注》·论说"类、"注释分部·邢昺《尔雅疏》·论说"类。而且因该编卷帙浩繁,书成众手,时有误字、误点者。

此外,诸多清代文集的整理和编目成果,如王重民、杨殿珣编《清代文集篇目分类索引》(1935/2003),收录440种清代文集的篇目,按照文章性质分为学术文、传记文、杂文,分类汇辑,收录"训诂"篇目365篇,多出自乾嘉时期的学者文集。中华文化复兴运动推行委员会、四库全书索引编纂小组编《四库全书文集篇目分类索引》(1995)经部小学类和补遗部分也收录了不少训诂篇目,可作为《清代文集篇目分类索引》的有益补充。中国人民大学与北京大学联合编纂的《清代诗文集汇编》(2010)收录4000余种清人诗文集。其他如张舜徽《清人文集别录》(1963),李灵年、杨忠主编《清人别集总目》(2000),柯愈春《清人诗文集总目提要》(2002)和各种"清代学者文集丛刊",为查检乾嘉学者文集及其训诂资料提供了文献来源上的便利。日本学者西村元照的《日本现存清代别集目录》(1979)、韩国学者金学主编的《韩国所藏明清别集目录》(1991年)均为全面了解清人文集提供了宝贵的资料和线索。

总体而言,乾嘉学者文集中的训诂资料已经进入研究者的视野,并取得了一些成果,为后续研究提供了重要基础,但相关资料的发掘和利用仍比较有限,研究也不够充分。其一,缺少整体性、综合性的研究。已有成果涉及的研究对象多为单部文集,且聚焦于段玉裁、钱大昕、焦循、阮元等训诂名家的少数几部论著,对乾嘉时期其他更多的学者文集则较少措意,难以全面呈现乾嘉学者文集中训诂资料的整体面貌与价值。其二,缺少专门性、系统性的研究。一些论著虽对乾嘉学者文集中的训诂资料有所论及,但多为举例性质,相关研究多以单篇论文的个案研究为主,且多侧重于对个别训诂名家训诂实践经验的总结和训诂理念的探讨,对乾嘉学者文集中的训诂资料缺少全面发掘、系统梳理和深入阐释。

乾嘉学者文集中的训诂资料,多用因声求义、析形索义、综考古训、审度文例、比类旁通等方法,引证博洽,考据精确,且多有研究方法和训诂理论的思考,彰显了乾嘉时代训诂学研究的广度与深度。利用乾嘉时期学者文集中的训诂资料来研讨乾嘉时期的训诂学,不失为一条可行的路径。在当今大力提倡对古代典籍和传统学术进行整理和重新审视的学术背景下,随着训诂学和语言学史研究的深入开展,有必要在以往研究成果的基础上,对乾嘉学者文集中的训诂资料进行全面的发掘、整理和深入研究。

二

乾嘉学者指的是在清代乾隆(1736—1795)和嘉庆(1796—1820)年间从事学术研究并取得一定成就的人,判定标准主要依据学者的生卒年,包括以下四种情况:第一,生卒年都在乾隆和嘉庆两朝之内。如桂馥(1736—1805)、洪亮吉(1746—1809)、陈鳣(1753—1817)、金鹗(1771—1819)等。第二,生于乾隆朝之前,但卒于乾隆朝或嘉庆朝。如程廷祚(1691—1767)、戴震(1724—1777)、程瑶田(1725—1814)、段玉裁(1735—1815)等。第三,生于乾隆朝,卒于嘉庆朝之后。如钮树玉(1760—1827)、陈寿祺(1771—1834)、冯登府(1783—1841)、葛其仁(1787—1862)等。第四,生于嘉庆朝,且在嘉庆朝有一定学术活动。如蒋湘南(1796—1854)、侯康(1797—1837)、侯度(1798—1855)、沈垚(1798—1840)等。一般来说,生于1805年之后者,到嘉庆朝最后一年还不足15岁,难以产生训诂研究的学术撰著。

乾嘉学者的文集以别集居多,也有部分总集,多以"集"(包括文集、续集、外集、遗集、后集、小集等)命名,也常以"稿"(包括文稿、类稿、存稿、遗稿等)和"文"(包括文录、文抄、文编、文存、遗文、杂文、学文、缀文等)命名。

乾嘉学者文集所收篇章的文体类别多样,主要有奏疏、论说、书札、序跋、策问、传记、行状、年谱、箴铭、随笔、碑铭、哀辞、祭文、赞颂、贺表、杂著、史论、史评、注释、考证、经筵讲章、语录、诗赋等,内容也十分丰富,涵括当时的政治、经济、文化、外交等各个方面。其中与训诂研究相关的篇章,文本形态主要有序、跋、书札、释、辨、说、解、考、考证、记、论等。

关于训诂的基本内容和训诂资料的存在形态,许多训诂学著作都曾做过阐述。王宁《训诂学原理》:"一般说训诂,指的是训诂工作和训诂材料。训诂的基本工作是用易知易懂的语言来解释古代难知难懂的文献语言,这是一种综合性的语文工作。"[1]早期的训诂工作主要是注释经学典籍,后又发展出纂集与考证两种更深入的训诂工作。"训诂材料,指注释、纂集与考证的成果。"注释一般附于文献正文之后,后常以传、疏、注、义证、正义为名形成注释书,纂集是根据一定的原则汇编的训诂资

---

[1] 王宁:《训诂学原理》,中国国际广播出版社1996年版,第32—33页。

料集或训诂专书,考证材料没有固定的形式,或以专书形式出现,或以笔记形式出现,或夹杂在日记式的随笔中。

随着训诂研究的深入,新的训诂资料不断涌现,各种不同形态的训诂资料不断被发掘出来。训诂资料除了集中存在于注释书、训诂资料集或训诂专书中,也常存在于文献正文和考据笔记中,或以单篇考证文章、训诂专书的序跋和相关书札的形式出现。这些单篇考证文章及与训诂有关的书札和序跋,后常被汇为文集,成为训诂研究的重要资料。乾嘉时期学者文集中就收录了很多这样的训诂资料。

释、辨、说、解、考、考证、记、论和序跋、书札,是乾嘉学者常用的学术撰著方式,也是其训诂成果常见的文本形态,因而也成为研究乾嘉训诂学和清代学术的重要文本依据。乾嘉学者文集中的训诂资料,从一个方面显示了当时训诂学研究的基本面貌和学术水平。对乾嘉学者文集中的训诂资料进行全面整理和系统研究,既是对我国传统语言文献资源的保护传承,对国家实施"中华优秀传统文化传承发展工程"的积极响应,也是训诂理论建设和语言学史研究的客观需要。

需要说明的是,乾嘉时期有些训诂专书的首、尾附有一些学者的序、跋,如葛其仁《小尔雅疏证》卷首有阮元《小尔雅疏证序》,郝懿行《尔雅义疏》卷首有宋翔凤《尔雅义疏序》,严元照《尔雅匡名》卷首有徐养原《尔雅匡名序》等,虽然是训诂研究的重要资料,但因目前未被收入乾嘉学者的相关文集,故未被纳入研究范围。乾嘉学者的文集数量浩瀚,内容广博,个人眼目难周,加之学力浅薄,取舍不当或有遗珠者在所难免,恳望方家指正。随着新材料的发掘和新成果的不断问世,我们会在后续的研究中对目前的相关资料和数据进行补充和修正。

三

对乾嘉学者文集中的训诂资料进行整理和研究,强调文献整理与训诂学、语言学史研究并重的研究理路,一方面强调对乾嘉学者文集中的训诂资料进行发掘和整理,为后续研究提供坚实的材料支撑,另一方面强调对这批原始文献资料进行深入解读和理论总结,对训诂资料的内容、对象、方法、特点和局限进行综合考察,彰显其在训诂学和语言学史研究中的贡献与影响,使文献资料的整理与训诂学、语言学史研究相得益彰。为此,需要坚持跨学科的综合研究,结合文献学与训诂学、语言学史的研究方法,深入乾嘉学者文集训诂资料的内部和细节,对文集训诂资料的内容、特点、局限、贡献与影响做出更加客观、准确的描写与论述,以期拓展训诂学和语言学史研究的视野和资料范围,推动不同学科的交叉研究。

具体来说,对乾嘉学者文集中的训诂资料进行整理和研究,分"整理篇"和"研究篇"两个部分,从文献学、训诂学和语言学史三个层面展开。首先,从文献学层面对乾嘉学者文集中的训诂资料进行发掘整理,为训诂学研究提供新的原始资料;其次,从训诂学层面对文集中训诂资料的文本形态、对象和内容、训诂方法和相关理论进行客观描述和分析;最后,从语言学史层面探讨训诂资料中有关词汇和词义发展的研究实践和理论观点,综合考察文集训诂资料的特点与局限,揭示其学术贡献和语言学史价值。

"整理篇"主要包括两项内容。一是对乾嘉学者文集训诂资料的调查和编目。着眼于为进一步研究服务,以方便使用和检索为准则,以《清代文集篇目分类索引》和《四库全书文集篇目分类索引》经部小学类"训诂"部分为线索,借助各种书目、丛书和《清代诗文集汇编》等清代文集整理成果,检视并著录现存乾嘉学者文集中有关训诂的篇目,并以平时阅读乾嘉学者文集所见相关篇目进行补充,编制《乾嘉学者文集训诂篇目索引》《收录训诂资料的乾嘉学者文集目录》和《乾嘉学者文集著者篇目索引》,以便查检训诂资料的篇目、作者、文集、版本等相关信息。二是对乾嘉学者文集训诂资料的整理与汇编。按照古籍整理的通用规则和现行标点符号用法,对乾嘉学者文集中的 214 篇训诂篇章进行文本化处理、标点和简要校勘,汇辑成《乾嘉学者文集训诂资料汇编》,为学术界利用该资料提供可靠依据。

乾嘉学者文集数量庞大,传本复杂,其中的训诂资料分布零散,文本形态多样,而且一篇文章往往事属多类,不能单纯按照篇目名称定其类属,需要在深入阅读具体文章内容的基础上进行鉴别。如王念孙《王石臞先生遗文》中有多篇《与刘端临书》,只看篇名,不详其类,综观其文,其中有 4 篇除了友人之间的问候、祝福和互通近况等内容,还谈及欲作《方言疏证补》和《广雅疏证》事,并言所校《方言》各条为卢文弨采纳与否,以及作《广雅疏证》的原因和进展,应属群雅方言类训诂资料。胡承珙《再复朱兰坡书》(《求是堂文集》卷三),乃继前札《复朱兰坡问尔雅书》,复论《尔雅》"天气下,地不应曰雺;地气发,天不应曰雾"一句中"雺""雾"与"霿"的形音义,当属《尔雅》通论。孙星衍《稷考》(《岱南阁集》卷二)辨五谷之"稷"乃小米非穄米,归为《尔雅·释草》。

虽然学界已有多种清代文集的整理成果和专题丛刊问世,为乾嘉学者文集的调查提供了便利,但仍有部分文集以刻本乃至稿本、抄本、孤本的形态散藏于国内外各种公私图书收藏机构,搜求不易,查检不便。如王宝仁《旧香居文稿》10 卷,《续稿》4 卷,据《清史稿·艺文志》和《江苏省通志稿·经籍志》,知其有清道光二十一年(1841)六安学舍刊本,遍检已有清人文集汇编和整理丛刊类成果,但未见有收录,也未见有整理本问世,仅见藏于复旦大学图书馆古籍部和日本京都大学图书馆。因此,如何有效查找乾嘉学者文集中的训诂资料并进行整理汇编,以保障训诂资料篇目索引的规范性和分类整理的科学性,是我们需要解决的重要问题。

"研究篇"是在"整理篇"的基础上,围绕乾嘉学者文集训诂资料的撰著主体与文本形态、训诂对象和内容、训诂方法、词汇与词义研究、特点与贡献等方面的问题展开研究。

对乾嘉学者文集中训诂资料的撰著主体和文本形态进行分类考察和统计分析,旨在描述乾嘉学者文集训诂资料的规模和构成,探讨作者身份和文本形态在训诂资料学术影响上的差异,揭示其在乾嘉训诂学和语言学史研究方面的资料价值。乾嘉学者文集训诂资料的撰著主体主要有学者型官员、职业学者、游幕学者、半职业学者之别,不同学者的出身、社会地位、所属学术派别、所处地理区域等各有不同;文集中训诂资料的文本形态主要有论、说、考、辨、解、释、记、议、答问等体裁的文章、书信、序跋等,各类文本又有自撰和代撰的差别。撰著主体和文本形态不同,训诂资料的学术影响力会有所差异。总体而言,学者型官员如阮元、钱大昕、卢见曾、陈寿祺、段玉裁、洪亮吉等人,以及与当时学界有较多学术交流的学者,如陈鱣、程瑶田、丁杰、江藩、焦循等人,包括部分有较长时间游于高官名幕的学者,如戴震、臧庸、顾广圻、胡天游、李富孙等人,学术影响力相对较大,而出身和社会地位相对较低、学术交流较少的部分职业学者和半职业学者,如陈瑑、葛其仁、顾广誉、侯度、侯康、黄子高等人,学术影响力则较弱。书信和序跋的传播范围相对较广,学术影响力较强,其他形态的资料则因学者的社会地位而异。由于乾嘉时期不同学术背景的学者所关注的训诂对象、表述的训诂思想和理论、采用的训诂方法和撰写方式各有不同,文集及其训诂材料的数量和文本形态也因人而异。这种人员构成和文本形态的复杂性,对相关数据统计与分析研究会造成一定的困难。

通过对乾嘉学者文集中训诂资料的训诂对象和主要内容进行描述和分析,以把握乾嘉学者文集中训诂资料的概貌。训诂研究的对象是古代文献的文本,乾嘉学者文集中训诂资料的训诂对象主要是《尔雅》和群雅方言类训诂文献,兼涉中土传世的字书、韵书和经史子集等各类文献以及佛经音义类文献。文献传本的校正是训诂的前提与基础,文本校勘主要包括校订讹字、乙正错简、删削衍文、补缀脱文、比较异同和优劣。乾嘉学者文集中训诂资料的内容涵盖范围十分广泛,首先是解释字词含义,包括解释实词的本义、引申义、假借义和虚词的用法等,其次是考证名物制度,辨析名物的同名异实、异名同实及得名理据,最后是语法和修辞现象的说明,如辨析词性和构词法,说明语序,指明互文、省文、变文、对文等。

对乾嘉学者文集训诂资料中使用和论述较多的训诂方法,如因声求义、依形解义、综考古训、审度文例、比类旁通、方俗证古、实地调查、图文互证等方法进行专题探讨,以明乾嘉学者的训诂成就和方法论上的影响。传统训诂学至乾嘉时期达到鼎盛,一个重要原因是乾嘉学者从训诂实践和理论思考两个方面对训诂方法进行了不懈探索,创造性地提出了一些新的观点和方法,并成功地运用于训诂实践,使训诂方法不断趋于完备和理性。

语言学层面的研究,着重考察乾嘉学者文集训诂资料中有关联绵词、同源词、同义复词和偏义复词、方言俗语与古语词以及汉语字词关系、形音义关系、词义引申和演变等方面的具体考证与理论阐释,彰显乾嘉学者文集中训诂资料的语言学研究价值。

语言学史层面的研究,主要是对乾嘉学者文集中的训诂资料进行综合考察,对其特点、局限与弊病、贡献与影响作出客观的总体评估。乾嘉学者文集中的训诂资料具有涉及面广、求真崇实、辩证会通、实践性和实用性强等特点,存在擅长引证而理论阐释不充分、术语概念模糊、有些观点存门户之偏等局限以及改字增字解经、望文生训等弊端,其贡献主要在于推动学术理念和训诂方法的更新与完善,能够在研究路向和方法上为训诂学研究带来启示与引导。

四

乾嘉学者文集训诂资料的整理和研究具有多方面的学术价值和应用价值:

1. 发掘新的训诂资料,深化训诂学研究理论

乾嘉学者文集中的训诂资料,有的已为今人所关注,尤其是一些训诂大家为训诂名著所作的序跋,受到了高度重视并被广泛征引,如王念孙《广雅疏证序》(《王石臞先生遗文》卷二)、阮元《王伯申经传释词序》(《揅经室一集》卷五)、钱大昕《经籍纂诂序》(《潜研堂文集》卷二十四)、段玉裁《王怀祖广雅注序》(《经韵楼集》卷八)、邵晋涵《尔雅正义序》(《南江文钞》卷五)、桂馥《释名跋》(《晚学集》卷三)等。序跋不仅陈述著作的主旨和撰著经过,评述其价值和贡献,作序者也通过序跋阐发自己对某些学术问题的看法,既推扬了友朋之学,也在一定程度上传播了自己的学术观点,展现了自己的学术造诣。撰著者与作序者彼此互倡,书与序相互增色,有效地扩大了训诂专著及其序跋的传播范围和学术影响,也使这些名家名著的序跋成为训诂研究的重要材料。与此相对而言,有相当一部分普通学者文集中的训诂资料,仍然湮没于浩瀚的清人文集中,不为今人所知所用,如钱馥《一切经音义考证》(《小学盦遗书》卷一),对玄应《音义》70个词目在引书、释义、析形、辨用、注音等方面的问题进行考证,对玄应《音义》研究、汉译佛经语言研究和训诂研究具有重要的参考价值,至今尚未得到应有的关注。另如陈庆镛《籀经堂集补遗》、程廷祚《清溪文集》、冯登府《石经阁文集》、葛其仁《味经斋文集》、蒋湘南《七经楼文钞》、沈垚《落帆楼文集》、孙志祖《申郑轩遗文》、汪师韩《上湖分类文编》、汪由敦《松泉集》、王宝仁《旧香居文稿》、王绍兰《许郑学庐存稿》、赵怀玉《亦有生斋集》等别集以及《诂经精舍文集》《学海堂集》《学海堂二集》《湖海文传》等总集中的训诂资料,学界的关注度仍显不足。对乾嘉学者文集中的训诂资料,尤其是一些鲜为人知的文集中的训诂资料进行全面发掘、系统梳理和汇整,可以为乾嘉训诂学研究提供一批新的富有价值的基础资料。对隐含在具体的训诂实例和学术专论中的训诂方法和训诂理论进行深度挖掘和剖析,可以为当下训诂学基础理论建设提供一些可资参考借鉴的材料,使之在现代学术语境下获得充分的利用,有助于全面总结乾嘉时期的训诂成就,建构并完善传统训诂学的理论体系,推进传统训诂学和现代语言学接轨。

2. 提供新的研究视角,拓展语言学史研究领域

乾嘉学者文集中的训诂资料,既保存有汉唐时期的古训,也记录有近代的俗语方言,阐明了许多字词新义,具有很高的学术价值,不仅是研究清代训诂学的重要资料,还是研究汉语语义学、词汇学和汉语史的资料宝库。

乾嘉学者普遍认为训诂释义应当综考古训资料,借鉴、吸收前人的训诂成果。如戴震《古经解钩沈序》曰:"广摹汉儒笺注之存者,以为综考故训之助。"其《题惠定宇先生授经图》又曰:"求之古经而遗文垂绝,今古县隔也,然后求之故训。故训明则古经明,古经明则圣人贤人之理义明。"乾嘉学者文集的训诂资料中,也有很多关于重视综考古训的论说。如卢文弨《尔雅汉注序》曰:"不识古训,则不能通六艺之文而求其意。欲识古训,当于年代相近者求之。"臧庸《与顾子明书》也说:"尊信两汉大儒说,如君师之命,弗敢违。非信汉儒也,以三代下汉最近古,其说皆有所受,故欲求圣人之言,舍此无所归。"从事训诂研究需要运用综考古训之法,主要是因为古人对于古代的语言文字、名物制度比后人更熟悉,对古代文献语言的训释通常比较可信。因此,不少乾嘉学者在训诂实践中能够合理运用综考古训之法,既能参稽古训,又能对古训材料详加辨析,择是而从。

《广训》:"杂采曰绘。"据《文选·吴都赋》《射雉赋》《江赋》李善注并引《小尔雅》:"杂采曰綷。"墨庄未改"绘"字,而释义为"綷"。宋君以作"绘"为是。余谓《说文》"绘,五采绣也"亦通。然"綷"与"杂"义尤相近,且《选》注所引可证,不如君之直作"綷"。綷,《说文》作"𦃃",从黹,綷省声。则"綷"固非俗字也,而

君又有独得者。(朱琦《小尔雅义证序》,《小万卷斋文藁》卷八)

安徽泾县人胡世琦(字玉樵)和胡承珙(号墨庄)同治《小尔雅》,并同著《小尔雅义证》,同时江苏长洲(今苏州)人宋翔凤(字于廷)亦著有《小尔雅训纂》,但三人对《广训》篇是"杂采曰绘"还是"杂采曰綷"的认识却各不相同。朱琦据《文选·吴都赋》《射雉赋》《江赋》李善注所引《小尔雅》,结合《说文》对"绘""綷""辭"的解释,考辨"綷""绘"与"杂"的形义,认为胡世琦作"杂采曰綷"为独得之训,从而也校正了《小尔雅·广训》的文本讹字。

古代文献语言的古语古义,有些在后世的通语中已不复使用,但在某些方言俗语中往往有所遗存,故可利用方言俗语材料来求证和解读古代文献中的一些语词含义。如程瑶田《螟蛉果蠃异闻记》所说:"夫简策之陈言,固有存人口中之所亡者也;而其在人口中者,虽经数千百年,有非兵燹所能劫、易姓改物所能变,则其能存简策中之所亡者,亦固不少。"若能对"乡民口中流传相受"之方言俗语,溯"其所从来",释其流变,使古代书面文献语言与口语方言相互证发,则能沟通古今,使人易于理解,又可增加考释结论的可信度。

从乾嘉学者文集的相关论述可以看出,乾嘉学者认为后世的方俗用语与古代文献语言具有深刻的渊源关系,方言俗语对于经籍训诂具有重要价值。因此,他们不仅十分重视方言俗语的辑录考释,而且在具体的训诂考释实践中,也能自觉地运用方俗证古之法以求证古词古义,并时有理论性的阐述。

伯扬邵君著《方言浅说》,既成,出以示余,曰:"……惟是取吾乡之街谈巷语而分条系之以说,得毋鄙且陋乎?"余曰:"不然。古经传多采谚语,以与斯理相证,取其尽人而可晓也。扬子云集殊方绝域之语,著为《方言》,许叔重解字,郑康成注经,亦间取当时人语为说。而后世为志乘者,又必集一方之言,以著其风俗所在。夫言随地别,不能强天下而同之。今吾乡之街谈巷语,吾乌知天下之能尽喻也。然而天下同然之理,必不为吾乡所私,则不同者其言,同者其说,由其说与斯理相证,天下必无有患其不同者。理无不同,则因浅以得其深,存其说而置其言可也,存其说而并存其言亦可也。又何鄙且陋之疑哉?"(王宝仁《方言浅说序》,《旧香居文稿》卷三)

王氏从古经传多采谚语、扬雄著有《方言》、许慎解字和郑玄注经都曾取用当时方言俗语为说、后世史志必集方言以著其风俗四个方面,说明方言俗语在解字、释经、明一地风俗方面具有重要价值。文中所言"言随地别,不能强天下而同之","然而天下同然之理,必不为吾乡所私,则不同者其言,同者其说,由其说与斯理相证,天下必无有患其不同者。理无不同,则因浅以得其深,存其说而置其言可也,存其说而并存其言亦可也",对于今人从事方言辑释、以方言俗语求证古词古义等研究,仍有重要的参考价值和指导意义。因此,对过去人们关注不多的乾嘉学者文集中的训诂资料进行专题整理和综合考察,较之过去个别的、零星的利用和研究,不仅可以扩大研究范围,增强研究的系统性和综合性,而且可以有效拓展训诂学和汉语语言学史的研究领域。

3. 助益今人的训诂实践和经典解读,传承和弘扬优秀传统文化

"乾嘉以来的学者,对古籍的校勘、训诂、订误、辨伪、辑佚,精核缜密,超越前代。尽管有些研究失之琐细,但就其总体而言,解决了古书中的许多悬案、疑点,提出了不少很好的意见,有些是发前人之所未发,为后世读书人提供了极大的方便。"①乾嘉学者文集中的训诂资料,多为作者在训诂释义等方面的深造自得之言,或是积数年之功探究某一训诂问题的创获,包含了许多精辟的见解,其价值有时甚至超过通释全经之书。如王重民所说:"清代诸大师文集论说考辨,多与经说史说相出入,而一字之诂释,一事之考究,往往独造精诣,出诸专著之上。"②究其原因,"盖传注之文,全释一经,或不免敷衍以足篇目。杂家之言,偶举一义,大抵有所独得,乃持笔于书,说多可取"(见凌扬藻《蠡勺编》卷三十五"经稗"条)。兹截取金鹗《屋漏解》(《求古录礼说》卷三)略作说明如下:

> "屋漏"向无确解。《尔雅·释宫》云:"西北隅谓之屋漏。"郭注:"未详其义。"《大雅》云:"相在尔室,尚不愧于屋漏。"毛传但引《尔雅》解之,郑笺云:"屋,小帐也;漏,隐也。礼,祭于奥,既毕,改设馔于西北隅扉隐之处。"孔疏云:"室内可以施小幄,而漏隐之处,正谓西北隅也。"按:《诗》以"屋漏"承"尔室"之下,《尔雅》载"屋漏"于《释宫》,则"屋"当如字,不应破"屋"为"幄"。《释言》训"陋"为"隐",本是"陋"字。《尧典》以"侧陋"对"明",是"陋"为"隐"也,故其文从𨸏。"屋漏"之"漏",《说文》作"屚",云:"屋穿水下也。从雨在尸下。尸者,屋也。"是其义不得训为"隐"。《释言》"陋"或作"漏"者,声之误也。……孙炎注《尔雅》云见《诗》疏:"屋漏者,当室之白,日光所漏入。"其说视诸家为优。孔冲远反以其说为非,此疏家必宗传、注之失。然日光所由入者,尚未晓也。鹗窃思:古人之室,东北隅得户之明,中间北墉下得牖之明,至西北隅,则与户牖不相直,不可不穿壁以取明。于此盖有向焉。《豳风》云:"塞向墐户。"冬月塞向以御北风之寒,然未必尽塞,疑当用帘薄之类,仍可以取明也。毛传云:"向,北出牖也。"韩《诗》云:"北向窗也。"向,盖小于牖,其制又与牖殊,故不名"牖",而名"向"。《说文》释"向"与毛传

---

① 赵守俨:《学术笔记的整理出版与评议》,《书品》1992 年第 4 期。
② 王重民:《清代文集篇目分类索引·序》,台联国风出版社 1967 年版,第 1 页。转引自闫嘉琪、贾卫民、蒲珊:《王重民〈清代文集篇目分类索引〉的成书与特点》,《图书馆》2020 年第 2 期。

同,《广韵》又以"牖"释"向",盖以向为牖之类,郑注《明堂位》云:"乡,牖属。"注《士虞礼》云:"乡、牖,一名也。"故举类以释之,而以"向"为北出牖。……则"向"在西北隅无疑矣。西北隅有此窗,则日光自窗中漏入,故名屋漏。所谓"当室之白",亦以此也。《中庸》疏云:"以户漏明其处,故称屋漏。"此沿《礼记》郑注之误,不知所谓漏者,其光必不广长。户之光明,何得谓之漏邪?近邵二云《尔雅正义》谓:"隐蔽之处,时见日光。"不知漏者必有隙,而日光漏入,如屋下之漏雨,何得以隐见日光为漏邪?总不知西北隅有向,故妄解耳。……郑以明堂释庙制,亦非也。此皆不可不辨正者也。

金鹗综考《诗经》毛传、郑笺、孔疏、《说文解字》、《尔雅·释宫》、《尔雅·释言》、《广韵》、《尔雅》孙炎注等古训,并佐以《大雅·抑》《尚书·尧典》文本,对《诗经·大雅·抑》中"屋漏"之义及其得名之由进行考证,认为"屋""漏"当如字,屋即房屋,漏即光线、液体、气体等从孔隙中渗出或透出,郑笺、孔疏释"屋"为"幄",释"漏"为"隐",是一种误释。相较而言,孙炎《尔雅》注较为可信,但仍需解释"日光所由入者"。金氏乃据古代居室建制以及《豳风》"塞向墐户"毛传、《说文》和《广韵》对"向"的解释,考证室之西北隅有向(窗),日光从此窗中漏入,故名屋漏。

由于乾嘉学者文集卷帙浩繁,文集中的训诂材料比较分散、零碎,查检不易,许多训诂篇章往往被人们忽视,以致在训诂研究中重复乾嘉学者的工作,把他们已经解决了的问题当作新问题,有时甚至还达不到乾嘉学者的水平,①甚或重复他们已经纠正过的错误。如孙克东《"不愧于屋漏"新解》(1982)、瞿林江《从丧祭礼俗看"屋漏"的本义与寓意》(2017)、瞿林江《"屋漏"本义探源》(2018),讨论《诗经·大雅·抑》"相在尔室,尚不愧于屋漏"中"屋漏"的本义,所引古注及释证基本仍限于金鹗《屋漏解》的考辨范围,而均未论及金鹗之文;孙玉洁《释"屋漏"》(1987)、李一榕《关于"屋漏"一词的浅见》(1988)主要讨论杜甫诗"床头屋漏无干处"之"屋漏",论及该词的出处时仍以《诗》"尚不愧于屋漏"之毛传、郑笺、孔疏为证,而未言及金鹗《屋漏解》对此已有辨正。因此,对乾嘉学者文集中的训诂资料进行发掘整理,对其训诂内容和理论观点的利弊得失进行客观评价,可为今人从事训诂实践提供一些借鉴,为深入理解和准确诠释古代经典提供指导,对于继往开来、弘扬中华优秀传统文化、服务现代社会文化建设具有重要意义。

---

① 张生汉:"近代以来,不少学人从方言的角度对'㙘土''面𪋗'等词语进行过研究,大多认为'𪋗''㙘'即'勃壤'之'勃',但对'勃'何以有粉尘之义却很少论及,多数讨论甚至没有超过王念孙、段玉裁的深度。"参见氏著:《也说"勃土""面勃"》,"汉语史研究高端论坛"论文,2024年7月,开封。

A Comprehensive Review of the Compilation and Study of Exegesis Materials in the Works of Qianjia(乾嘉) Scholars

Ding Xixia

Abstract: The rich exegesis materials found in the collected works of Qianjia scholars, together with exegesis monographs and academic notes, contributed to the flourishing of Qianjia exegesis and played a crucial role in the construction of the history of exegesis and Chinese linguistics. While there has been some attention paid to the exegesis materials in the collected works of Qianjia scholars, overall, their utilization remains limited, and related research is still relatively weak. By systematically exploring and organizing these exegesis materials from three perspectives—bibliography, exegesis, and the history of linguistics—scholarly efforts can provide new research perspectives and valuable foundational materials for Qianjia exegesis studies. This will also broaden the scope of exegesis and linguistic history research, promote interdisciplinary studies, and hold significant implications for modern exegesis practices, accurate interpretations of ancient classics, and the promotion of outstanding traditional culture.

Keywords: Qianjia period; collected works; exegesis materials

基于教学视角的俞樾训诂成果考察*

王倩倩**

摘要： 俞樾是晚清著名经学家、教育家。他执教生涯长，仅在诂经精舍任主讲便达三十余年，在书院教育史上亦属罕见。俞樾门下优秀弟子众多，不少海外学者也慕名前来求访。长时间的教学活动使得俞樾在进行训诂实践时具有一定的教学视角，研读俞樾的读经札记和教学记录可发现他基于此视角对前人旧注发表了不少新看法：或纠正旧注讹误；或弥补旧注不足；或在前人说解无误处提出一个两可的新见解；或在前人未出注处，"为恐后学疑惑"而着意加以说明。俞樾提出的不少新说解因为结论不够可靠而颇受贬斥，但汇集他的新说解后再度审视，可发掘出俞樾试图多角度启发后学的写作目标，再联系其在《古书疑义举例》中所总结的文例，俞樾的训诂成果值得通盘深入研究。

关键词： 俞樾　训诂新说解　教学视角　启发式教学法

俞樾（1821—1907），字荫甫，号曲园，是晚清著名经学家、教育家。俞樾享年八十六岁，一生历经四位皇帝，但仕途短暂，咸丰七年（1857）便遭革职，永不叙用。仕途的失意给俞樾带来了理想的破灭和生活的窘迫，故而研经教学、努力著述就成为他后半生的全部事业。俞樾先后主讲过苏州云间书院、苏州紫阳书院、杭州诂经精舍、湖州龙湖书院、上海求志书院、德清清溪书院等多所书院，其中又以主讲诂经精舍为最久，曾任山长三十余年，纵观整个教育史亦颇罕见。俞樾门下弟子众多，著名的有章太炎、黄以周、戴望、吴大澂、吴昌硕等，有"门秀三千"之美誉，声名远播日本、朝鲜、东南亚，海外学者或慕名登门求学，或在著作中多次征引俞说。在俞樾的作品合集《春在堂全书》中，有他阅读群经、诸子的训诂札记，如《群经平议》《诸子平议》等，

---

* 本文系教育部人文社会科学项目"《诂经精舍课艺文集》整理与训诂研究"（22YJC740078）、江苏省高校哲学社会科学研究项目"清代江浙经古书院的语言教学研究"（2021SJA1264）的阶段性成果。

** 王倩倩，1986年生，文学博士，常州工学院人文学院讲师，主要研究方向为训诂学、语言学史。

也有不少是其任书院主讲时的课试题目解析,如《诂经精舍自课文》《经课续编》等。通过梳理俞樾训诂札记的选题切入点会发现,除了纠正前人说解中的不合理处,或因为旧说不完善、不准确而提出的新见解,还有大量训诂札记是前人说解不误俞樾却改换了新的释词,或在前人说解的基础上提出一个两可的新看法,也有在前人未说解处提出新说解的情况,这些都可能与俞樾长期从事教学活动相关,"恐后学疑惑,故详辨之"①。以下分类举数例加以分析。

一、前人说解有误,俞樾予以纠正

俞樾在遍阅群经时颇注意参考前人故训,对那些旧注有误的地方会予以指明并重新说解。俞樾比较明确地反对前人故训"增字解经"的做法,并善于利用声音关系破除假借。

例1　《左传·成公二年》:"石成子曰:'师败矣,子不少须,众惧尽。'"

卫穆公派孙良夫、石成子等率军队伐齐救鲁,卫军与齐军在新筑相遇。卫军大败,孙良夫想要立刻撤军,石成子反对说:"卫国军队刚刚战败,'子不少须',恐怕会全军覆没。假若全军覆没,我们该拿什么向国君复命呢?"杜预解释本句为:"卫师已败,而孙良夫复欲战,故成子欲使须救。"②从前后文意来看,杜预恐有误解。新筑战败后,孙良夫与石成子都知道并不会有援军,下文石成子通告全军说将会有大批援军的战车来到也只是鼓舞士气的托词而已,所以杜注的"成子欲使须救"并无着落。而且杜预言"卫师已败,而孙良夫复欲战"也是不合文意的。从上下文来看,石成子反对攻打齐国,是孙良夫坚持要听从君命对齐开战,这才有了新筑之战。然而一见战败,孙良夫就立刻想要撤退。石成子担心仓促撤退时军阵散乱会遭敌人全歼,故此希望孙良夫能够暂且留在战场上再顶一阵,给卫军争取有序撤退的机会。但孙良夫和其他将领都不愿意留下来,石成子只好自己留下殿后,送孙良夫率军先走。石成子为殿军的结果正反映出孙良夫只想撤退、不欲再战的意图,所以"孙良夫复欲战"不成立。

俞樾释"须"为"待"是非常正确的。他举《诗经·匏有苦叶》"卬须我友",《仪礼·士昏礼》"某敢不敬须"郑笺"须,待也"为证,说明"须"有"待"义。另《楚辞·九歌·少司命》"君谁须兮云之际"中的"须"字,也是等待之义。"少须"就是稍加等

---

① [清]俞樾:《春在堂全书》第一册,凤凰出版社2010年版,第425页。
② [清]阮元校刻:《十三经注疏》,上海古籍出版社1997年版,第1893页。

待,石成子说"子不少须,众惧尽"是说您若不能稍加等待,恐怕会导致全军覆没。

俞樾还引《左传·宣公十二年》晋楚邲之战中"随季殿其卒而退,故不败"①为例,说明撤退时有人作殿军的重要性。俞樾对"须"的解释是正确的,对文意的理解较杜预之解也更顺畅。

例2 《左传·宣公二年》:"乃宦卿之適子,而为之田,以为公族。"

俞樾反对杜预将"为之田以为公族"解释成"为置田邑以为公族大夫",明确指出这是增"置"字解经。除了"增字解经"的问题外,俞樾还指出杜预对"为"字之义存在误解。俞樾认为本句的"为"犹"与"也,"为之田"就是"与之田",即"给他田地"。他举《左传·襄公二十三年》"齐侯将为臧纥田"与本句比照,指出两句结构相同,两句"为"字的语法功能和词义均相同。由《左传·襄公二十三年》记录的"乃弗与田"可推知,"齐侯将为臧纥田"的"为"是给予义,故宣公二年传文此句的"为之田"也应当是给予他田地之义。

杜、俞两说相较,以俞说更恰切。俞樾驳斥了杜预增字解经的错误做法,对"为"字做出了正确的释义。

例3 《左传·文公十八年》:"其器,则奸兆也。"

杜预释"兆"为域,大约是承袭《尔雅·释诂》"兆,域也"而来。但《尔雅》这个释为"域"的"兆"字,本字当作"垗",指墓地的界域,如《左传·哀公二年》"素车朴马,无入于兆"。杜预将《左传·文公十八年》中"奸兆"的"兆"字解释为界域并不合适,莒仆杀死纪公,拿走了他的宝石而后出逃,莒仆本人是盗贼,他偷走的宝石等物是"奸兆",此词义明显与界域义无关。

俞樾认为"兆"是"佻"的假借字,他参考《国语·周语中》的"奸仁为佻",认为"奸兆"之"奸"与"奸仁"之"奸"同为偷取义,又参考《国语·周语中》的"叛国即雠,佻也",指出莒仆杀死国君而后出逃,是叛国的行为。如此"奸""兆"二字同义,且与本句上文的"其人,则盗贼也"两两相对,词义一贯。依照俞说,莒仆其人是盗贼,宝石等物是被偷取的,可意译为赃物,文意顺畅。俞说较杜注为优。

章太炎在《春秋左传读》中也持"奸兆平列"的观点②。章氏补充说,这里的"奸"即上文所说的"毁则为贼,掩贼为藏,窃贿为盗,盗器为奸"之"奸",是偷取贵重物品义;"兆"当读为"佻",与《国语·周语中》"佻天之功以为己力"之"佻"同,也是偷取义,故此"奸""兆"二字同义。杨伯峻在《春秋左传注》中对此说也表示了赞同。

---

① [清]阮元校刻:《十三经注疏》,上海古籍出版社1997年版,第1882页。
② 章炳麟:《春秋左传读》,载《章太炎全集》第二册,上海人民出版社2014年版,第334页。

二、前人说解有不足,俞樾予以弥补

俞樾在阅读群经、诸子之时,往往会对前人说解有不足处进行重新说解,力图提供更加精准的解释。这里共讨论三种情况:其一是俞樾的新说解较为全面地考虑到古人行文、用语习惯,社会风俗等,故而得出较前人更为精准的说解;其二是随着时代发展,故训释词可能已不够常用,所以换用当时代的常用词重新进行说解;其三是俞樾认识到前人有随文释义的情况,有意识地换用词汇义释词。

(一) 前人说解不够精准,俞樾提供了更加确切的解释

例4 《公羊传·庄公三十年》:"徒葬乎叔尔。"

何休释"徒"为"空",俞樾并无不同意见。但是在谈及为何要用"徒"字以及用"徒"字反映了何种微言大义时,何休认为纪叔姬"不得与夫合葬,故言徒",俞樾则从同类事件用语情况的对比中得到了不同意见。

齐国灭纪后,《公羊传》分别在庄公四年六月和庄公三十年八月两次记录了纪伯姬和纪叔姬的丧事,分别是"其国亡矣,徒葬于齐尔"和"其国亡矣,徒葬于叔尔"。按照《公羊传》的记事法则,是不该记录外夫人丧事的,但由于内有隐情,所以仍旧记录了纪伯姬葬在齐地,纪叔姬葬在她小叔向齐国投降时所携的酅城的情况。若仔细加以分辨,纪叔姬和纪伯姬的丧葬情况确实稍有不同:庄公三年秋"纪季携酅入于齐",《公羊传》的解释是纪季向齐国归降,请求保住五庙来"存姑姊妹",如此纪叔姬算是得以存于纪国宗庙,而纪伯姬则是葬在了异国。所以何休在两处"徒"字下的说解是不同的:对于纪伯姬而言,是惋惜她葬在了异国;对于纪叔姬而言,则是惋惜她不能与夫合葬。

但是《公羊传》真的会对如此微小的差异加以区别吗?庄公十二年纪叔姬归于酅,《公羊传》对此解释说"其国亡矣,徒归于叔尔也",用语和记录丧事时相似。将三处语句对照观察就会发现《公羊传》并未对这等微小的不同加以区分。

(1) 六月乙丑,齐侯葬纪伯姬。外夫人不书葬,此何以书?隐之也。何隐尔?其国亡矣,徒葬于齐尔。[1]

(2) 纪叔姬归于酅。其言归于酅何?隐之也。何隐尔?其国亡矣,徒归于

---

[1] [清]阮元校刻:《十三经注疏》,上海古籍出版社1997年版,第2226页。

叔尔也。①

(3) 八月癸亥,葬纪叔姬。外夫人不书葬,此何以书?隐之也。何隐尔?其国亡矣,徒葬乎叔尔。②

《公羊传》在三件事中都使用"徒"表达对纪国亡国的惋惜,但解说中却并未表现出什么差别。俞樾通过对相类事件用语情况的对比,认为"徒"只是用于表达惋惜之情,他的解释更加准确一些。

(二)前人选择的释词已经不够常用,所以换用当时代的常用词重新说解

由于时代变迁,语言发展,前代说解尽管不误,但所用释词与被释词之间的同义关系在后代已经不够明显,或这组同义词的共同义素已经不再常用这组词来表达,这些都会使后代学子产生疑问或误解;有些词语在发展演变过程中,常用义项发生了更迭,前人能够读懂的语句后人却较难顺畅晓意。这些变化均被俞樾在漫长的教学生涯中注意和发现,并在著作中对这些地方加以说明提出自己的新看法,或提出他解试图启发后学。

例5 《国语·周语中》:"王而蔑之,是不明贤也。"

韦昭注"王而蔑之"之"蔑"为"小也",注后文"是蔑先王之官也"之"蔑"为"欺也"。俞樾引《诗经·桑柔》"国步蔑资"郑笺"蔑,犹轻也"和《周易·剥》"六二,蔑贞凶"郑注"蔑,轻慢"指出,《国语·周语中》两处的"蔑"字都是轻慢义。

周襄王利用狄人打击了郑国,出于感激,襄王打算娶狄人的女子为王后。大夫富辰劝谏襄王说,迎娶外族女子为后是使外人获利的祸事:"夫狄无列于王室,郑伯南也,王而卑之,是不尊贵也。狄,豺狼之德也,郑未失周典,王而蔑之,是不明贤也。"③"王而卑之"和"王而蔑之"两句相呼应,都是用以表达周襄王对郑的轻视。"蔑"义同"卑",都有轻视、轻慢之义。"蔑"本有微小义,因为微小不重要、容易被忽视,故引申有轻慢义。郑伯位在伯爵,襄王却认为他"卑",是轻视他,尽管"郑伯捷之齿长矣",襄王也不曾恭敬地对待他,最终"一举而弃七德",襄王遭受祸患。

韦昭用"小"释"蔑"并没有错,"小"有轻视义,如《左传·昭公十八年》"国之不可小,有备故也"。至唐代,"小"的"轻视"义仍存,如李白《送长沙陈太守》"莫小两千石,当安远俗人"。俞樾改用"轻"字来解释,很大可能是因为在清代表示轻视义

---

① [清]阮元校刻:《十三经注疏》,上海古籍出版社1997年版,第2232页。
② 同上书,第2241页。
③ 徐元诰撰,王树民、沈长云点校:《国语集解》(修订本),中华书局2002年版,第48页。

时,"轻"比"小"更常用,俞樾换用了一个在当时代更加常用的词来作释词。

下文说单襄公受到周定王的派遣去访问楚国,途中经由陈国却没有得到应有的接待。单襄公依《秩官》中明确规定的常任官职的职责归属和宾礼制度职责,指责陈国的主管官员"是蔑先王之官也"。韦昭释"蔑"为"欺"稍嫌不妥,当从俞樾释为轻视、轻慢为佳,陈国官员的行为,是对先王所定官职职责的轻视。

俞樾从韦昭两处对"蔑"的不同释义入手,指出韦解不确,两处"蔑"字其实同义。他还指出"懱"是"蔑"在轻蔑义上的后起字。尽管俞樾在论证中存在对韦解认识不清的情况,但是他在后起本字对原多义词多个义项间功能分化的作用认识方面和试图做出更加精确并易于当时学子理解的释词方面的努力,值得我们借鉴学习。

(三) 前人随文释义,俞樾换用词汇义释词

早期注疏多属随文释义,释词的选取受语境的直接影响。但更合理的训诂应解释词的概括意义,准确指出被释词的本质特征,释词的选取应当尽量客观、抽象且具有概括性。当前人使用了随文释义的方式来选择释词时,俞樾往往会改用更为合理的词汇义释词重新说解。

例6 《穀梁传·成公九年》:"夫无逆出妻之丧而为之也。"

本处传文对应的《春秋》经文为:"九年,春,王正月。杞伯来逆叔姬之丧,以归。"①参考《左传》和《公羊传》的记载,叔姬于成公四年嫁为杞伯夫人,于成公五年被休弃,于成公八年的冬天去世。叔姬去世后的第二年,杞伯接回了叔姬的灵柩。范宁指出杞伯为已经遭到休弃的亡妻置办丧事是于理不合的,但杞伯还是这样做了,即"不合为而为之也"。杨士勋引徐邈说"为,犹葬也",即徐邈认为"为之也"相当于"葬之也",训"为"为"葬"。

俞樾指出:"徐云'为犹葬也',乃目言其事耳,训诂家自有此例,非训'为'为'葬'也。"②徐邈"目言其事"的训释方式即今天所说的随文释义,解释的是从上下文中归纳出的语境义,并非词汇义。俞樾说这种训释方法"训诂家自有此例",在以往的训诂著作中非常常见、不可胜举。俞樾不赞同使用这样的训释方式,因其不够准确,他换用释词"治"来训"为",并举《穀梁传·宣公十一年》"不使夷狄为中国也"等例说明经传中多有将"为"训作"治"的情况。

相较于"葬",俞樾释为"治"更接近于"为"的词汇义,"治"在"夫无逆出妻之丧

---

① [清]阮元校刻:《十三经注疏》,上海古籍出版社1997年版,第2421页。
② [清]俞樾:《春在堂全书》第一册,凤凰出版社2010年版,第394页。

而为之也"这句话中指置办丧事,也就是说"既出之妻,义与夫绝,不当更治其丧",而杞伯仍然"为之",也就是徐邈所说的"犹葬也"。从这里我们可以看到,俞樾较清晰地意识到前代学者在释词时存在随文释义的情况,这类词义训释受语境制约,"A,B也"式训诂术语模式下的A和B并不一定是一组同义词,也不能反推出"B,A也"式结论的成立。俞樾辨明此处"为""葬"之间的词义关系,尽管前人释词并非全然有误,但俞樾对"为"作出了更为恰当的词义训释,展示了他在释词选取方面有着更深入、科学的思考。

三、前人说解无误,俞樾提出两可的新见解

有时俞樾并非坚决地反对前人旧说或认为故训存在不足,他只是从情理、声音、古书文例等角度认为还存在另外一种也能讲通的新观点,多用以启发后学,扩展思路。

例7 《左传·昭公元年》:"四姬有省犹可,无则必生疾矣。"

晋侯生病,子产探望时指出"内官不及同姓,其生不殖",而晋侯"内实有四姬焉",所以子产认为"四姬有省犹可",否则晋侯必然会生病。杜预认为"省"是去除义,指去掉同为姬姓的妾。刘炫说"省相见,稀接御",观点与杜氏相同。孔颖达补充说晋侯之病源于他专宠四名同姓妾,若四妾之外有其他异姓女子接御于公,使得晋侯对四个同姓妾的宠爱减少,那么晋侯疾病可愈。下文晋侯求医于秦,医和看诊后也得出"非食非鬼",是"近女也"的诊断。所以杜、孔等人都认为子产是在建议晋侯把四个姬姓妾都赶走,病即可愈。顾炎武将"省"释为"灭也"。竹添光鸿指出传文言"四姬有省"而非姬妾"尽去",是暗指晋侯好女色,只是去掉同姓妾已算作"省"了,所以他认为"省,减也",减去同姓妾也含有减少女色之意。杨伯峻也赞同这一系的观点。

俞樾的观点与旁人不同,他指出"省"当读为"眚",是灾祸义。"省"在灾祸义上可与"眚"通,如《尚书·洪范》"曰王省唯岁",孔颖达疏"史迁省作眚",孙星衍疏"古省、眚通"。俞樾着眼于上文的"内官不及同姓,其生不殖。美先尽矣,则相生疾,君子是以恶之"①,认为郑子产此话的重点是"相生疾"。依照古礼同姓不婚,否则双方都有可能会生病。现在晋侯与四个同姓姬妾结合,若四姬"有眚"——如果她们出现灾祸——犹可以免除晋侯之灾祸,但她们没有遭受灾祸,于是晋侯就生病了。

俞樾与杜、孔等人的着眼点不同:杜、孔一派是谈晋侯生病的解决之道,即去除同

---

① [清]阮元校刻:《十三经注疏》,上海古籍出版社1997年版,第2024页。

姬妾;而俞樾则认为本句是在解释晋侯生病的原因,即同姓欢好就会有一方遭遇灾祸,现在四个姬妾没有发生不好的事情,于是晋侯生病了。从上下文意来看,很难说子产的这句话是在谈晋侯生病的原因还是给他治愈的建议,俞樾的说法颇具启发性。

有时,俞樾并不是对自己的观点看法深信不疑,而是从某些角度提出思考,往往会用"疑"字进行标识。

例8 《左传·定公五年》:"季平子行东野。"

杜预认为"东野"是"季氏邑",俞樾则认为"东野"犹言"东鄙",即东郊,并非城邑名:"疑是巡行未竟,遇疾而还,故既葬之后,桓子复行之。若从杜解,以东野为季氏之一邑,则平子既行之,桓子何必复行之乎?"①

"野"本义指郊外,许慎《说文解字·里部》"野,郊外也"。《诗经·郑风·野有蔓草》"野有蔓草,零露漙兮"毛传"野,四郊之外"。所以"野"有"鄙"义是没有问题的,竹添光鸿就对俞樾的看法深信不疑,照录入《左氏会笺》。

但是这里的"东野"是否等同于"东鄙"呢?先看俞樾所举《孟子》之例。《孟子·万章》:"此非君子之言,齐东野人之语也。"赵岐注:"东野,东作田野之人所言耳。"赵岐举《尚书·尧典》"平秩东作"来佐证"东"不是方位词,而是治农事之义。② 王恩田《"齐东野人"正解》③一文列举诸家观点,并详细论证了"齐东野人"的具体含义,对"东"为"农作"义作出了详细的解释。"东野"是个动宾式结构,俞樾误解了《孟子》"齐东野人"的意思,《孟子》之例不当为据。

通过查检先秦文献,我们在《战国策》中发现两处"东野"作为地名相关词的例子:

(1)筑刚平,卫无东野,刍牧薪采莫敢窥东门。④(《战国策·秦策四》)

(2)今又劫赵、魏,疏中国,封卫之东野,兼魏之河南,绝赵之东阳,则赵、魏亦危矣。⑤(《战国策·齐策三》)

两次提到的都是卫国的"东野",由"筑刚平"和"刍牧薪采莫敢窥东门",可以推测卫之"东野"的地理位置大概是在卫国都城之东北,约在今河南濮阳附近。⑥ 而杜预说"东野"是季氏邑,季平子的封地大概在今山东临沂附近,两地距离较远,所以

---

① [清]俞樾:《春在堂全书》第一册,凤凰出版社2010年版,第449页。
② [清]焦循撰,沈文倬点校:《孟子正义》,中华书局1987年版,第634页。
③ 王恩田:《"齐东野人"正解》,《管子学刊》1992年第2期。
④ [西汉]刘向集录,范祥雍笺证:《战国策笺证》,上海古籍出版社2006年版,第426页。
⑤ 同上书,第615页。
⑥ 参看谭其骧《中国历史地图集》(第一册)可知刚平在濮阳北面,中国地图出版社1982年版,第35—36页。

"东野"很有可能并非地名专称。卫之"东野"很有可能就是卫国都城的东鄙,那么本句的"东野"也可能是指东鄙。然而,如果"东野"是个偏正式结构的话,相应的也应有"西野""南野""北野"等其他"×野"情况的出现,但是检索先秦文献,暂时没有发现此类用法,且"野"表示"郊外"义时一般以单用为主。

俞樾的说法远非确论,他只是指出了前人说解中存在的问题并提出了一个有价值的思路,这类材料值得我们在后续的研究中加以重视。

四、前人未出注处,俞樾增补注解

俞樾阅读群经、诸子时,往往还会独辟蹊径就某些前人未申说处予以分析。伴随时代发展,前代学者皆知皆晓的事情到了晚清可能会生出困惑误读,所以俞樾会着意加以指明。

例9 《国语·晋语六》:"夫战,刑也,刑之过也。过由大,而怨由细,故以惠诛怨,以忍去过。"

韦昭未对"之"字作注解,俞樾参考《吕氏春秋·音初》篇"之子是必大吉"高诱训"之"为"其",《公羊传·成公十五年》"为人后者,为之子也"及"为人后者,为其子",点明"之"的用法与"其"相同,"刑之过"即"刑其过",此句意为战争是用来惩罚过错的。《经义述闻》记录了王念孙对"过由大而怨由细"的看法,王氏认为此"过"字当属衍文,"刑之过也由大"实为一句,指责了大臣有过错却没能受到责罚,如此会使平民生怨。俞樾反对王念孙的观点,他认为"过由大而怨由细"中的"大"指代大臣,"细"指代平民,这是说过错由大臣造成,而怨恨源自平民,与上文"内犹有不刑"是相关联的。对此,君王应该用恩惠来消除平民的怨愤,下狠心禁止大臣的过错,这样小民没有怨恨,大臣没有过失,才可以对外发动战争,惩罚国外那些不顺服的人。若按王念孙的观点,"刑之过也由大而怨由细"一句逻辑混乱、指代不明,故俞樾认为王说不当从。

俞樾明确地解释了容易出现理解错误的"之"字用法,同时也对前人说解的不合理处作出评判。对于俞樾这类旨在启迪后学的札记要具体问题具体分析,不能仅凭结论是否可靠而看待其是否有价值,不少学者指出俞樾有好新求奇的倾向,有可能是误解了他的初衷。正如前文提到过的,俞樾在不少札记中都加"疑"字以标识结论并不完全可信,那么重新看待并梳理俞樾那些结论不够可靠的观点就显得很有意义。

俞樾特别善于总结古书文例,他通过对大量文献事实的分析,总结出古人行文文例八十八例,集成《古书疑义举例》一书,颇益于后学。

例 10 《国语·晋语四》:"吾观晋公子贤人也,其从者皆国相也,以相一人,必得晋国。"

俞樾参考《左传·僖公二十三年》中对相同事件的类似记载,指出《左传》用"夫人"指代重耳,"夫"是代词;而《国语》本处用"一人"指代重耳,由于古人书写方向为下行,故此古书偶有一字误为二字的情况,于是俞樾"疑此文'一人'二字乃'夫'字之误"。俞樾将本例和其他类似几例并入《古书疑义举例》中的"一字误为二字例",指出阅读古书时需要特别注意这类情况。

俞樾的怀疑并不可靠,因为无论是"一人"还是"夫人"都是用于指代重耳的,不构成意义差别,而且也不能要求《左传》和《国语》遣词用语必须一致。当然,因为没有确凿的证据可以论证,俞樾也用"疑"字加以标明,显示俞樾对此结论也并非确定。这里主要反映出俞樾会特别关注同时期不同文献对同一事件相近记载的用语对应情况,在校勘方法中特别注意对文的应用,同时在试图恢复古书原貌的时候考虑周全,连古书多下行,偶有合文或拆一字为二的情况都考虑在内。

"疑"字较高频率地出现在俞樾的训诂札记中,据粗略统计,《群经平议》中带"疑"字札记条目数量约占总数的五分之一。其中有部分作为标识显示俞樾对所述观点、结论尚未能十分确定,暂时存在证据不足或等待更多证据加以证明的情况。同时,我们发现还有很多含"疑"字札记条目并不是俞樾对某个单例的解释正确与否有所疑虑,而是为了强调或说明某些理论或表达某种倾向,进而提出思考和建议。这类例子往往是俞樾对语法、语用、修辞、校勘、古人创作章法等"文例"观念的体现,还包含他希望多视角启发后学思考的目的。

结　语

俞樾近五十年的教学生涯使得他在阅读经史典籍、开展训诂实践时不可避免地带有相当明显的教学思维,他曾在《左传平议》某条下直言撰此文目的是"恐后学疑惑,故详辨之"。在俞樾的著作合集《春在堂全书》中,也收录有《诂经精舍自课文》《经课续编》这类俞樾任书院主讲时的课试题目和解析,其中有不少内容可以与其代表作《群经平议》《古书疑义举例》中的内容相互参照。

通过研读俞樾的读经札记和教学笔记,梳理俞樾的选题切入点,可以发现他基于教学视角发表了不少新的看法:有些是纠正旧注讹误,例如俞樾比较明确地反对前人故训"增字解经"的办法,有一定的语法分析自觉并善于利用声音关系破除假借;有些是弥补旧注的不足,比如更全面地考虑到古人行文、用语习惯和社会风俗后得到较前人更为精准的说解,或是考虑到常用词的时代变迁换用了当时代的常用词重新说解,又或是有意识地避免随文释义换用词汇义释词。而有时,俞樾是在前人说解无误处提出来一个新的见解,或在前人未出注处,出于教学目的而着意加以论说。这部分材料有很多单从结论来看是不够可靠的,不少前辈学者曾撰文指出俞樾偏好求新立奇,其说多不可信,但如果考虑到俞樾试图多角度启发后学的教学目的,再联系其所总结的文例,可能会对这部分结论不够可靠的材料有新的看法。如此看来,俞樾的训诂成果值得重新审视,方能更好地加以利用。

Investigation of Yu Yue's Exegetical Achievements from a Teaching Perspective

Wang Qianqian

Abstract: Yu Yue was a renowned scholar and educator in the late Qing Dynasty, with a distinguished teaching career spanning over 30 years at the Gujing Jingshe, a remarkable feat in the history of Chinese education. He mentored many outstanding students, and his reputation attracted numerous overseas scholars. Yu Yue's long-standing teaching experience provided him with a unique pedagogical perspective, which greatly influenced his exegesis practice. A close examination of Yu Yue's notes and teaching records reveals that, from a teaching perspective, he offered many fresh insights into the interpretations of his predecessors. He often corrected errors in previous annotations, addressed gaps in earlier explanations, and, in some cases, proposed new interpretations where earlier scholars had not ventured. While some of his new interpretations were criticized for their lack of reliability, a closer look at his work reveals that his goal was to stimulate critical thinking and inspire students from multiple angles. This pedagogical approach, coupled with the examples of doubtful texts he summarized in his work *Gushu Yiyi Jvli*(《古书疑义举例》), underscores his heuristic method and highlights the value of his exegetical contributions, which deserve further in-depth study.

Keywords: Yu Yue; exegetical new interpretations; teaching perspective; heuristic pedagogy

【语言工具书研究】

高丽本《龙龛手镜》疑难注音释义简札*

冯 青**

摘要：辽代僧人行均编纂的《龙龛手镜》又称《龙龛手鉴》，有宋刊本、明抄本、清抄本、清刻本等传世，这些版本往往因辗转抄刻而错简讹谬甚多。今以中华书局影印高丽本《龙龛手镜》为底本，参照四库全书本、四部丛刊所载宋刊本及新发现的韩国奎章阁藏本，在前贤时彦的基础上，继续札考了疑难注音释义二十七则。

关键词：《龙龛手镜》 高丽本 注音 释义

辽代僧人行均编纂的《龙龛手镜》具有重要的辞书价值，然自问世以来流传版本众多，又采撷于唐五代写本大藏经，故文本内容详略不尽一致，字形、注音、释义间有讹舛。张涌泉①、郑贤章②、梁春胜③、刘本才④、冯先思⑤、杨宝忠⑥等先生对其中的疑难形音义进行了研究，匡正了不少疏误。今以中华书局影印高丽本《龙龛手镜》为底本⑦，参照四库全书本、四部丛刊所载宋刊本及韩国奎章阁藏本⑧，继续札考了疑难注

---

* 本文系国家社科基金项目"海南民族地区珍稀文献抢救集成与语言专题研究"（22BYY119）、国家社会科学基金特别委托项目"丘濬思想文化及传播研究"（24@ZH037）、海南省高等学校教育教学改革研究重点项目"本硕博一贯制语言学拔尖创新人才培养的研究与实践"（Hnjg2024ZD-22）的阶段性成果。
** 冯青，1979年生，海南师范大学文学院教授，主要从事汉语史、词汇训诂与地域文化研究。
① 张涌泉：《敦煌俗字研究导论》，台北新文丰出版公司1996年版。
② 郑贤章：《〈龙龛手镜〉研究》，湖南师范大学出版社2004年版；《高丽本〈龙龛手镜〉疑难注音释义札考》，载《汉语史研究集刊》第十八辑，巴蜀书社2014年版。
③ 梁春胜：《〈龙龛手镜〉疑难字例释》，载《中国文字研究》第二十九辑，社会科学文献出版社2019年版。
④ 刘本才：《中华书局版〈龙龛手镜〉音注勘正》，载《中国文字研究》第三十辑，社会科学文献出版社2019年版。
⑤ 冯先思：《〈龙龛手镜〉引〈玉篇〉校正》，载《中国文字研究》第三十二辑，社会科学文献出版社2020年版。
⑥ 杨宝忠、王亚彬：《当代大型字书收录〈龙龛手镜〉疑难字考释（10则）》，《语文研究》2020年第2期。
⑦ ［辽］释行均编：《龙龛手镜（高丽本）》，中华书局1985年版。
⑧ 按：8卷8册，卷首题"增广龙龛手鉴"，四周双边，半郭26.2 cm×18.8 cm，有界，10行18字，大黑口，上下内向黑鱼尾，前有燕台悯忠寺沙门智光撰于统和十五年丁酉（997）七月一日癸亥的序。

音释义二十七则。

1. 鏣锑,上音唐,下音提。鏣锑,大齐罌也。（金部11.3①）

按:《说文·金部》:"鏣,鏣锑,火齐也。""火齐"即火齐珠,一种似珠玉的美石。明朱谋㙔《骈雅》卷五:"砗磲、玛瑙、靺鞨、水晶、琅玕、火齐、玫瑰、云母、流离、鏣锑,异石也。"章炳麟《訄书·订文》附《正名略例》:"若鏣锑,本火齐珠也。"《南史·夷貊传上·扶南国》:"(扶南国)献火齐珠。""火齐"与"玫瑰"同属一物,《说文·玉部》:"玫,火齐,玫瑰也。一曰石之美者。"李海霞认为玫瑰、火齐珠是球状的锂云母。② 故高丽本因形近误"火"为"大",误"珠"为"罌"。"罌"是小口大腹的木制或陶制容器,《方言》卷五:"自关而东,赵魏之郊谓之瓮,或谓之罌。"

2. 鶒,音锄,鶒鶝鸟,白露也。（金部12.4）

按:《尔雅·释鸟》:"鹭,舂鉏。"郭璞注:"白鹭也。"三国吴陆玑《毛诗草木鸟兽虫鱼疏·振鹭于飞》:"鹭,水鸟也,好而洁白故谓之白鸟。齐鲁之间谓之舂鉏,辽东乐浪吴扬人皆谓之白鹭。""鉏",白鹭,又叫鹭鸶,啄食如同农夫舂锄,宋陆佃《埤雅》云:"鹭步于浅水,好自低昂,故曰舂鉏也。"宋黄庭坚《池口风雨留三日》:"水远山长双属玉,身闲心苦一舂锄。""鉏"增添意符"鸟"成"鶒",《集韵·鱼韵》:"鶒,舂鶒,鸟名,鹭也。通作锄。"③"舂"亦增意符"鸟"成"鶝","舂"旁是"舂"之误,《五音集韵·鱼韵》:"鶒,鶒鶝鸟,白鹭也。"因此,"露"是"鹭"的同音误字。

3. 釦,音口,金䬳也。（金部16.1）

按:《说文·金部》:"釦,金饰器口。"段玉裁注:"谓以金涂器口,许所谓错金,今俗所谓镀金也。""釦"就是以金玉等修饰器物,汉扬雄《蜀都赋》:"雕镂釦器,百伎千工。"《文选·班固〈西都赋〉》:"玄墀釦砌。"李善注:"釦砌,以玉饰砌也。""䬳"当是"饰"之形近而误。《广韵》《集韵》继承《说文》的释义。《玉篇·食部》:"饰,修饰、粧饰也。"明焦竑《俗书刊误》:"饰,俗作餙。""䬳"之上下结构被拆分成左右结构,从而与"餙"形体近似。

4. 鍮,徒口反,酒器也。或作鋀,今作鐙。（金部16.1）

按:《集韵·庚韵》:"鍮,兵器。"蒲庚切,并母庚韵平声。辞书中"鍮"之音义与高丽本音义完全不相涉。考《玉篇·金部》:"鍮,他侯切,鍮石,似金也。鋀,同上。""鍮"是一种有黄色光泽的矿石,与之音义相同的是"鋀",《广韵·侯韵》:"鍮,鍮石,似金,淘之则分。鋀,同上。""鋀""鍮"又可用作酒器,《类篇·金部》:"鍮、鋀,他侯

---

① 按:原文出自中华书局1985年版高丽本,括号中标明该条所在部首、页码及列数,下同。
② 李海霞:《火齐珠、尊严、可能等12词条释义纠补》,《安庆师范学院学报(社会科学版)》2011年第7期。
③ 赵振铎校:《集韵校本》,上海辞书出版社2012年版,第141页。

切,石名,似金,或从豆。鋀,又徒口切,酒器也。"《集韵·厚韵》:"䥂、鋀、䇺,徒口切,《说文》:'酒器也,从金졸,象器形。'或从豆,亦省文。"①《篇海类编·珍宝类·金部》:"䥂,同鍮。"《尔雅·释器》:"瓦豆谓之登。"唐陆德明释文:"登,本又作镫。"《仪礼·公食大夫礼》:"大羹湆不和,实于镫。"郑玄注:"瓦豆谓之镫。""镫"是盛熟食的器物。故,高丽本之"镫"当是"鋀"之误,奎章阁藏本正作"鋀"(卷一 9.3②),四库本《龙龛手镜》:"鋀,通。鍮,正,吐侯反。鍮,石次于金也,又徒口反。"因此,高丽本"䤨"或是误字,更可能是"鍮"之右旁构件容易形混的另一俗字。

5. 鍖,丑甚反,鍖錎也。(金部 16.4)

按:《玉篇·金部》:"鍖,丑甚切,鍖錎。"《集韵·寝韵》:"鍖,鍖錎,声不进皃。"《文选·王褒〈洞箫赋〉》:"啾咇嘁而将吟兮,行鍖錎以和啰。"李善注:"鍖錎,不进貌。"吕向注:"鍖錎,舒缓也。"宋俞德邻《斥穷赋》:"我惕我惊,歔歌娱乐;尔肆尔凭,鍖錎呹唧。"《广韵》《五音集韵》等均作"鍖錎",高丽本《龙龛手鉴》误"錎"作"锥",四库本又误作"雏",辗转形误。

6. 鑀,许既反,弩战也。(金部 18.1)

按:《说文·金部》:"鑀,怒战也。从金,忾省。《春秋传》曰:'诸侯敌王所忾。'"段玉裁注:"怒则有气,战则用兵,故其字从金气……'忾',各本作'鑀',今正。"清惠栋《春秋左传补注》卷二:"案:《说文》引作'鑀',从金气声,云:'怒战也。'许氏所据多古文,必得其实。"《广韵·未韵》:"鑀,怒战。"《玉篇》《类篇》《集韵》等均作"怒战",高丽本、四库本都误作同音字"弩"。

7. 錣,音誓,车當结。一曰铜生五色也。(金部 18.4)

按:《说文·金部》:"錣,车樘结也。从金,折声。读若誓。一曰铜生五色也。"段玉裁注:"车樘,汉人语也。《急就篇》《释名》作棠。刘熙曰:'棠,蹚也。在车两旁,蹚幰,使不得进却也。'今按:其结曰錣,其制未详。盖可以系车幰者。"《集韵·祭韵》:"錣,《说文》:'车撑结也。一曰铜生五色也。'或书作鈰。"赵振铎先生校:"撑,樘。"③《说文·木部》:"樘,柱也。"段玉裁注:"'樘'字或作'掌',或作'撑',皆俗字耳。"高丽本可能是误"棠"字下面的部件"木"作"田"而成"當"。

8. 傀,通,傀,正。女回反,美也,盛也,伟大皃;亦怪也,异也。下又口罪反,傀儡。(人部 23.2)

按:《广韵·恢韵》:"傀,公回切,大皃,又美也,盛也,伟也,亦怪异也。"属见母恢

---

① 赵振铎校:《集韵校本》,上海辞书出版社 2012 年版,第 908 页。
② 按:此处注明奎章阁藏本所在的卷数、页码及列数,下同。
③ 赵振铎校:《集韵校本》,上海辞书出版社 2012 年版,第 1054 页。

韵平声。又《广韵·贿韵》:"傀,俗作傀儡子也。"属溪母贿韵上声。高丽本释义基本上和《广韵》《集韵》相同,没有问题,然注音为"女回反"值得考察。《古音汇纂》"傀"下所收录的反切上字大都是属见母、溪母的"公""古""苦""姑""口""枯"等,然⓮云:"傀,女回反。《龙龛·人部》'傀,美也,盛也。'"①"女"属娘母,仅此孤例,应是"古"或"公"之误。奎章阁藏本正作"古"(卷一 18.3)。

9. **份,正,笔巾反,质备也。(人部 25.4)**

按:《说文·人部》:"份,文质备也。彬,古文份。"《玉篇·人部》:"份,亦作彬。"《论语·雍也》:"质胜文则野,文胜质则史,文质彬彬,然后君子。"何晏集解引包咸曰:"彬彬,文质相半之貌。"故高丽本"质备"前缺漏一"文"字。

10. **倠,许维反,仳倠,摸拇也。(人部 25.6)**

按:"仳倠",中国古代历史上的四大丑女之一。《楚辞·刘向〈九叹·思古〉》:"西施斥于北宫兮,仳倠倚于弥楹。"王逸注:"西施,美女也;仳倠,丑女也。"《淮南子·修务训》:"虽粉白黛黑,弗能为美者,嫫母仳倠也。"高诱注:"嫫母仳倠,古之丑女。""嫫母"亦作"嫫姆",汉王褒《四子讲德论》:"嫫姆倭傀,善誉者不能掩其丑。"历代典籍中未见使用"摸拇",奎章阁藏本正作"嫫姆"(卷一 19.3),"母"字受"嫫"影响而类化更符合用字思维。

11. **偐,于建反,引也,又为价。《玉篇》:"又于靳反,依也。"(人部 35.7)**

按:高丽本引《玉篇》是对的,《集韵·焮韵》:"偐,依止也。"于靳切,影母焮韵去声。然前半部分需要考札,《说文·人部》:"偐,引为贾也。"段玉裁注:"引,犹张大之。贾,今之价字。引为贾,所谓豫价也。"《后汉书·崔寔传》:"烈时因傅母入钱五百万,得为司徒。及拜日,天子临轩,百僚毕会。帝顾谓亲幸者曰:'悔不小靳,可至千万。'"唐李贤注:"靳,固惜之也。靳,或作'偐'。《说文》曰:'偐,引为价也。'"所以"引也,又为价"当是"引为价"之割裂,奎章阁藏本作"引与为价"(卷一 29.7)。

12. **值,音树,丘也。(人部 35.8)**

按:《玉篇·人部》:"值,《说文》作侸,立也。今作树。"《说文·人部》:"侸,立也。"段玉裁注:"侸读若树,与尌、竖音义同。"高丽本"丘"当是"立"的形近误字。

13. **偒,他盍反,偒㯟,儜劣也;又偒偒,不谨皃也。(人部 38.6)**

按:"儜劣",四库本《广韵》作"獰劣"。《大词典》释"儜劣"为"懦怯庸劣"义,释"獰劣"为"丑恶;顽钝"义,音义兼同。高丽本《龙龛》之"㯟",奎章阁藏本作"隸"

---

① 宗福邦、陈世铙、于亭主编:《古音汇纂》,商务印书馆 2019 年版,第 89 页。

(卷一 32.5)。钜宋本《广韵·盍韵》:"偈,偈𣜬,亦偈𤿞,儜劣;又偈㑳,不谨皃。"①《大明正德乙亥重刊改并五音集韵·合韵》:"偈,偈𣜬,亦偈𤿞,㺚劣;又偈㑳,不谨皃。"②藏经中犹有"偈𤿞""闒𦫷"等不同的形体,宋蕴闻编《大慧普觉禅师住育王广利禅寺语录》卷五:"皎洁一轮,寒光万里,灵利者叶落知秋,偈𤿞者忠言逆耳。"(T47/832c12)《列祖提纲录》卷四十一异文作"偈𤿞",《袁州仰山慧寂禅师语录》、《佛日普照慧辩楚石禅师语录》卷十一、《教外别传》卷六作"闒𦫷"。然佛经和中土文献中更多使用"偈𤿞","偈隶"鲜见,英藏敦煌 S617《俗务要名林》:"偈𨈻,不事生业。上士盍反,下郭帝反。"张金泉、许建平校汇考:"'𨈻'是'𣜬'之俗字。注:'士','土'之讹;'郭','郎'之讹。"③众多字形之间的音义关系有必要进一步梳理。

14. 誒,许其反,可忘之词也。(言部40.3)

按:《说文·言部》:"誒,可恶之词。"段玉裁注:"词,各本作辞,今正。"《广韵》《集韵》《五音集韵》等都继承了《说文》的解释。《汉书·韦贤传》:"在予小子,勤誒厥生。"颜师古注:"誒,叹声,音许其反。"高丽本"忘"当是"恶"之形误字。奎章阁藏本正作"恶"(卷一 34.3)。

15. 馪,步宾反,北言也。(言部40.6)

按:四库本《龙龛手鉴》亦作"北言",释义不明。《说文·言部》:"馪,匹也,从言频声。"段玉裁注:"于叠韵释之,符真切。"《玉篇·言部》:"馪,多言。"《广韵》《五音集韵》因之。《集韵》:"馪,毗宾切,《说文》:'匹也。'一曰多言。"故"北言"是"多言"之误。奎章阁藏本:"馪,步宾切,多言也。"(卷一 34.9)

16. 譀,五含反,不専。(言部40.7)

按:《广韵·覃韵》:"譀,吾含切,不惠也。"《类篇·言部》:"譀,吾含切,不慧也。"《集韵》《五音集韵》亦作"不慧也"。高丽本"専"字当是"惠"字上半部分相同而下半部分"寸"与"心"发生讹混而成。奎章阁藏本正作"惠"。(卷一 35.1)

17. 訑,音移,自得之皃;又残意也。又徒哥反,避也。(言部41.9)

按:《集韵·支韵》:"訑、訑、訑、訑,余支切,訑訑自得也。"字书韵书中多有形体混用者,《说文·言部》:"訑,沇州谓欺曰訑。"《类篇·言部》:"訑,欺罔也。或作訑。"唐慧琳《一切经音义》卷十七:"谀訑:以珠反,不择是非谓之谀;下大可反,篆文云:'兖州人以相欺为訑。'又音汤和反,訑,避也。"《广韵·支韵》:"訑,訑訑自得皃,

---

① [北宋]陈彭年等编:《宋本广韵·永禄本韵镜(第二版)》,江苏教育出版社 2005 年版,第 157 页。
② 按:明正德乙亥刊本《五音集韵》,日本早稻田大学藏本(1515 年)。
③ 张金泉、许建平:《敦煌音义汇考》,杭州大学出版社 1996 年版,第 677 页。

又浅意也。"又《广韵·哿韵》:"詑,轻也。"《五音集韵·麻韵》:"詑,浅意。"《五音集韵·哿韵》:"詑、訑、誃,轻也。""轻"义同"浅意",故知高丽本"残意"当是"浅意"。奎章阁藏本正作"浅"(卷一 35.6)。

18. 謙,五咸反,知也,又戏也。(言部 42.7)

按:《广韵·咸韵》:"謙,和也,又戏言也。"五咸切,疑母咸韵平声。《集韵·咸韵》:"謙,戏言,一曰和也。或作諴。"《说文·言部》:"諴,和也。"《书·召诰》:"其丕能諴于小民,今休。"孔颖达疏:"若其大能和同于天下小民,则成今之美以勉之。"故高丽本之"知"当是"和"之误。奎章阁藏本作"和"(卷一 36.6)。

19. 謎,莫计反,急言也。(言部 47.8)

按:《字汇补·言部》:"謎,谜字之误。"《说文·言部》:"谜,隐语也,从言迷,迷亦声,莫计切。"《玉篇·言部》:"谜,米闭切,隐言也。"英藏敦煌 S617《俗务要名林》:"䜽,隐语也,莫计反。"①可知,高丽本"急"乃是"隐"之误字。奎章阁藏本作"隐"(卷一 41.5)

20. 憸,七廉反,俺诐也;又息廉反,科口也。(心部 55.6)

按:《说文·心部》:"憸,憸诐也。憸利于上,佞人也。"《玉篇·心部》:"憸,七廉、息廉二切,《说文》曰:'诐也,憸利于上,佞人也。'"《广韵·盐韵》:"憸,俺憸,诐也。"然而韵书中又有其他解释,《广韵·盐韵》:"憸,利口。"《集韵》亦是如此。高丽本、四库本《龙龛手鉴》均作"科口",当是"利口"之误。

21. 憛,今,他绀反,憛除,怀忧也。(心部 60.7)

按:《广雅·释诂二》:"憛,思也。"王念孙疏证:"《广雅·释训》云:'悇憛,怀忧也。'忧与思同义。"《楚辞·东方朔〈七谏·谬谏〉》:"心悇憛而烦冤兮,塞超摇而无冀。"王逸注:"悇憛,忧愁貌也。"《集韵·模韵》:"悇,憛悇,祸福未定也。一曰忧也。"可知高丽本"除"当是"悇"之形误。

22. 崖,五且反,厴崖也;又鱼偃反。(山部 76.5)

按:高丽本"且"应是"旦"之形误,这种现象还如:"僤,徒且反,疾也。"(人部 35.2)郑贤章指出:"'徒且'乃'徒旦'之讹,四库全书本作'旦',是。"②然查考他书,奎章阁藏本作:"崖,五旦切,厴崖也;又鱼偃切。厴,地穴也。"(卷二 7.3)高丽本之"厴"字,日藏本作"厴",四部丛刊本《新修龙龛手鉴》作"厴",然韵书却多作"厴",《广韵·翰韵》:"崖,厴也。"五旰切,疑母翰韵去声。《集韵·阮韵》:"语偃切,厃崖,仰

---

① 张金泉、许建平:《敦煌音义汇考》,杭州大学出版社 1996 年版,第 653 页。
② 郑贤章:《〈龙龛手镜〉疑难注音释义札考》,《古汉语研究》2013 年第 2 期。

也,或从言。"①又《集韵·翰韵》:"鱼旰切,誩,广厚也,一曰不恭也。"②然《大明正德乙亥重刊改并五音集韵·阮韵》:"厈誩,山硝,又大硝兒,硝音绰。"同书《翰韵》:"誩,厝也。"唐慧琳《一切经音义》卷四十四:"鼻誩,鱼偃反,《通俗文》云:'缓唇谓之誩硝。'硝音昌若反,今其事也,经文作嶘,鱼产反,𡣾嶘也,嶘字非义也。"

23. 赦,正,音舍,霄也。(文部 121.1)

按:《尔雅·释诂》:"赦,舍也。"郭璞注:"舍,放置。"《说文·攴部》:"赦,置也。"段玉裁注:"《网部》曰:'置,赦也。'二字互训,赦与舍音义同。"《易·解》:"君子以赦过宥罪。"孔颖达疏:"赦,谓放免。""赦"乃"宥"义,《广韵·祃韵》:"赦,赦宥。"《书·汤诰》:"罪当朕躬,弗敢自赦。"故可知高丽本"霄"应是"宥"。

24. 𥍀𥍔,音绝,同鏦,短矛也。(矛部 141.7)

按:《玉篇·矛部》:"𥍔,短矛。亦作鏦。"《集韵·支韵》:"鏦,《方言》:'矛,吴楚之间谓之鏦。'或作𥍀。"《荀子·议兵》:"宛巨铁鉈,惨如蠆虿。"王先谦集解引徐广曰:"鉈与鏦同,矛也。"《文选·左思〈吴都赋〉》:"藏鏦于人,去敝自间。"刘逵注:"鏦,矛也。""鏦"在《广韵》中有三音:式支切,书母支韵平声;视遮切,禅母麻韵平声;施智切,书母寘韵去声。无论如何,也不会有高丽本的直音"绝",当是"施"之误,《古音汇纂》亦没有收录这个直音。③

25. 羴,许闲失然二反,群羊臭也;又初限反,羴提。(羊部 159.4)

按:《说文·羴部》:"羴,羊臭也。"段玉裁注:"臭者,气之通于鼻者也。羊多则气羴,故从三羊。"《古音汇纂》"羴"条下有:音膻及许闲、失然、式连、式延等反切,属于晓母山韵平声或书母仙韵平声,然其❼云:"羴,又初限反,《龙龛·羊部》:'羴,羴提也。'"④高丽本及《古音汇纂》之"羴"均是"羼"之误。《说文·羴部》:"羼,羊相厕也。"段玉裁注:"厕,杂也。相厕者,杂厕而居。"《法界次第》卷下:"羼提,秦言忍辱。内心能安忍外所辱境,故名忍辱。"唐慧琳《一切经音义》卷二十四:"羼提,上初鴈反,云安忍也。""羼"属《广韵》初鴈切,初母谏韵去声;又初限切,初母产韵上声。

26. 羵,扶云反,土中怪羊也。(羊部 159.9)

按:《广韵·释天》:"土神谓之羵羊。"《广韵·文韵》:"羵,土中怪羊。"《国语·鲁语下》:"土之怪,曰羵羊。"《史记·孔子世家》:"丘闻之,木石之怪夔、罔阆,水之怪龙、罔象,土之怪坟羊。"高丽本"𢘑"当是"怪"之异体"恠"的形讹。

---

① 赵振铎校:《集韵校本》,上海辞书出版社 2012 年版,第 756 页。
② 同上书,第 1143 页。
③ 宗福邦、陈世铙、于亭主编:《古音汇纂》,商务印书馆 2019 年版,第 2363 页。
④ 同上书,第 1706 页。

27. 䉛,或作䈆,之恕反,俗也。(笽部 201.6)

䈆,之庶反,俗也。(笽部 201.7)

按:《广雅·释器》:"䉛,畚也。"王念孙疏证:"《广韵》:'䉛,筐䉛也。'䉛之言贮也,所以贮米也。"然亦有异体作"䉛""䈆",《广韵·御韵》:"䉛,筐畚。"《集韵·御韵》:"䉛䈆䈆,《博雅》:'𣖔䉛,畚也。'亦作䉛䈆。"①《大明正德乙亥重刊改并五音集韵·御韵》:"䉛䈆,筐䈆。"又"䈆,畚也。"可知高丽本"俗"当是"畚"之形误,日藏本作"筐"可资佐证。"畚"是用草绳或竹篾编织的盛物器具。《周礼·夏官·挈壶氏》:"挈辔以令舍,挈畚以令粮。"郑玄注引郑司农曰:"畚,所以盛粮之器。"

A Brief Study of Difficult Phonetic Annotations in the Goryeo Edition of *Longkan Shoujing*(《龙龛手镜》)

Feng Qing

Abstract: The *Longkan Shoujing*, also known as *Longkan Shoujian*(《龙龛手鉴》), was compiled by the Liao Dynasty monk Xing Jun. Various versions of this text have survived, including the Song edition, Ming manuscript, Qing manuscript, and Qing engraved editions. Due to repeated copying and engraving, these versions are prone to numerous errors and omissions. This study is based on the photocopy of the Goryeo edition of *Longkan Shoujing* published by Zhonghua Book Company. It also refers to the Song edition of the *Siku Quanshu*, the Sibu Congkan, and the newly discovered Korean Kuizhang Pavilion Collection. Building on the work of previous scholars, this study continues to examine and provide brief explanations for 27 difficult phonetic annotations.

Keywords: *Longkan Shoujing*; Goryeo edition; phonetic annotations; interpretation

---

① 赵振铎校:《集韵校本》,上海辞书出版社 2012 年版,第 1013 页。

道经故训材料与《汉语大词典》修订*

刘祖国**

摘要：《道藏》蕴含大量故训材料，具有较高的语言研究价值，学界之前对这些材料关注较少，在辞书编纂领域，道经故训材料尚未得到应有的发掘与应用。《汉语大词典》在编纂过程中，对道教文献采纳不多，道经故训材料更是完全被忽略。在一些道教专业词语的解释上，道经故训或直接释义，或提供相关信息，可信度高，是编纂辞书必须参考的重要资料。论文从补词目、增义项、纠释义、添例证四个方面具体讨论道经故训材料对《汉语大词典》修订的价值。

关键词：道经 故训 《汉语大词典》 修订

道经故训材料，即《道藏》中所收历代高道或学者对古代道经所作的注释说解。道经故训材料主要保存在历代道经注疏和古代道教辞书之中，少量存在于道经正文之中。《道藏》蕴含大量故训材料，数量可观，内容丰富，具有较高的语言研究价值，学界之前对这些材料关注较少，在辞书编纂领域，道经故训材料尚未得到应有的发掘与应用。

《汉语大词典》(下文省称《大词典》)是迄今收词最多的大型历时语文辞书，在编纂过程中，对道教文献采纳不多，道经故训材料更是完全被忽略。其实，在一些道教专业词语的解释上，道经故训多为当时高道或学者所作，或直接释义，或提供相关信息，可信度高，是编纂辞书必须参考的重要资料。

周作明先生研究指出，在辞书对道经的零星利用中，尚存立目时采用词形有误、

---

* 本文系教育部中华优秀传统文化专项课题(A 类)重点项目(尼山世界儒学中心/中国孔子基金会课题基金项目)"道教古辞书整理与研究"(23JDTCA042)、2023 年度山东省社科规划研究专项"《道藏》所收辞书类文献整理与研究"(23CRWJ05)的阶段性成果。
** 刘祖国，1981 年生，文学博士，山东大学文学院、"古文字与中华文明传承发展工程"协同攻关创新平台教授，博士生导师，主要从事汉语史、道教文献整理与语言研究。

释义欠妥、引例可商等未善之处。① 忻丽丽认为:"道经是道教教理教义的重要载体,内容丰富,语言口语性强,语料价值高,之于字典辞书的收词、释义皆有补充和修正。《大词典》以及其他辞书在编纂或修订时,应把道经的词汇作为重要参考,才能完善其收词释义,从而为汉语词汇史的研究提供新的材料和证据。"② 笔者在发掘整理道经故训材料的过程中,发现有相当数量的内容可补《大词典》之阙,可为《大词典》的立目、释义、书证等提供参考,对《大词典》的修订与完善具有重要的文献价值。

一、补词目

毛远明先生指出:"(《汉语大词典》)缺漏的词目,从文献材料的内容看,宗教文献中的词漏收较多。"我们在调查中也发现,《大词典》编纂时对道教文献利用明显不够,"《汉语大词典》指出的'道家语'或'道教语'的词不及'佛教语'的十分之一。"③ 在道经故训材料中,《大词典》有不少应收而未收的词目。以下试举几例。

【藕实】

《上清道宝经》:"藕实一名水芝,与鸡头为阴阳。以八月上戌取莲实,九月上戌取藕,分等阴干,百日治之。"(33/727a④)

按:藕实,即莲子、莲蓬子。《中国道教大辞典》释曰"莲的地下茎",不确,莲的地下茎为藕,与莲子实为二物。《神农本草经·上经》:"藕实茎味甘平,主补中养神,益气力,除百疾。久服,轻身耐老,不饥延年。一名水芝丹,生池泽。"道经用例如宋寇宗奭《图经衍义本草》:"藕实,就蓬中干者为石莲子,取其肉于砂盆中干,擦去浮上赤色,留青心为末,少入龙脑为汤点,宁心志,清神。"(17/709c)《太上灵宝五符序》:"真人住年月别一物藕散:凡一物,七月七日采藕华七分,八月八日采藕根八分,九月九日采藕实九分,治合药毕矣。"(6/328c)明朱橚等《普济方》:"藕实:味甘寒无毒,食之令人心欢,止渴去热,补心养神,益气力,除百病,久服轻身耐老。"《大词典》无"藕实",可补。

【附体】

《道书援神契》:"附体:古来祭必有尸,尸者以孙为之,服其祖之服,坐于神位之席,又谓之甗。《礼记》曰:'祝以孝告,甗以慈告。今之荐先亡而借体,通传

---

① 周作明:《论早期道经与大型辞书编纂》,《广西社会科学》2013年第6期。
② 忻丽丽:《道经词汇研究的词典学意义》,《井冈山大学学报》2018年第6期。
③ 毛远明:《语文辞书补正·自序》,巴蜀书社2002年版,第15页。
④ 文中所引道经均据三家本《道藏》(文物出版社、上海书店、天津古籍出版社1988年版),句例之后的括号内附注册数及页码,页分上、中、下三栏,分别用a、b、c表示。如1/123c,表示三家本《道藏》第1册第123页下栏。引例中有讹误处,在脚注中出注说明。经文的小字注释语,文章中用小五号字加以区分。

者本诸此也。'"(32/145b)

按:附体本为古祭仪之一,后谓某神附体假传神意,迷信色彩甚浓。《南史·列传第二十二》:"尸注者,鬼气伏而未起,故令人沉滞。得死人枕投之,魂气飞越,不得复附体,故尸注可差。"道经用例如六朝《洞真太上太霄琅书》:"附体之服,单衣袂筥,若在宦佐,著所居位公服,先虽经仕,终时在私。"(33/662a)宋邓有功《上清天心正法》:"退祟云离身,附体云附身。"(10/621c)元末明初《道法会元》:"师以二手剑诀于附体人顶后一破,云:金刀一劈顶门开,三魂七魄随诀来。存附体人身中三婴儿出,七玉女出,如三炁现。师又吸附体人顶上三炁入师身中,以手压住。念:天地日月,水火交接。上下腾魂,坚固如铁。毕帅大神,牢监生魂。"(30/491c)《大词典》有"神不附体""魂不附体",而失收"附体",当补。

【帝钟】

《道书援神契》:"古之祀神舞者执铙。帝钟,铙之小者耳。"(32/145b)

按:"帝钟"是道士做法事的重要法器,又名三清铃、法钟、法铃、铃书,用黄铜制造,有柄、铃内有舌。柄的上端称作剑,山字形,以象征三清。"帝钟"被认为具有降神除魔的作用,法师常以单手持,有节奏地不停摇动。《宋史·列传第二百四十九·外国六》:"至道二年八月,有天竺僧随舶至海岸,持帝钟、铃杵、铜铃各一,佛像一躯,贝叶梵书一夹,与之语,不能晓。"元末明初《道法会元》:"长颈巨兽,手把帝钟。素枭三神,严驾夔龙。"(30/345c)同经:"收雨大将万接。着青襕皂袍,披发,面青黑色,披黑甲,赤足,左手持帝钟,右手执斧轮,常有黑风轮乘足上,有黑雾。雨不止,执印召之。"(29/197b)明朱权《天皇至道太清玉册》:"代宗时令胡僧不空设盂兰会,取道家帝钟以代磬,后改其首为铃用之。"(36/406c)《大词典》无"帝钟",可补。

【辰刚】

《上清道宝经》:"北极不动之星,谓为辰刚。"(33/712c)

按:辰刚,又作"辰纲",即北辰、北极星。道经用例如《洞真太上素灵洞元大有妙经》:"左手把北斗七星之柄,右手把北辰之纲。北辰者,北极不动之星,谓之为辰纲也。"(33/405b)南朝梁陶弘景《上清握中诀》:"头形并如婴儿,着紫绣锦衣,腰带流金火铃,左把北斗星柄,右把北辰纲,向外坐金床玉帐,存令分明见之。"(2/907c)

《尔雅·释天》曰:"北极谓之北辰。"虽"辰刚""辰纲""北辰"所指为一,但道经中用"北辰"最为频繁,如宋张君房《云笈七签》:"北辰星者,众神之本也。凡星各有主掌,皆系于北辰。北辰者,北极不动之星也。"(22/178c)元李道纯《中和集》:"北辰天地之心,东注天地之气。"(4/506b)明朱权《天皇至道太清玉册》:"北辰:天之枢机也。为万象之主,众星拱之,居子位,故号北辰。"(36/404b)《大词典》失收"辰刚"

"辰纲",可补。

二、增义项

任何一部大型词典,都应尽量做到义项完备,如此方能厘清词义发展脉络,大大提升词典编纂的质量。旧辞书编纂漏义现象屡见不鲜,大型辞书释义必求词义完备,尤应以搜求逸义为要事。《〈汉语大词典〉编写条例》中即指出:"条目的义项要力求齐备。凡在古今著作中有用例,能概括确立的义项,都应尽量收列。"其中当然亦应包含道教文献中的用法。

【位业】

《道教义枢》:"义曰:位业者,登仙学道,阶业不同,证果成真,高卑有别,三乘七号,从此可明,十转九宫,因兹用辩,此其致也。《本际经》云:'神官位序,真圣阶梯。'《灵宝经》云:'位登仙王。'又云:'功业无巨细也。'"(24/808c)

按:位业,即"位"与"业","位"即修道者的阶序之名,"业"谓修道者所修德行之目。"位业"指道教修习证果的各种品位与阶序。道教认为,学道者因宿习阶业的不同及现世向道勤惰之异,会导致证果品第的差异。道果之阶序通常有:神人、真人、仙人、道人、圣人、贤人、灵人之别。唐孟安排《道教义枢》:"释曰:位是阶序之名,业是德行之目,大论品次,释者不同。"(24/808c)南宋陈春荣《太上洞玄灵宝无量度人上品经法》:"上元至真,九品之真。御注:是出三界、无修证、无位业之高真。"(2/470b)南宋褚伯秀《南华真经义海纂微》:"是以有德者内守天理,外修人事,然后位业可得,而进退出处在我,可以反要妙而语极致也。"(15/450a)

"位业"属道教文献常用词,《大词典》失收此义项,所列三个义项书证亦过迟,可补。

【三士】

《道门经法相承次序》:"三士:上士得道,升为仙官;中士得道,栖集昆仑;下士得道,长生世间。又三士:上士气腾,驾景乘虚;中士隐化,坐在立亡;下士灭度,转轮圣王。"(24/796c-797a)

按:三士,指三等品级的闻道之士,即上士、中士、下士。语出《道德经》第四十一章:"上士闻道,勤而行之;中士闻道,若存若亡;下士闻道,大笑之。不笑,不足以为道。"意谓"上士听了道,努力去实行;中士听了道,将信将疑;下士听了道,哈哈大笑。不被嘲笑,那就不足以成为道"。"三士"之说后有所改变,成为修道者的三个品级。《唐玄宗御注道德真经》:"建言有之:建,立也。将欲立言,明此三士于道不同。明道若昧,进道若退,夷道若类。"(11/733c)唐《三论元旨》:"科有上士、中士、下士,而末章云教导三乘,即三士是三乘也,更无别指。"(22/913c)元薛致玄《道德真经藏室纂微手钞》:"故陆先生取之以证解上中下三士所见之不同也。"(13/760b)《大词典》无此义项,可据补。

【醴泉】【丹池】

《道典论》:"醴泉、丹池、灵液,皆口中唾也。"(24/855c)

《上清道宝经》:"醴泉、丹池、露汋,口中唾也。"(33/725a)

按:上列"醴泉""丹池""灵液""露汋"皆指口中唾液。道教认为唾液可以灌溉脏腑,润泽肢体。

道经用例多见,宋曾慥《道枢》:"太渊者,咽口中之醴泉也。"(20/653c)《太上洞玄灵宝飞行三界通微内思妙经》:"太极真人曰:修灵宝飞行三界之道,常以立夏之日清斋,南向咒曰:南方朱丹,服食朱丹,饮以丹池。丹池在唇内,因三咽之。"(24/688a)唐顾云《苔歌》:"琼苏玉盐烂漫煮,咽入丹田续灵液。"北宋张君房《云笈七签》卷六十:"津液候满口则咽之……如此三止,是谓漱咽灵液,灌溉五藏,面乃生光。"明李时珍《本草纲目·人一·口津唾》:"人舌下有四窍,两窍通心气,两窍通肾液,心气流入舌下为神水,肾液流入舌下为灵液。"

《大词典》"醴泉""丹池"二词均失收此义项,可补。

【金梁】

《道典论》:"金梁者,舌也。玉瑛者,齿也。"(24/855c)

《上清道宝经》:"所谓金梁,舌也。"(33/725a)

按:金梁为舌的异名。道典用例如《太上养生胎息气经》:"凡服气法:常以夜半子时寅时起,正衣冠,以金梁叩玉英,调华泄,漱醴泉及灵液,缩鼻还之,上至头,下引入口中,变为玉泉,引气至于舌根,咽而送之,令喉中鸣,腹中鸣,引气入丹田,如儿生能啼,谓长生根也。饥食自然气,渴饮华池浆,使长饱也。"(18/403c-402a)《上清黄庭五脏六府真人玉轴经》:"常以四月、五月、六月弦朔清旦,南面端坐,叩金梁九,漱玄泉三,静思想吸离宫之赤气,入口三吞之,以补呵之损植其灵府,开心冗,饵火离,濯玉女,神平体安,众殃不害,金火不能伤,治神之灵也。"(34/290b)宋曾慥《道枢》:"华池者,在舌本根,其名曰玉英、曰金梁,漱口而三咽之。"(20/752b)

《大词典》仅列一个义项:比喻担负重任的人。道教经典中,"金梁"属常用词,常作为舌的异名,此义项当补。

【玉诀】

《道教义枢》:"第三玉诀者,即河上公释柱下之文,玉诀解金书之例是也。

玉名无染,诀语不疑,谓决定了知,更无疑染。"(24/816c)

按:玉诀是对道经的注解和阐释,以使人通晓疑难。道经中解释疑难字词、疏通道教义理的经书皆归入此类。上例释"玉诀"之理据,其他用例如北周《无上秘要》:"《神州七转七变舞天经》,凡上清宝经三百卷,玉诀九千篇,符图七千章,皆出元始高上玉章,禀承自然之章,玄古之道。"(25/97b)隋唐《洞玄灵宝玄门大义》:"玉诀者,如河上释注之文。玉诀,解金书之例是也。玉名无染,诀语疑,谓决定了知,更无疑染。"(24/734c)宋张君房《云笈七签》:"《定志经》又云:出思微之义,事中复有事,如玉诀中复明传经及盟授威仪之事。然诸经中凡有解诀,皆通谓之玉诀也。"(22/41c)《大词典》仅列一个义项"道家对咒语、秘诀等的美称",释义过简过窄,可补。

【云牙】

《道典论》:"今释:云者,五方云炁也。明此五炁,柔软喻如百草萌牙。故言云牙。学人因此云牙填固藏府,其方繁碎,不可具书,事见本经。"(24/854b)

按:云牙为道教内炼名词,用于服食炼养,喻津液。因其柔软如百草萌芽,故名。此例详细说明"云牙"之造词理据。道典屡见,唐王悬河《三洞珠囊》:"《登真隐诀第二》云:服云牙,可绝谷去尸也。《登真隐诀第四》云:服云牙,可修真一之道,守元咽液。"(25/309b)《上清太极真人神仙经》:"云牙者,五老之精气,太极之霞烟,故采晖景之锋,以充六液之和,洞微冥感,万神来降,幽映相求,不唱而应。"(34/301c)《养命机关金丹真诀》:"心下一寸名曰关元宫,其中有主,名曰龙帝,管神三百四十,有童子四十九人,各着五彩之衣。其宫主常饮云牙津液,谓之五老云牙也。"(10/677b)元陈致虚《太上洞玄灵宝无量度人上品妙经注解》:"于是青霞扶摇,太阳乃升,诸飞天真听鸡初鸣,上登玉台,采五方之云牙,吸咽三晨之光,以度学仙之人。"(2/436c)

《大词典》释"云牙"为"云丝,云朵",据道经故训材料,可补充其义项用法。

【威仪】

《道教义枢》:"第七威仪者,如斋法典式,请经轨仪之例是也。威是俨嶷可畏,仪是轨式所宜,亦是曲从物宜而为威制也。"(24/816c)

按:"威仪"谓严肃的科仪规范,又用作道经分类术语,此部主要收录斋醮、请经、求神等科戒仪范方面的经书。在宗教语境中,"'威仪'为道德仪范名词。指斋法典式,包括醮坛中的一切陈设和举止活动。""道教徒在举行大大小小的宗教活动时,都属威仪范畴。如斋仪、忏仪、醮仪等法事或道场。""道教在做法事或道场时特别注重威仪,要求齐整三业(心、身、口),按照定式举行科仪,即'如法如式'。"①

---

① 于本源主编:《中国伦理学百科全书·宗教伦理卷》,吉林人民出版社1993年版,第359页。

道经屡见，晚唐杜光庭《道德真经广圣义》："威仪者，言其恭肃矜庄，有威可畏，谓之威；进退俯仰，有仪可法，谓之仪。"（14/459a）元王守正《道德真经衍义手钞》："公曰：子何以知之。对曰：《诗》云：敬慎威仪，惟民之则。令尹无威仪，民无则焉。民所不则，以在民上，不可以终。公曰：善哉！何谓威仪？对曰：有威可畏，有仪可象，谓之威仪。君有君之威仪，其臣畏而爱之，则而象之，故能有其国家，令闻长世。臣有臣之威仪，其下畏而爱之，故能守其官职，保族宜家。"（13/834c）《道藏》所收《正一威仪经》备述各类道教法事活动中教徒所应遵守行为举止之规范，例如："正一法具威仪：道士法具，香炉澡灌、几拂如意、环珮剑杖，当常整饰，安置供养，随事所须。"（18/257b）

"威仪"最早指古代祭享等典礼中的动作仪节及待人接物的礼仪。如《礼记·中庸》："礼仪三百，威仪三千。"孔颖达疏："威仪三千者，即《仪礼》中行事之威仪。"后指庄重的仪容举止，又指服饰仪表，《书·顾命》："思夫人自乱于威仪。"孔传："有威可畏，有仪可象。"在道经中，"威仪"除指严肃的科仪规范，还可作为道经分类法，主要收录斋醮、请经、求神等科戒仪范方面的经书。《大词典》失收此义，当补。

【章表】

《道教义枢》卷二："章表者，此修正一遍多。但一切万机，其迹各别，故圣人垂法制之以事。然道在人心，而方须表奏者，既未能冥会，则因事而显事，显则心明，故尽其形迹也。夫人心无质，运之有境，境净则心明，心明则行洁，行洁可以交神灵，心明可以会天道。故登坛告盟，黄章表奏，使心形俱尽，人会神合也。"（24/819b）

按：《大词典》有三个义项：①奏章，奏表。②标记；象征。③犹表彰。在道教中，道士建醮道场，所用祝祷奏章表文，称为章表。古代祭祀有祝版，后世用纸代之。汉制，群臣上书有章、奏、表、驳议之别，后来向皇帝上陈的文书称为章奏。道教形成后，仿效之，用来上陈天庭的文书称为章表，也称"上表"。

"章表"也作为道经分类法，此部主要收录斋醮、祈祷、请愿时向天帝、神灵献上的表文或章奏。《灵宝无量度人上经大法》："太上览章表，太一承太上意，署太清玉陛下作依字了。"（3/847a）《道法会元》："真人或执章表，或执圭，奏毕，见仙官使者出。"（30/503a）明朱权《天皇至道太清玉册》："法官、道士进上章表，惟天枢院申状玄都，黄刺章表头上醮意，不得差错一字，违者醮为虚设，章表不达，上醮官关奏名，各徒五年。"（36/389b）《大词典》失收道教文化义，当补。

【六家】

《道门经法相承次序》："六家：一甲寅，木神主骸骨；二甲辰，风神主气息；三

甲午,火神主温煖;四甲申,金神主牙齿;五甲戌,土神主肌肉;六甲子,水神主血液。"(24/799a)

按:六家,《大词典》有三个义项:①指先秦至汉初学术思想的主要派别:阴阳家、儒家、墨家、名家、法家、道德家。②指史书之六种体裁:《尚书》记言体、《春秋》记事体、《左传》编年体、《国语》国别体、《史记》通史纪传体、《汉书》断代纪传体。③指治《孝经》的六位学者:三国吴韦昭、三国魏王肃、三国吴虞翻、三国魏刘劭、隋刘炫、南朝齐陆澄。其实,在道教文献中,"六家"另有所指,上列《道门经法相承次序》中"六家"犹人之六腑,即甲寅木神为毛骨,甲申金神为齿爪,甲戌土神为肌肉,甲辰风神为气息,甲午火神为温煖,甲子水神为润泽。其中木神为肝,火神为心,土神为脾,金神为肺,水神为肾,风神为胆。

道经中此用法颇多,如《上清道宝经》卷三:"六家甲寅木神为毛骨,甲申金神为齿爪,甲戌土神为肌肉,甲辰风神为气息,甲午火神为温煖,甲子水神为润泽。六合共成人一身。木神为肝,火神为心,土神为脾,金神为肺,水神为肾,风神为胆,故有五藏六府、九宫十二室、百八十关机、三百六十骨节、四支五体、三焦六躯以象天地。"(33/716b)唐杜光庭《墉城集仙录》:"元君乘暇谓老君曰:吾观于身皆六家之物权借用耳。何谓六家?甲寅木神为骨,甲申金神为齿爪,甲戌土神为肌肉,甲辰风神为气息,甲午火神为温煖,甲子水神为润泽。又木神为肝,火神为心,土神为脾,金神为肺,水神为肾,风神为胆,六家共成人身。"(18/165c)《大词典》失收道教文化义项,当补。

【九宫】

《道门经法相承次序》:"唐天皇问曰:'额上发际九宫,并是何宫?'尊师答曰:'谨按《登真隐诀经》,其发际以后九宫,一名双田宫,一名明堂宫,一名洞房宫,一名丹田宫,一名流珠宫,一名玉帝宫,一名天庭宫,一名极真宫,一名玄丹宫。谨按《登真隐诀》,其头中两眉间上,都入三分为守寸双田,却入一寸为明堂宫,却入二寸为洞房宫,却入三寸为丹田宫,却入四寸为流珠宫,却入五寸为玉帝宫;明堂上一寸为天庭宫,洞房上一寸为极真宫,丹田上一寸为玄丹宫,流珠宫上一寸为太皇宫。凡一头中九宫也。'"(24/785c)

按:《大词典》有八个义项:①术数家所指的九个方位。②古代算法名。③道家语。三光、三宝、三生的合称。④指唐时的九宫神坛。⑤舞曲名。⑥曲调名。黄钟宫、仙吕宫、正宫、中吕宫、南吕宫、五宫双调、大石调、越调、商调,合称九宫调。通称九宫或南北九宫。⑦九宫格的简称。⑧中国象棋术语。指棋盘上由斜交叉线构成的"米"字形方格。是"将""帅"和"士"活动的地区。尽管已罗列上述义项,但仍未穷尽。

上列"九宫"指头部九宫,即明堂宫、洞房宫、丹田宫、流珠宫、玉帝宫、天庭宫、极真宫、玄丹宫、太皇宫。又如《上清太上开天龙蹻经》:"脑九宫者,第一太皇宫,太上君后居之;第二玉帝宫,玉清神君居之;第三天庭宫,上清神君居之;第四极真宫,太极神君居之;第五玄丹宫,真君居之;第六流珠宫,神仙居之;第七丹田宫,上元赤子真人帝君之卿天帝君居之;第八洞房宫,左有无英公子,右有白元君,中为黄老三魂居之;第九明堂宫,左有明童真官,右有明女真官,中有明镜真官居之。"(33/745b)北宋张君房《云笈七签》:"方圆一寸处此中,房有一寸,故脑有九宫。"(22/69b)又同经:"九室谓头中九宫之室及人之九窍。使上宫荣华,九窍真正,则众神之所止舍也。"(22/80a)

"九宫"又为内炼名词,犹九窍,《灵宝无量度人上品妙经》曰:"人之九宫,北道玄,东北吐魂,东婴儿,东南鬼都,南火山,西南虎身,西熊女,西北干父,中福堂。"(1/37c)"九宫"还可指与身上心、肾、肝、肺、脾、胆、小肠、大肠、膀胱所对应之九宫,元陈致虚《上阳子金丹大要》:"身中九宫真人:心为绛霄宫真人,肾为丹元宫真人,肝为兰台宫真人,肺为尚书宫真人,脾为黄庭宫真人,胆为天霝宫真人,小肠为玄灵宫真人,大肠为木灵宫真人,膀胱为玉房宫真人。"(24/15a)

道教文献中,"九宫"用法灵活多变,《大词典》可据以补充相关义项。

三、纠释义

"释义是词典编纂中一项至为重要的工作,一部词典的质量高低虽然与收词、注音、书证、释文语言等多方面有关,但释义的准确与否尤属关键。从某种意义上说,释义是词典的精华所在,词典的生命力最主要就靠释义的科学性来维系,所以词典编纂者往往把最多的精力都投放在释义上。"① 在道经词语收录方面,《大词典》存在一个明显缺陷,即其中不少词条只注明佛教语,却未注意到这些词亦见于道教文献,且不乏其例,导致释义不够完善。

"佛教传入中国后,在发展中与道教交融渗透;语言是文化的载体,这种异质文化间的影响也必然反映到语言上来。"② 中古以来,佛道二教相互抗衡,又彼此融合,道教在其发展过程中,吸收借鉴了许多佛教词语,尤以中古灵宝经最为典型。《大词典》在释义时仅言及佛经,释义过于偏狭,这是一个值得关注的问题,在《大词典》修订时应特别重视。

---

① 王光汉:《词典与规范》,上海辞书出版社2013年版,第197页。
② 夏光忠:《六朝道典用语佛源考求举例》,《西南民族大学学报(人文社科版)》2008年第11期。

【三涂】

《道门经法相承次序》:"何名三涂?涂者,役也。一者地狱道,二饿鬼道,三畜生道。兼五苦,即名八难。"(24/784c-785a)

按:《大词典》"三涂"条释云:"同'三途',佛教语。"三途,指火途(地狱道)、血途(畜生道)、刀途(饿鬼道),晋郗超《奉法要》:"十恶毕犯,则入地狱。抵捍强梁,不受忠谏,及毒心内盛,狗私欺绐,则或堕畜生;或生蛇虺。悭贪专利,常苦不足,则或堕饿鬼……此谓三涂,亦谓三恶道。"道教文献亦从佛经借入"三涂"一词,如《太上洞玄灵宝三元玉京玄都大献经》:"三涂者,即是地狱道、畜生、饿鬼道。五苦者,抱铜柱,履刀山,循剑树,入镬汤,吞火食炭。并三涂地狱,是名八难。"(6/269a)《太上洞玄灵宝灭度五炼生尸妙经》:"南方飞天神人曰:开度南方九幽地狱三涂五苦,转还福堂,安镇死者形体故宅,令得安宁,土府营卫,奉给送迎。"(6/264c)《大词典》仅云"佛教语",范围过窄,当予完善。

【五浊】

《道门经法相承次序》:"五浊:一见浊,邪见;二劫浊,日月短促;三众生浊,精神不明;四烦恼浊,嗔恚斗诤;五命浊,短寿。"(24/798b)

按:《大词典》"五浊"条云:"参见'五浊恶世'。"五浊恶世,佛教谓尘世中烦恼痛苦炽盛,充满五种浑浊不净,即劫浊、见浊、烦恼浊、众生浊和命浊。南朝宋谢灵运《庐山慧远法师诔》:"令声续振,五浊暂隆。"唐独孤及《佛顶尊胜陀罗尼幢赞》:"茫茫五浊,客尘覆之。"

道经亦借用"五浊"一词,例如隋唐《道典论》:"今释,一者命浊,二者见浊,三者恼浊,四者生浊,五者时浊也。"(24/848b)唐孟安排《道教义枢》卷九《五浊义第三十三》:"释曰:一、烦恼浊者,谓是通欲,恼累行人,故名为恼。二、见浊者,谓是别欲,分别取著,故名为见。三、命浊者,语其短促,色心连持,故名为命。四、生死浊者,谓是众生,生处非一,故名众生,生必灭坏。五、时运浊者,明末世浇漓,三灾所起,劫命使然,故名时运。"(24/833c)《大词典》修订时可参考补充加以完善。

【六根】

《道门经法相承次序》卷上:"何为名六根?一耳根,二眼根,三鼻根,四舌根,五心根,六身根。根者,外未有对,内未有应,宜谓之根。"(24/784b)

按:六根,佛教语,谓眼、耳、鼻、舌、身、意。"根"为能生之意,眼为视根,耳为听根,鼻为嗅根,舌为味根,身为触根,意为念虑之根。《百喻经·小儿得大龟喻》:"凡夫之人亦复如是。欲守护六根,修诸功德,不解方便,而问人言:作何因缘而得解脱?"

道经故训屡见使用，如《太上洞玄灵宝业报因缘经》："道君曰：六根者，一曰眼根，二曰耳根，三曰鼻根，四曰舌根，五曰身根，六曰意根。所以谓之六根。六根者，能生诸业故也。犹如草木，生诸华叶，子实展转相生，故有六情六欲，六染六入，六贼六尘，六识等也。"（6/127a）唐孟安排《道教义枢》："又六根义者，根以能生为义，谓能生于识。六根之中，五根是色，一根是心。五根能生五识，故名为根，五识则为心根，能生想志于心，故名根也。徐法师云：六根之法，并因五常、四大所成。若尔，彼师所有方寸为心根。又以五藏为内根。故《西升经》云：形神合同，更相生成也。"（24/824b）元王玠《太上升玄说消灾护命妙经注》："六根者，眼、耳、鼻、舌、身、意也。"（2/590c）

《大词典》释义仅涉佛教，道教受佛教影响亦有"六根"之说，当据补。

【七宝】

《上清道宝经》卷二："数千亿万岁，水生厚沫，化为七宝：一黄金，二白银，三琉璃，四水精，五珊瑚，六好玉，七砗磲。"（33/710b）

按：《大词典》释曰："佛教语，七种珍宝，佛经中说法不一，如：《法华经》以金、银、琉璃、砗磲、玛瑙、真珠、玫瑰为七宝；《无量寿经》以金、银、琉璃、珊瑚、琥珀、砗磲、玛瑙为七宝；《大阿弥陀经》以黄金、白银、水晶、琉璃、珊瑚、琥珀、砗磲为七宝；《恒水经》以白银、黄金、珊瑚、白珠、砗磲、明月珠、摩尼珠为七宝。"

道经中亦见"七宝"，具体所指略有差异，如《太上老君内日用妙经》："精是水银，血是黄金，炁是美玉，髓是水晶，脑是灵砂，肾是砗磲，心是珊瑚，此是七宝，归身不散，炼就大药，万神尽登仙矣！"（11/400b）明周玄贞《皇经集注》："白真人云：七宝者，碧上、瑶阶、琉璃宫、虬文壁、白玉城、丹阙、金色彻照光，乃号七宝。一云玻璨、水晶、珍珠、玛瑙、珊瑚、琥珀、砗磲。"（34/639c）"七宝"在道经中的用法，《大词典》修订时可参。

【三会】

《道门经法相承次序》："三会：正月七日、七月七日、十月五日。"（24/797c）

按：《大词典》释云："指弥勒佛的三次说法大会。佛教称兜率天弥勒降生翅头末城，学道成佛，在华林园龙华树下开三次法会。初会说法，九十六亿人得阿罗汉；第二大会说法，九十四亿人得阿罗汉；第三大会说法，九十二亿人得阿罗汉。"

在道教中，"三会"为三元斋会之简称。正月七日称"举迁赏会斋"，七月七日称"庆生中会斋"，十月五日称"建生大会斋"，又称"三会斋"。《灵宝无量度人上经大法》："正月七日举迁上会，七月七日庆生中会，十月五日建生大会。玄师曰：此三会与三元十五日，皆是普度考校之辰。"（3/617c）唐朱君绪《要修科仪戒律钞》："《太真科》云:三会大庆,奏表言科戒,不避疾风猛雨,日月昏晦,天地禁闭。当其日,天帝大会。"(6/976b)北宋张君房《云笈七签》:"三会日:正月七日举迁赏会斋、七月七日庆生中会斋、十月五日建生大会斋,三会日,三官考核功过,宜受符箓,斋戒呈章,以祈景福。"(22/262c)《大词典》释义忽略了道经中的用法,当补。

【斋月】

《道教义枢》:"其六斋月者,正月、三月、五月、七月、九月、十一月。又有三长斋月,即正月、七月、十月。"(24/818c)

按:斋月,即道教一年之中举行仪式的月份。"六斋月"即正月、三月、五月、七月、九月、十一月。另有"三长斋月",即正月、七月、十月。

道经用例多见,如《道门经法相承次序》卷下:六斋月为正月、三月、五月、七月、九月、十一月。(24/799c)北宋张君房《云笈七签》:"《明真科》云:正月、三月、五月、七月、九月、十一月,一岁六斋月,能修斋上三天帝,令太一使者除人十苦。"(22/260b)《太极真人敷灵宝斋戒威仪诸经要诀》:"灵宝经有大法,正月、三月、五月、七月、九月、十一月,是岁六斋月。一日、八日、十四日、十五日、十八日、二十三日、二十四日、二十八日、二十九日、三十日,名为月十斋。"(9/867a)《上清太上开天龙蹻经》:"三清九气,上下通神,傍贯璇玑,四运明朗。三洞天历,岁为三元,六位阳辰,为六斋月。八景通运,八节修门,十直朝尊,奉修十善。"(33/736b)

《大词典》"斋月"条释曰:"佛教语。亦称善月。指农历正、五、九三个月。佛经谓此三月,世人宜持长斋,慎言行,特修善业。"所列书证为唐薛能《凌云寺》诗、宋陆游《老学庵笔记》。从道经文献用例来看,道教中亦有"斋月"之说,《大词典》当据道典材料补充完善释义。

四、添例证

例证是词典编纂的灵魂,恰当的例证不仅可以展现出词义发展的历史,还可帮助理解释义。"不论释古代词语还是现代词语,乃至古今通用词语,最好都能有书为证,做到无征不信。"[①]"引用恰当的例句可以帮助读者理解词义和用法,同时也便于对释义加以验证和复核,所以引例也是编词典不容忽略的重要环节。"[②]《大词典》在书证上的主要问题是年代滞后,部分词目只有孤证甚至无例证。

---

① 王锳:《〈汉语大词典〉商补续编·前言》,贵州大学出版社2016年版,第6页。
② 白维国主编:《近代汉语词典·序言》,上海教育出版社2015年版,第5页。

【硇砂】

《大词典》释云:"矿物名。通常见于近代火山活动区,由火山喷出的氯化铵气体凝华而成。在工农业及医药上都有广泛的用途。也称卤砂。"下引明李时珍《本草纲目·金石五·硇砂》:"硇砂性毒,服之使人硇乱,故曰硇砂。"仅此孤证,且年代滞后。

其实该词在唐代道书中已见用例,唐梅彪《石药尔雅》:"砈砂:一名金贼,一名赤砂,一名狃砂,一名浓砂,一名白海精,一名狃砂黄,一名黄砂,一名赤狃砂。"(19/62b)唐《黄帝九鼎神丹经诀》:"故俗间炼铅令色白法,以好酒任多少,纳白硇砂于酒中,缓使硇砂镕尽,以此硇砂酒拌粪汁,如稀粥状。"(18/833b)宋孟要甫《诸家神品丹法》:"伏火硇砂法:硇砂一两,牡蛎、螵蛸、蚌蛤各半两,如无一味,伏矾代之。"(19/240a)上例中"砈砂"即"硇砂","硇""砈"为异体字。

【月信】

《大词典》释云:"月经。按月而至,如潮有信,故称。"书证举明汤显祖《南柯记》及《醒世姻缘传》,年代过晚。据道经材料,可提前书证年代。例如,唐范翛然《至言总》:"行斋之人,特忌斩衰孝子、新产妇人、月信未断及害疮疥诸废疾等,并不得升斋堂庭坛驱使。"(22/851c)宋佚名《急救仙方》:"治产后心膈迷闷,腹藏撮痛,气急,月信不通。"(26/611a)

【坩埚】

亦作"坩锅"。熔化金属或其他物质的器皿,一般用黏土、石墨等耐火材料制成。《大词典》始见例举明宋应星《天工开物·五金》:"高炉火中,坩锅足炼。撒硝少许,而铜、铅尽滞锅底。"书证过晚。据道经用例,此词盖见于唐代,阴长生《阴真君金石五相类》:"总待兼容受出之,入磁盆中,细研成一段紫粉。又入坩埚中,密固济烧百日,用火不下一斤。"(19/99b)《太上卫灵神化九转丹砂法》:"将于灰池中,养之七日,入坩埚消,不折分毫,任上鐼锤也。"(19/29a)

【阳起石】

《大词典》释云:"矿石名。角闪石的一种。柱状或纤维状结晶,绿色、灰绿色或白色,有光泽。亦称羊起石。味咸,微温,无毒。可入药,中医用作强壮剂和收敛剂。"首引书证为唐段成式《酉阳杂俎·玉格》:"药草异号:五精金—阳起石。"例证嫌晚。

据道经材料,该词南北朝已见,南北朝《太微灵书紫文琅玕华丹神真上经》:"先纳戎盐,舒箸釜底,次纳硝石,次纳云母,次纳阳起石,次纳金牙石,次纳胡粉,次纳空青,次纳石硫黄,次纳白石英,次纳石黛,次纳紫石英,次纳雌黄,次纳雄黄,次纳丹砂。丹砂独在上。"(4/555c)

【白青】

《大词典》释云:"即石青。一种矿石颜料。"下引明李时珍《本草纲目·石二·白青》:"此即石青之属,色深者为石青,淡者为碧青也,今绘彩家亦用。"孤证,且例证过晚,该词明前已见。道经用例如唐梅彪《石药尔雅》:"白青:一名鱼目青。"(19/62b)唐独孤滔《丹方鉴源·诸青篇第五》:"白青堪为剑;大青造绿玉用;石青化铜。"(19/299c)宋孟要甫《诸家神品丹法》:"取丹砂水、白青水各一分,雄黄水二分,于鏵中加微火上令沸。"(19/217b)

【三洞】

《大词典》释云:"道教经典分洞真、洞玄、洞神三部,合称'三洞'。言通玄达妙,其统有三,故云'三洞'"。下引南朝梁简文帝《吴郡石像铭》:"又有受持黄老,好尚神仙,职在三洞,身带八景,更竭丹款,复共奉迎。"孤证,可补。

道经用例,如唐张万福《三洞众戒文·序》:"万福伏按,三洞诸经,说戒多矣,难以具详。学道求真,莫不先持斋戒。"北宋张君房《云笈七签》:"《道门大论》云:三洞者,洞言通也。通玄达妙,其统有三,故云三洞。第一《洞真》,第二《洞玄》,第三《洞神》。"(22/31c)

【天尊】

《大词典》释云:"道教对所奉天神中最高贵者的尊称。如元始天尊、玉皇天尊等。"该义项无书证,可据道经故训材料补充用例。

例如唐潘师正《道门经法相承次序》:"虽近遵一切,道为独尊,常处三清,出诸天上,八方五亿,诸天所尊,故称天尊。"(24/787a)又:"按诸经所明,天尊有法身、本身、道身、真身、迹身、应身、分身、化身。"(24/790b)晚唐杜光庭《金箓斋忏方仪》:"归命南方无极太上灵宝天尊,三气天君,南乡神仙诸灵官。"(9/84b)南宋宁全真《灵宝领教济度金书》:"真人自赤天中上朝元始,见元始天尊坐于五色狮子之座,遂密祝降真变坛之意。"(8/486a)《金箓祈祷晚朝仪》:"愿此香烟腾空,径上供养至真无上道宝大罗元始天尊、昊天至尊玉皇上帝、无上大罗至真众圣。"(9/97c)

【姜】

《大词典》释云:"多年生草本植物。根茎肥大,呈不规则块状,灰白色或黄色,有辛辣味,是常用的调味品,亦供药用。"此条无例证。

据道经材料可补,东晋葛洪《葛仙翁肘后备急方》:"生姜三两,捣取汁,干姜屑三两,杏人一升,去皮熬,合捣为丸,服三丸,日五六服。"(33/43b)南北朝《上清道宝经》:"姜生太阳,与椒同乡。含气荧惑,窈窕山间。背阴向阳,闭塞鬼门。子能长服,寿若乾坤。"(33/727c)宋寇宗奭《图经衍义本草》:"生姜,归五脏,去痰下气,止呕吐,

除风邪寒热。"(17/396b)

　　《汉语大词典》编纂过程中对宗教文献利用不多,对道教文献的利用更是少之又少,《汉语大词典》修订工作目前正在进行之中,希望能对道教文献,特别是道经故训材料予以足够重视,以弥补先前不足,有效提高编纂质量。

Taoist Scriptures Exegesis Materials and the Revision of *The Great Chinese Dictionary*

Liu Zuguo

Abstract: The *Daozang* (Taoist Canon) contains a wealth of exegesis materials with significant linguistic research value, which have been largely overlooked in academic studies to date. In the field of dictionary compilation, Taoist scriptures exegesis materials have not been fully explored or utilized. During the compilation of *The Great Chinese Dictionary*, Taoist texts were scarcely incorporated, and the exegesis materials related to Taoist scriptures were entirely ignored. However, these materials are highly credible and should be considered crucial reference resources when interpreting specialized Taoist terminology. This paper examines the value of Taoist scriptures exegesis materials in the revision of *The Great Chinese Dictionary* from four perspectives: supplementing vocabulary, adding meaning entries, correcting definitions, and providing additional examples.

Keywords: Taoist scriptures; exegesis; *The Great Chinese Dictionary*; revision

《现代汉语词源词典》编纂中的词源意识*

曾昭聪**

摘要：《现代汉语词源词典》的编纂强调体现词源意识：一是词源词典宜体现内部词源或外部词源，二是词源词典宜兼顾构词与造词，三是词源词典宜体现"历时"。

关键词：《现代汉语词源词典》 词源 内部词源与外部词源 构词与造词 历时

《现代汉语词源词典》是国家社科基金重大项目"汉语词源学理论建设与应用研究"（项目编号：17ZDA298）的终期成果之一，该词典以《现代汉语词典》中的复音词为主要研究对象（虚词则单复均收），即词目、注音、释义出自《现代汉语词典》（选取部分词目，略有增加；释义多有精减），单音词不单独列为词目，有必要时在复合词中以词素方式阐释。《现代汉语词源词典》对每一个实词均揭示其结构、词源（理据）、最早书证、凝固成词的时代、词义演变轨迹等，以揭示该词在现代汉语中的结构与意义来源，其中的重点工作是阐明词源（理据）。

作为词源词典，《现代汉语词源词典》当然要强调词源意识，但此前的工作对此重视不够，留下了令人遗憾的教训。2001年《现代汉语词源词典》开始着手编写，由中国社会科学院江蓝生、白维国先生牵头，得到美国学者梅维恒（Victor H. Mair）先生等赞助。但是，前后费时十余年编出来的词典"初稿"并不理想，与《汉语大词典》体例区别不大，"初稿"作废。其后，由王锳先生组织"重编"工作，但工作刚刚展开，王先生不幸于2015年9月辞世，白先生旋亦往生，此事遂搁置。① 我们所进行的是"再

---

* 本文系国家社科基金项目"汉语历史词汇学视角下的词源学理论创新研究"（24BYY021）的阶段性成果。
** 曾昭聪，1969年生，文学博士，暨南大学中文系教授，博士生导师，主要研究方向为训诂学、词源学等。
① 关于《现代汉语词源词典》的初稿、重编、再重编的过程，详参本人《现代汉语词源词典编纂的理论与实践》，载高林广、陆有富主编：《语言文学》第一辑，凤凰出版社2022年版。

重编"工作,强调词源词典编纂工作中要有充分的词源意识,词源词典除了要从音义来源角度解决现代汉语应用中"百姓日称而不知其所以之意"(刘熙《释名序》)的问题,也要从汉语历史词汇学角度解决词的产生和词义演变等相关问题。

我们在编纂和修订《现代汉语词源词典》的过程中,强调体现词源意识。编纂工作虽已基本结束,但关于这个问题的思考一直在进行。《现代汉语词源词典》编纂中的词源意识主要表现在三个方面,下面分类举例论述。

一、词源词典宜体现内部词源或外部词源

所谓内部词源,又称词的内部形式、词的词源结构、词内理据、内部理据。张永言先生说:"所谓词的内部形式又称词的词源结构或词的理据,它指的是被用作命名依据的事物的特征在词里的表现形式,也就是以某种语音表示某种意义的理由或根据。"①蒋绍愚先生说:"'追溯语源'还包括探求词的'内部形式'。词的内部形式,就是用作命名根据的事物的特征在词里的表现,又叫词的理据。简单地说,探求词的'内部形式',就是要探求词的'得名之由'。"②简单来说,内部词源是指:从音义结合的角度(即"以某种语音表示某种意义的理由或根据")分析出来的词的源头。所谓外部词源,即从事物的形状、颜色、声音等外部特征以及社会文化角度对复音词的词源进行探源,不牵涉到词素的音义关系而只是从构词角度分析出来的复音词的源头。当然,在具体个案分析中,复音词词源分析往往需要内外兼顾。

内部词源的探讨,就是从音义来源角度进行讨论。例如:③

【椅子】yǐ·zi 后附加。有靠背的坐具。原只作"椅"。"椅"本为木名,《说文·木部》:"椅,梓也。"这种坐具因有靠背可倚,"倚"为其词源,由此音义出发而新造汉字"椅"(与原表木名的"椅"字形偶合)。《新五代史·晋臣传·景延广》:"延广所进器服鞍马,茶床椅榻,皆裹金银,饰以龙凤。"此后不久即加后缀成为双音词。南唐尉迟偓《中朝故事》:"崇文曰:'君非久再卑位也。'指己座下椅子谓之曰:'此椅子犹不足与君坐。'"《正字通·木部》:"坐具后有倚者,今俗呼椅子。"

按,"椅"(椅子)的音义来源于"倚"。

---

① 张永言:《关于"词的内部形式"》,载《语文学论集(增补本)》,语文出版社1999年版,第164页。
② 蒋绍愚:《古汉语词汇纲要》,商务印书馆2005年版,第259页。
③ 本文所有例证出自《现代汉语词源词典》,其中大部分是笔者所撰,少数词条是课题组成员所撰并经笔者作了较大修改。

【浑蛋】húndàn 联绵词。指不明事理的人(骂人的话)。清刘鹗《老残游记》一五回:"县官骂了一声'浑蛋',说:'带到衙门里办去罢!'"也作"混蛋"。清无垢道人《八仙得道》八九回:"洞宾笑道:'……也有这等混蛋,自己性命都不得保全,还要替这淫凶的老婆治病咧。'"章炳麟《新方言·释言》:"《左传》'浑敦',杜解谓不开通之貌。《庄子·应帝王篇》:'中央之帝为浑沌,无七窍',亦此义也。今音转谓人不开通者为昏蛋。"按《左传·文公十八年》:"昔帝鸿氏有不才子,掩义隐贼,好行凶德,丑类恶物。顽嚚不友,是与比周,天下之民谓之浑敦。"晋杜预注:"浑敦,不开通之貌。"章炳麟观点即"昏蛋"(现代汉语写作"浑蛋/混蛋")是"浑敦/浑沌"的同源词,所谓"不开通"即浑然一体,于人而言就是糊涂。按,现代汉语中的"浑蛋/混蛋"是"昏蛋"的音转异形词,词源是"浑敦/浑沌"。

外部词源是以内部词源为基础的词源,包括从词素义、词所反映事物的外部特征和社会历史文化等角度探讨的词源。

【花押】huāyā 偏正。旧时文书契约上的草书签名或代替签名的手印、特种符号。"花"有"繁复、模糊不清"之义,契约签名为草书,或以符号代替,一般笔势复杂(非规范正楷)或难以辨认,因名"花"。"押"则为签署之义。《玉篇·手部》:"押,署也。"《字汇·手部》:"押,签署文字也。"唐唐彦谦《宿田家》:"公文捧花押,鹰隼驾声势。"明郎瑛《七修类稿》卷二五"押字":"古人花押所以代名,故以名字而花之。"明凌濛初《初刻拍案惊奇》卷一:"年月前边,空行中间,将两纸凑着,写了骑缝一行,两边各半乃是'合同议约'四字,下写'客人文实主人玛宝哈',各押了花押。"

【花烛】huāzhú 偏正。"花"可指"有花纹图案、颜色错杂"义,旧式结婚新房里点的蜡烛,上面多用龙凤图案等做装饰,故名。南朝梁萧纲《咏人弃妾》诗:"昔时娇玉步,含羞花烛边。"清陈少海《红楼复梦》七二回:"将赖氏带上问道:'你同黄其祖可是从小儿花烛夫妻,还是再嫁的?'"花烛夫妻指原配正式夫妻。

按,上二例分别从词素义角度对复音词词源进行探讨。"花押"之"花"的词素义是"繁复、模糊不清"义,而"花烛"之"花"的词素义是"有花纹图案、颜色错杂"义。

从词所反映事物的外部特征和社会历史文化等角度探源,例如(节约篇幅,书证从略):

【海肠子】hǎicháng·zi 后附加。又叫海肠,即单环刺螠,是一种身体长圆呈筒形的软体动物,浑身无毛刺,浅黄色,与肠外形相似,故名。

【黑鲩】hēihuàn 偏正。"鲩"是鱼名。明李时珍《本草纲目·鳞三》"鲩鱼":"鲩,郭璞作鯶。其性舒缓,故曰鲩,曰鰀。俗名草鱼,因其食草也。"鲩俗名草鱼,"黑鲩"是青鱼,形如草鱼,但较细而圆,青黑色,腹部银白色。因其背部青黑色,故名。

【耗子】hào·zi 后附加。老鼠。"老鼠"之所以称"耗子",与古代收藏粮食的所谓"雀鼠耗"有关,《新五代史·汉臣传·王章》:"往时民租一石输二升为'雀鼠耗'。"指正税外加征之粮。鼠耗大于雀耗,故有时只称"鼠耗"而略去"雀"字。

以上三例,分别是从形状、颜色和性情、文化背景角度探源。

复音词的词源探讨,往往需要"内""外"兼顾。例如:

【杨桃】yángtáo 偏正。也作"阳桃、羊桃"。又叫五敛子。酢浆草科阳桃属植物,也指这种植物的果实。晋嵇含《南方草木状》卷下:"五敛子,大如木瓜,黄色,皮肉脆软,味极酸,上有五棱,如刻出,南人呼棱为敛,故以为名。以蜜渍之,甘酢而美,出南海。""五敛子"之"敛"是"棱"的音转(该水果有五棱,横截面呈五星形)。宋范成大《桂海虞衡志·志果》:"五棱子,形甚诡异,瓣五出,如田家碌碡状。味酸,久嚼微甘。闽中谓之羊桃。"明李时珍《本草纲目·果三》"五敛子":"五敛子出岭南及闽中,闽人呼为阳桃。其大如拳,其包青黄润绿,形甚诡异。""杨桃"以五棱为多,偶有三棱的,而三棱的箭镞名叫羊头。《方言》卷九:"凡箭镞胡合嬴者,四镰或曰拘肠;三镰者谓之羊头。"居延汉简《永元兵器簿》:"陷坚羊头铜鍭箭卅八枚。"该水果一头略小,有棱,与箭镞"羊头"相似,因而得名,音转为"杨桃、阳桃、羊桃"。

按,上例从"敛""棱"的语音关系出发探讨"五敛子"得名之由,属于内部词源的探讨;该水果有五棱,故名称中有词素"五",属于外部词源的探讨。从语音关系将箭镞名"羊头"与水果名"杨桃、阳桃、羊桃"相联系,也属于内部词源的探讨;箭镞"羊头"与水果"杨桃、阳桃、羊桃"存在外形相似性特点,则属于外部词源的探讨。

【伙伴】huǒbàn 偏正。共同参加某种组织或从事某种活动的人。原作"火伴"。《乐府诗集》卷二五《横吹曲辞·木兰诗一》:"出门看火伴,火伴皆惊忙。"此词源于古代兵制,谓同灶共炊之人。"火"为古代兵制单位。《宋书·卜天与传》:"弟天生,少为队将,十人同火。"《新唐书·兵志》:"十人为火,火有长,火备六驮马。"引申为今义并多作"伙伴"。宋周密《癸辛杂识·续集上》"没遮拦穆横":"出没大行,茫无畔岸,虽没遮拦,难离伙伴。"明凌濛初《初刻拍案惊奇》卷一三:"却又极好樗蒲,搭着一班儿伙伴,多是高手的赌贼。"除"伙伴"外,"伙子、伙伕、伙房、同伙、合伙"等词中的"伙"词源均为原为军制的"火"。清沈涛《交翠轩笔记》卷四:"后来江湖经商,同伴者亦谓之同火,取同行共炊之意。"

按,"伙"是"火"用来指"同火而食"之人或"同火而食"之食的后起加旁字,"伙"与"火"具有音义上的联系,从"火"探讨"伙伴"的词源属于内部词源的探讨;同时兼从社会历史文化背景分析,又属于外部词源的探讨。

词源探讨除了注意将内部词源与外部词源相结合,有时还需要考虑其他因素。例如:

【蝗虫】huángchóng 偏正。昆虫,口器坚硬,前翅狭窄而坚韧,后翅宽大而柔软,后肢很发达,善于跳跃,多数善于飞行。李海霞《汉语动物命名考释》认为"蝗"的语源是"黄",以其身体多为黄绿色或黄褐色,故称。按,"皇"有大义,《说文·王部》:"皇,大也。"蝗虫体大,且繁衍极快,常成群飞翔,形成大区域的蝗灾,故名。《礼记·月令》:"(孟夏之月)行春令,则蝗虫为灾。"蝗虫之方言异名"蚂蚱(mà·zha)"亦得名于"蚂"之声符"马","马"有"大"之语源义,如"马凳、马蜂"等,故"蝗、蚂"均得名于"大"。

按,李海霞从"蝗"与"黄"的语音关系即内部词源着手,再从事物颜色即外部词源角度讨论,以为"蝗虫"得名于"黄色"。① 然黄色的虫子很多,何以此虫独以"黄"命名? 我们从内部词源即音义角度将"蝗"与"皇"相联系,且辅以"蝗虫"之方言异名"蚂蚱"之"蚂"与"马"的音义关系,得出不一样的结论。②

二、词源词典宜兼顾构词与造词

从共时角度寻求词的内部构成规律是构词分析,从历时角度分析词的形成过程是造词分析。构词分析多借用语法关系来体现共时角度的词素(汉字)之间的关系,造词分析则需要对历时语料进行分析。例如:

【孩子】hái·zi 后附加。指儿童或子女。"孩"本指小儿笑,《说文·口部》:"咳,小儿笑也。孩,古文咳从子。"引申指幼小。"孩子"本指幼小之子,为偏正结构。《墨子·明鬼下》:"播弃黎老,贼诛孩子。"后"孩"亦引申为幼儿之义,"孩子"遂成并列结构。《诗谱序》唐孔颖达疏:"以大庭为首者,原夫乐之所起,发于人之性情,性情之生,斯乃自然而有,故婴儿孩子则怀嬉戏忭跃之心,玄鹤苍

---

① 李海霞:《汉语动物命名考释》,巴蜀书社2005年版,第541—542页。
② 《汉语大词典》"蚂蚱"条:"蝗虫的俗称。亦指蚱蜢。"《汉语方言大词典》"蚂蚱"条:"❶〈名〉蝗虫。㊀东北官话。㊁北京官话。㊂冀鲁官话。㊃胶辽官话。㊄中原官话。㊅晋语。㊆兰银官话。㊇江淮官话。㊈西南官话。❷〈名〉蚱蜢。西南官话。❸〈名〉蝈蝈儿。㊀中原官话。㊁晋语。❹〈名〉比喻小牲口或小孩子。中原官话。"又"蚂蚱蚱"条:"❶〈名〉蝗虫。㊀中原官话。㊁晋语。❷〈名〉蚱蜢。中原官话。❸〈名〉油葫芦。晋语。"

鸾亦合歌舞节奏之应。"近代汉语后期"子"虚化,成为后附加结构。

按,"孩子"一词从现代汉语词汇视角来看其结构是后附加,但从历时角度来看,则经历了从偏正到并列再到后附加的变化。

【蝉联】chánlián 联绵词。或作"蝉连、婵连"。接连,连续。《楚辞·九叹·逢纷》:"云余肇祖于高阳兮,惟楚怀之婵连。"汉王逸注:"言屈原与怀王俱颛顼之孙,有婵连之族亲。"宋洪兴祖补注:"婵连,犹牵连也。"南朝宋刘义庆《世说新语·识鉴》:"父问恭:'何故多日?'对曰:'与阿大语,蝉连不得归。'"《乐府诗集》卷九《郊庙歌辞·登歌乐》:"我祠我祖,永惟厥先。炎农肇圣,灵祉蝉联。"现代汉语中词义缩小,多指连续担任某个职位或保持某种称号。"蝉(婵)联(连)"本为联绵词,但元明时或以音近字"缠"代"蝉(婵)"。《说文·糸部》:"缠,绕也。"《全元散曲·汤舜民〈一枝花·赠教坊妹丽〉》套曲:"烛荧煌香霭霭铺张个夜月芙蓉幄,锦缠联金络索搭苫个春风翡翠巢。"白朴《唐明皇秋夜梧桐雨》三折:"谁收了锦缠联窄面吴绫袜,空感叹这泪斑斓拥项鲛绡帕。"或书作"缠连":明刘嵩《次颜用行留别韵二首》其一:"乡园各奔散,寇盗竟缠连。"

按,"蝉联"一词为联绵词,类"婵娟、婵媛"之构词,元明时或以"缠"代"蝉(婵)","蝉联"就成了并列结构。两种构词分析从该词所处时代来说都不误。从历时角度来看,作为现代汉语规范用法的"蝉联"还是当视作联绵词。

【猬集】wèijí 偏正。多而集中。"猥集"的形误构词。即本作"猥(wěi)集"。"猥"有杂多义。《集韵·贿韵》:"猥,并杂。"《汉书·沟洫志》:"闻禹治河时,本空此地,以为水猥,盛则放溢。"颜师古注:"猥,多也。"故"猥集"为并列结构。又"猥"与"猬"(wèi)是异体关系,受其影响,"猥集"后多书作"猬集",且音随字改,并被解释为像刺猬的硬刺那样聚在一起,形容事情繁多,成为偏正结构。作"猥集"例:《晋书·刘弘传》引刘弘《讨斩张奕上表》:"今张昌奸党初平,昌未枭擒,益梁流人萧条猥集,无赖之徒易相扇动。"南朝梁江淹《萧骠骑让太尉增封第二表》:"臣官逢昌世,运渐时明,频烦紫渥,绸缪睿命,身薄施厚,感厉愈深。遂负机绳之托,猥集衡梁之任,风轨不树,徽猷罕宣。"作"猬集"例:明佚名《莹窗清玩》卷二:"时主师端坐堂上,多士猬集,候点门前。"《红楼梦》七〇回:"因又年近岁逼,诸务猬集不算外,又有林之孝开了一个人名单子来,共有八个二十五岁的单身小厮应该娶妻成房,等里面有该放的丫头们好求指配。"

按,"猥集"本为并列结构,书作"猬集"后音随字改,被理解为偏正结构。

【龌龊】wòchuò ❶联绵词。气量狭小,拘于小节。"龌龊"本指牙齿紧密地挨着。《玉篇·齿部》:"龌,龌龊。"《广韵·觉韵》:"龌龊,齿相近。"《集韵·觉韵》:"齷齪,迫也。一曰小皃。或从足。"可喻指气量狭小、拘于小节。《文选·张衡〈西京赋〉》:"独俭啬以齷齪,忘蟋蟀之谓何?"李注:"《汉书》注曰:齷齪,小节也。"❷偏正。不干净;脏。此义源于佛典。外物肮脏,触之即为不洁。南北朝译经中有"恶触"连言之例,均指内在的、不善的"触欲"或是外在的、不洁的"触尘",已有往污秽义发展的趋势。唐代起佛典中"触""污触"有污秽肮脏义。唐义净《南海寄归内法传》卷一:"凡水分净触,瓶有二枚。净者咸用瓦瓷,触者任兼铜铁。净拟非时饮用,触乃便利所需。"又卷二:"故佛言有二种污触,不应受礼。"可由此喻指人品质恶劣。"齷齪"的污秽肮脏义及喻指人的品质恶劣义,来自佛教的"恶触、污触",因不知语源将字面写成了古汉语中的表示气量狭小的"齷齪",并由此误解为联绵词。宋汪元亮《草地》诗:"齷齪复齷齪,昔闻今始见。一月不梳头,一月不洗面。"

按,"齷齪"义项一是联绵词,义项二从词源角度来说是偏正结构的记音形式。①

三、词源词典宜体现"历时"

词源词典的目的之一是要从汉语历史词汇学角度解决词的产生和词义演变等相关问题,所以宜体现词的历时变化。这包括三个方面的内容。

一是说明词义演变。例如:

【黑车】hēichē 偏正。"黑"有"非法、不正规"之义,"黑车"清末时指搭载客人从事非法活动的人力车。清云江女史《宦海钟》六回:"正在看着,忽然一个车把势跑到面前说:'老爷坐车去逛逛罢。'范星圃问他到那里去逛,那车把势道:'只要老爷赏二两银子,包你有好地方去。'范星圃一想,本来听见京里有种黑车,这大约就是了,好在今天无事,试他一试何妨呢。"后指没有牌照的或非法运营的车辆。又称"野鸡车"(台湾)、"白牌车"(香港)。凤凰网2014-03-05《江德斌:"黑车"是出租车数量管制结出的果》:"全国政协委员、吉利集团董事长李书福力争为'黑车'正名,建议'黑车'合标准应加入出租车运营。"

按,"黑车"一词,《现代汉语词典》只收"没有牌照的或非法运营的车辆"义,《汉语大词典》只收"夜行不点灯的车"义。我们指出"黑车"在清末时指搭载客人从事非法活动的人力车,后由此引申指没有牌照的或非法运营的车辆。为了说清现代汉语

---

① 详参王云路、乐优:《从"触""齷齪"有污秽义谈汉译佛经对中土语言的影响》,《浙江社会科学》2021年第12期。

用法的词源,故本词典增加早期用法与书证。

【流氓】liúmáng 偏正。"流"指流动不居,"氓"(méng)指外地迁来之民。《孟子·滕文公上》:"远方之人,闻君行仁政,愿受一廛而为氓。""流氓"原指因灾害流亡外地的百姓。明王阳明《静心录》六:"至于粮饷之不继,马疋之乏绝,边军之日疲,流氓之愈困,殆有不可胜言者。"后指无业游民,"氓"受方言影响由 méng 音变为 máng。清吴趼人《二十年目睹之怪现状》四九回:"托了人各处一查,总查不着,这才知道他是一个没有领事管束的流氓,也不知他是那一国的,还不知他是外国人不是。"引申指不务正业、为非作歹的人。清孙静庵《栖霞阁野乘》卷下"北方之浑浑":"南方称市井游手曰'流氓',北方称市井游手曰'浑浑'。"王朔《枉然不供》:"我认为你们怀疑他是流氓成性的杀人犯,纯属诬陷,是一起新的冤案。"

按,"流氓"(liúméng)原指因灾害流亡外地的百姓,引申指不务正业、为非作歹的人(liúmáng)。

二是明确词义来源。例如:

【讲座】jiǎngzuò 偏正。❶高僧说法或儒师讲学的座位。南朝梁慧皎《高僧传》卷七:"故年在志学,便登讲座,吐纳问辩,辞清珠玉。"唐慧立本、彦悰笺《大慈恩寺三藏法师传》卷一:"四方僧投之者众,讲座之下常数百人。"❷利用报告会、广播、电视或刊物连载举行的讲学的方式。这是从日语中引进的词义。清吴汝纶《东游丛录·文部所讲》:"教授或敕任或奏任,俸给二种:一本俸,一讲座俸。"

按,"讲座"的两个义项来源完全不同,一是汉语中自主产生的词义,二是从日语中引进的外来词义。①

【马路】mǎlù 偏正。❶供车马行走的宽阔平坦的大路。"马"有"大"之语源义。"马路"古指可供马驰行的大路。《左传·昭公二十年》:"褚师子申遇公于马路之衢,遂从。"后指城市或近郊的供车马行走的宽阔平坦的道路。清葛元煦《沪游杂记》卷一:"租界大街由东至西者统称'马路'。惟英界大马路稍觉宽畅,亦不免泥水垢秽。"清赘翁《洋场杂说》:"东洋车、小车在马路禁随意停走也。"老舍《龙须沟》三幕:"龙须沟的新沟落成,修了马路。"❷泛指公路。十八世纪世界第一次工业革命在英国爆发后,英格兰人约翰·马卡丹设计了一种全新的筑路

---

① "讲座"的后一义视为从日语中引进的词义。参见黄河清:《近现代汉语辞源》,上海辞书出版社 2020 年版,第 779 页。

方法:以碎石铺路,路两边设排水沟。后以发明者的名字将以这种方法修建的道路命名为"马卡丹路",简称"马路"。"马"为音译。

按,"马路"的两个义项,一个源自古汉语,另一个是外来音译词缩略加汉语词素所构成。

【行货】[1]hánghuò 偏正。指加工不精细的器具、服装等商品。"行"可指物品粗劣不精。《周礼·地官·胥师》:"察其诈伪饰行儥慝者而诛罚之。"王引之《经义述闻·周官上》:"古人谓物脆薄曰行。"汉王符《潜夫论·浮侈》:"以完为破,以牢为行。"清汪继培笺:"古者谓物不牢为'行'。"故"行货"可指粗劣之器具或商品。《全元散曲·薛昂夫〈朝天曲〉》:"卞和,抱璞,只合荆山坐。三朝不遇待如何,两跐遭祸。传国争符,伤身行货,谁教献与他?切磋,琢磨,何似偷敲破?"此用为反语。清平步青《霞外捃屑·释谚·行货》:"越俗以货之次者为行货;其上者曰门货。"

【行货】[2]hánghuò 偏正。指通过正常途径进出口和销售的货物,主要用来指经过合法的报关手续等正规渠道进入中国内地市场的境外商品。这一用法是与"水货"相对而言的。"行货"原为"旱货",与"水货"相对应。"水货、旱货"原本指通过水路和陆路运送的货物。清四库全书本《皇朝通典》卷八:"凡水旱货物,别口止报船料者至此按物征收,已报细税者无征,本口发卖者征落地税。"大陆尚未完全开放时香港作为通商口岸,正规商品由陆路进入,是为"旱货";走私商品从水上进入,是为"水货"。由于方言音转,"旱货"演变为"行货"。《人民日报》(海外版)2003-12-25:"笔者接连采访了桂林置业广场内的几家手机店,售货员都直接问要'水货'还是要'行货'。其中一家店的女售货员极力推荐流行的彩屏'三星'A388 手机:'水货'1480 元,比'行货'便宜 1000 元。"

按,"行货[1]"与"行货[2]",《现代汉语词典》处理为两个义项,有所不妥,因为在来源上,一个"行"是古汉语"物品粗劣不精"义,另一个是"旱"的音转记音字,是完全不同的,"行货[1]"与"行货[2]"在词义上没有相关性。

三是需注意区分"语源书证"与"定型书证"。"语源书证"指文献用例中已出现相关用法但尚未成词,后来在此基础上才成词的书证为定型书证。例如:

【哀思】āisī 偏正。悲哀思念的感情。其语源书证最早见于《礼记·乐记》:"亡国之音哀以思。"汉代时凝固为词。《史记·万石张叔列传》:"长子郎中令建,哭泣哀思,扶杖乃能行。"

【花甲】huājiǎ 偏正。指六十甲子,亦指人六十岁(用干支纪年,错综搭配,周而复始)。因六十年又从"甲"开始,错综相配,故名。"花"是"错杂"之义。

唐赵牧《对酒》:"手挼六十花甲子,循环落落如弄珠。"此为语源书证("花甲子"),正式用例在宋代。宋刘辰翁《沁园春·和槐城自寿》:"六十一翁,垂银带鱼,插四角轮。把百个今朝,重排花甲,十年前事,似白斋辛。"

【代庖】dàipáo 动宾。语本《庄子·逍遥游》:"庖人虽不治庖,尸祝不越樽俎而代之矣。"意谓如庖人不尽其职,尸祝亦不代之宰烹。后缩略为"代庖",比喻代做他人的事或代理他人的职位。《淮南子·主术》:"不正本而反自然,则人主逾劳,人臣逾逸,是犹代庖宰剥牲而为大匠斫也。"宋秦观《代谢中书舍人启》:"一时承乏,方惭越俎以代庖;数月为真,更愧操刀而制锦。"偶尔也缩略为"庖代"(主谓结构,主语表受事)。朱生豪译《威尼斯商人》:"尊翰到时,鄙人抱疾方剧;适有一青年博士鲍尔萨泽君自罗马来此,致其慰问,因与详讨犹太人与安东尼奥一案,遍稽群籍,折衷是非,遂恳其为鄙人庖代,以应殿下之召⋯⋯"亦缩略为"越庖代俎"。唐崔致远《谢就加侍中表》:"况乃权有他门,刃无余地,动见越庖代俎。"

【瞩目】zhǔmù 动宾。古代文献中同"属目"。"瞩"是"属"的后起加旁字。"属"本指连接之义,眼神留连亦为"属(瞩)",即长久地关注或详细地审视。"属目"即注视。原作"属耳目",即眼耳关注。《左传·成公二年》:"师有功,国人喜以逆人,先入,必属耳目焉。"《国语·晋语五》:"若先,则恐国人之属耳目于我也。"韦昭注:"属,犹注也。"后缩略作"属目"。《汉书·盖宽饶传》:"丞相魏侯笑曰:'次公醒而狂,何必酒也。'坐者皆属目卑下之。"师古曰:"属,犹注也。"

强调语源书证原因有二:一是有的词即使不考虑语源书证也可明了其义,但更多词目的释义必须与语源书证相结合;二是语源书证与词的语法结构分析大有关系,词的语法结构必须考虑到语源书证中的语义和用法,如"瞩目",如未考虑到语源书证可能就会视作"并列"(因"目"亦可作动词),考虑到语源书证才能确认其结构应为动宾关系。

以上对《现代汉语词源词典》编纂中的词源意识进行了讨论,以上三个分类实际上也是词源分析在词典中的表现方式。《现代汉语词源词典》即将由商务印书馆出版,编纂这部词典只是我们的一个基础工作,在理论与实践上还需要进一步完善,希望更多的学者关注这一领域,共同提高汉语词源词典的学术水平。

Etymological Awareness in the Compilation of *The Modern Chinese Etymology Dictionary*

Zeng Zhaocong

Abstract: The compilation of *The Modern Chinese Etymology Dictionary* emphasizes the importance of etymological awareness in its approach. First, the dictionary should incorporate both internal and external etymologies. Second, it should consider both word formation and word creation. Third, it should highlight the diachronic (historical) development of words over time.

Keywords: *The Modern Chinese Etymology Dictionary*; etymology; internal and external etymology; word formation and word creation; diachronic

《广雅疏证》点校商榷

陈波先*

摘要：2019年中华书局出版的《广雅疏证》点校本，是目前所见较好的版本。然而，《广雅疏证》点校偶有可商榷之处。文章从引文、文字、标点等方面对可商榷之处进行考辨，以就正于方家。

关键词：中华书局本 《广雅疏证》 标点 校勘

《广雅疏证》是王念孙为疏证《广雅》而作，历经十年，三易其稿，著成此书。《广雅》十卷，内容涵盖释诂、释言、释训、释亲、释宫、释器、释乐、释天、释地、释丘、释山、释水、释草、释木、释虫、释鱼、释鸟、释兽和释畜。王念孙在疏证《广雅》时，"不拘碍于字形，以音为纲，就古音以求古义，引伸触类，常常综合排比出具有亲缘关系的字词系列，于词义的探讨上别辟一条途径，对后来的训诂学研究影响极大"[①]。因此，《广雅疏证》也成了清代较重要的一部疏证类著作。

1983年中华书局以嘉庆年间王氏家刻本为底本出版了钟宇讯先生整理的《广雅疏证》，此整理本竖排，没有新式标点。三十多年后，中华书局邀请著名学者张其昀教授重新整理《广雅疏证》。郭锡良先生在《广雅疏证》点校本的序言中说："张其昀教授治学严谨，长期研究王念孙的训诂著作……他受邀负责此项工作后，既发挥己长，又吸收《广雅疏证》各种版本之长。不但重新全面、彻底校勘；认真进行新式标点断句，充分发挥新式标点的表达作用；特别是还将疏证条目，按内容酌情分节。"[②]

郭锡良先生所言甚是，因此2019年中华书局出版的点校本《广雅疏证》是很精审的本子，也是目前所见最好的《广雅疏证》版本。特别是加了新式标点断句，横排排版，有利于读者使用，嘉惠学林。然而"愚者千虑，或有一得"，笔者在使用中华书

---

* 陈波先，1985年生，文学博士，豫章师范学院文化与旅游学院副教授，主要研究方向为训诂学、文献整理。
① [清]王念孙著，张其昀点校：《广雅疏证（点校本）》，中华书局2019年版，出版说明第1页。
② 同上书，郭锡良序第2页。

局2019年版《广雅疏证》时,发现偶有点校可商榷。笔者不揣愚陋,将分析论证这些点校可商榷处的原因,期为读者使用和中华书局修订该点校本提供学术参考。以下谨略陈愚见,求正于方家。

一、引文失误

《广雅疏证》点校本的引文失误包括"当为引文而未引""不为引文而误引"及"是引文未引和非引文误引并存"三种情况。兹对《广雅疏证》点校本中的引文失误分析如下。

(一) 当为引文而未引

1. 《方言》:"鼻,始也。"兽之初生谓之鼻,人之初生谓之首。(第2—3页①)

按:"兽之初生谓之鼻,人之初生谓之首"②也是《方言》卷十三原文所有,当移入引号之内。

2. 娃、嫷者,《方言》:"娃、嫷,美也。吴楚衡淮之间曰娃,南楚之外曰嫷。"故吴有馆娃之宫。(第57页)

按:"故吴有馆娃之宫"也是《方言》卷二原文所有,当移入引号之内。王念孙在此书中亦有引用《方言》此条,即疏证《广雅·释诂》"娥,美也"时引《方言》:"娃、娥,美也。故吴有馆娃之宫,秦有榛娥之台。秦晋之间,美貌谓之娥。"

3. 占者,《方言》:"凡相窃视,南楚或谓之占。"占,犹瞻也。(第76页)

按:"占,犹瞻也"也是《方言》卷十原文,当移入引号之内。

4. 郭璞读"其萌虇"为句,云:"今江东呼芦笋为虇。"然则萑苇之类,其初生者皆名虇。(第789页)

按:"然则萑苇之类,其初生者皆名虇"也是郭璞注解《尔雅·释草》"其萌虇"的内容,当移入引文之内。

5. 《玉篇》云:"蘵,今之苦蘵。江东呼为苦荚。"荚,苦荚菜也。《广韵》云:"荚,吴人呼苦蘵。"(第798页)

按:"荚,苦荚菜也"亦是《玉篇》释义,宜加引号。

6. 《召南·采蘩》篇"于以采蘩,于沼于沚。于以用之,公侯之事",传云:

---

① 括号内注明在中华书局2019年版《广雅疏证(点校本)》中的页码。下同。
② 周祖谟校笺:《方言校笺(附索引)》,中华书局1993年版,第84页。

"公侯夫人执蘩菜以助祭。"笺云:"执蘩菜者,以豆荐蘩菹。"隐三年《左传》所谓"蘋蘩蕰藻之菜,可荐于鬼神,可羞于王公"者也。彼正义引陆机疏云:"凡艾白色者为皤蒿。"今白蒿也,春始生,及秋香美,可生食,又可蒸。一名游胡。北海人谓之旁勃,故《大戴礼·夏小正》传曰"蘩,游胡。游胡,旁勃"也。游胡,即《尔雅》"繁,由胡"也。今本《夏小正》传亦作"由",云:"二月荣菫采蘩。"菫,菜也。蘩,由胡。由胡者,蘩母也。蘩母者,旁勃也。皆豆实也,故记之。蘩为豆实,故《诗》笺云"以豆荐蘩菹"也。(第799页)

按:本条断句有两处不当:一是陆机疏的引文;二是《夏小正》传文。《左传·隐公三年》"蘋蘩蕰藻之菜",孔颖达正义引陆机疏曰:"凡艾白色为皤蒿。今白蒿,春始生,及秋香美。可生食,又可蒸。一名游胡,北海人谓之旁勃。故《大戴礼·夏小正》传曰:'蘩,游胡。'游胡,旁勃也。"①据此,"今白蒿也……旁勃也"皆为陆机疏文的内容,宜移入疏文的引号内。又"菫,菜也。蘩,由胡。由胡者,蘩母也。蘩母者,旁勃也。皆豆实也,故记之"也是《夏小正》传文②,当移入传文引号之内。

7.《方言》云:"芜菁,紫华者谓之芦菔,东鲁谓之菈蘧。"郭注云:"今江东名为温菘。实如小豆。"芦菔,音罗匐。(第800页)

按:"芦菔,音罗匐"也是郭璞注的内容,宜移入引号之内。

8.《说文》云:"椶,栟榈也,可作萆。"萆,雨衣也。今人园林中,多剥取椶皮以覆屋。(第819页)

按:"萆,雨衣也"也是《说文》释义,当加引号以标记。

9.《尔雅》云:"椒樧丑,莍。"《唐风·椒聊》篇正义引李巡注云:"樧,茱萸也。椒、茱萸皆有房,故曰莍。莍,实也。"郭璞注云:"莍萸,子聚生成房貌。"今江东亦呼"莍"。樧似茱萸而小,赤色。(第821页)

按:"今江东亦呼'莍'。樧似茱萸而小,赤色"亦是郭璞注《尔雅·释木》"椒樧丑,莍"的原文内容,当移入郭璞注文引号之内。

(二) 不为引文而误引

10. 嬴者,《方言》:"嬴,好也。宋魏之间谓之嬴。字亦作赢,又作盈。"(第57页)

按:《方言》卷一:"娥,嬴,好也。秦曰娥,宋魏之间谓之嬴,秦晋之间凡好而轻者

---

① 《春秋左传正义》,《十三经注疏》整理委员会整理:《十三经注疏》,北京大学出版社1999年版,第75页。
② 夏纬瑛:《夏小正经文校释》,农业出版社1981年版,第25页。

谓之娥。"①据此可知,"字亦作蠃,又作盈"不是《方言》原文,当移至引号之外。

11.《说文》:"𩔉,内头水中也;音乌没切。"(第293页)

按:"音乌没切",应是王念孙所言,可移至引号之外。

12.《说文》云:"荬,艸也,可以染留黄。其染绿者谓之绿荬,染紫者谓之紫荬。"(第766页)

按:"其染绿者谓之绿荬,染紫者谓之紫荬"句并非《说文》原文,当移至引号之外。

13. 甾之言才生也。《说文》云:"才,艸木之初也。亦哉也。"(第789页)

按:《说文·才部》:"才,艸木之初也。从丨上贯一,将生枝叶。一,地也。"显然,"亦哉也"非《说文》原文,当移至引号之外。

14.《陈风》正义引郭璞《尔雅音义》云:"今江东人呼荷华为芙蓉。一作夫容。"《汉书·司马相如传》云:"外发夫容菱华。"(第795页)

按:《诗·陈风·泽陂》"彼泽之陂,有蒲与荷",孔颖达正义引郭璞曰:"蘮,茎下白蒻在泥中者。今江东人呼荷华为芙蓉,北方人便以藕为荷,亦以莲为荷。……失其正体者也。"②郭璞所言并无"一作夫容",宜移出引号之外。"一作夫容"是承下之语,王念孙用以引出《汉书》"外发夫容菱华"句。

15.《神农本草》云:"瓜,一名水芝。盖以其瓤中多水,故得此名也。又谓之土芝。"稽含《瓜赋序》云:"甘瓜普植,用荐神祇,其名龙胆,其味亦奇,是谓土芝。"是也。瓜子今有红、黑、白三种。《神农本草》云:"瓜子,味甘平,主令人悦泽好颜色。又谓之瓣。"《说文》:"瓣,瓜中实也。"《御览》引《吴普本草》云:"瓜子,一名瓣,七月七日采,可作面脂。又谓之瓤。"《尔雅·释草》释文引《三仓》云:"瓤,瓜中子也。"(第803页)

按:此条句读甚不妥。"又谓之土芝""又谓之瓣""又谓之瓤"均是王念孙所用的启下之语。"又谓之土芝"不是《神农本草》的内容,当移至引号之外,此语是王念孙用以引出《瓜赋序》中的"是谓土芝";"又谓之瓣"也不是《神农本草》的内容,当移出引号之外,此语是王念孙用以引出《说文》"瓣"的释义;"又谓之瓤"并不是《吴普本草》的内容,当移出引号之外,此语与本条句尾"瓤,瓜中子也"相呼应。

16.《子虚赋》所云"高燥则生葴析苞荔者也"。(第812页)

按:"者也"两字,并非《子虚赋》原文内容,当移至引号之外。

---

① 周祖谟校笺:《方言校笺(附索引)》,中华书局1993年版,第2页。
② 《毛诗正义》,《十三经注疏》整理委员会整理:《十三经注疏》,北京大学出版社1999年版,第455页。

17.《说文》云:"薕,鹿藿也。"徐锴传云:"《尔雅》:'鹿藿,鹿豆也。一名蔨。'《尔雅》'薕,蔗',注云:'即苺也。'字与鹿豆相近,疑《说文》注误以'薕蔗'为'鹿藿'字也。"(第813页)

按:点校者对"徐锴传"中的"《尔雅》:'鹿藿,鹿豆也。一名蔨。'"如此断句,显然不合《尔雅·释草》的释词体例,因为《尔雅·释草》极少用"也",亦不用"一名",所以此句应作:"《尔雅》'鹿藿',鹿豆也。一名蔨。"

18. 鲡……陶注云:"旧言是公蛎蛇所变。然亦有相生者,至难死,犹有蛇性。"……《韩诗外传》:"南假子过程本,本为之烹鲡鱼。南假子曰:'闻君子不食鲡鱼,岂以其有蛇性而恶之与?'"(第851页)

按:"岂以其有蛇性而恶之与"是王念孙根据鲡鱼的特性猜测南假子不食鲡鱼的原因,因此这句不是《韩诗外传》原文内容,当移至引号之外。

19.《说文》:"鹫,鸟,黑色多子。师旷曰:'南方有鸟,名曰羌鹫,黄头赤目,五色皆备。'一曰雕。"又云:"雕,鷻也。籀文从鸟作'鵰'。"……又云:"鸢,鸷鸟也;从鸟,屰声。音与专切。"徐铉云:"屰非声,疑从雈省。今俗别作鸢,非是。"(第865页)

按:"一曰雕"并非《说文》"鹫"的释义内容,而是王念孙所用的启下之语,当移至《说文》"鹫"释义之外。又"音与专切"是王念孙给"鸢"加的反切,当移至《说文》"鸢"释义之外。

20.(郭璞)又注《南山经》云:"雕,似鹰而大尾长翅。又谓之沸波。"《淮南·说林训》"鸟有沸波者,河伯为之不潮,畏其诚也",高诱注云:"鸟,大雕也……为不见也。"(第866—867页)

按:"又谓之沸波"当移至郭璞注之外,这是王念孙所用的启下之语,用以引出《淮南·说林训》中的"沸波"。

(三) 是引文未引和非引文误引并存

21.《埤雅》引《物类相感志》云:"其胶可以团丹砂。语曰,构胶为金石之漆。是也。今人亦取其浆以书竹帛,岁久不落,如胶漆焉。"《齐民要术》云:"今世人名之曰'角楮'。"盖"角、榖"声相近,因讹耳。(第818页)

按:《埤雅》卷十三《释木·榖》所引之《物类相感志》没有"今人亦取其浆以书竹帛,岁久不落,如胶漆焉"句,因此此句当移至《物类相感志》引文之外。又"盖'角、榖'声相近,因讹耳"是《齐民要术》卷五《种榖楮第四十八》原文内容,当移入《齐民要术》引文之内。

二、文字讹误

《广雅疏证》点校本有四例文字讹误,其中的前三例是因字形相近而产生的,兹对此四例文字讹误分析如下:

1. a 螫,与"瘌"同义。《方言》:"饮药傅药而毒谓之瘌。"郭璞以"瘌"为辛螫,是也。字或作"剌"。草木毒伤人谓之剌,亦谓之螫。《史记·龟策传》云:"兽无虎狼,草无毒螫。"《魏都赋》云:"蔡莽螫剌,昆虫毒噬。"是也。蜂虿毒伤人谓之螫。螫,亦剌也。《广雅》云:"蛋蠚,蝎也。"蠚,与"剌"同音。剌者,毒伤也,故蝎又谓之蠚矣。(第117—118页)

b《庄子·天运》篇"其知憯于蠆蛋之尾",郭向"蠆"音赖,即"蠚"字也。(第833页)

按:据 a、b 两条上下文意可知,这两条中的"蠚"字皆讹,当为"蠚"字。"蠚"与"剌"同音,而非"蠚"。"蠚""蠚"是形近而讹。又据点校本《广雅·释虫》:"蛋、〔蠚〕,蝎也。"(第833页)可证 a、b 两条"蠚"字皆讹,且 a 条的《广雅》云"蛋""蠚"之间应用顿号隔开,它们是并列关系。

2. 《吕氏春秋·精通》篇云:"人或谓免丝无根。兔丝非无根也,其根不属也。伏苓是。"(第743页)

按:"免丝"之"免"字讹,当为"兔"字。作"兔丝无根"才与下句"兔丝非无根也"句意相承。

3. 然萧炳《四声本草》云:"穬麦,大麦之类,山东、河北人正月种之,名春穬,形状与大麦相似。"云"春穬","正月种",则即崔寔所谓"正月种春麦"者矣;"形与大麦相似",故《玉篇》以为"䵂"也。(第782页)

按:"云'春穬'"之"穬"字讹,当是"穬"。"云'春穬'"是王念孙引用《四声本草》的内容。中华书局1983年整理本《广雅疏证》正作"云'春穬'"①,不误。

4. 《史记·龟策传》"猬辱于鹊",集解引郭璞曰:"猬能制虎,见毛仰地。"(第846页)

按:从上文文意观之,"见毛仰地"之"毛"字讹,当为"鹊"字。

---

① [清]王念孙著,钟宇讯整理:《广雅疏证》,中华书局1983年版,第334页。

三、句读失当

1. 《尔雅》"莪萝",郭注云:"今莪蒿也,亦曰䕲蒿。"《说文》:"莪,萝蒿属。"(第728页)

按:《尔雅·释草》"莪,萝",邢昺疏引舍人云:"莪,一名萝。"①《说文·艸部》"莪"字段玉裁注:"莪,萝也。《释草》曰:'莪,萝。'以萝释莪。蒿属。"②据舍人注和段注可知,此条《尔雅》和《说文》内容的句读不妥,宜作:《尔雅》"莪,萝",郭注云:"今莪蒿也,亦曰䕲蒿。"《说文》:"莪,萝,蒿属。"

2. 《广雅》云:"女萝,松萝也。""兔邱,兔丝也。"而《尔雅》云:"唐蒙,女萝;女萝,菟丝。"(第744页)

按:《尔雅·释草》"唐、蒙,女萝。女萝,菟丝",郭璞注:"别四名。《诗》云:'爰采唐矣。'""唐""蒙""女萝""菟丝"四名一物,即郭璞注所言"别四名"。又《尔雅·释草》"蒙,王女",郭璞注:"蒙即唐也,女萝别名。"显然,此条《尔雅》"唐蒙"宜用顿号断开,为两名。

3. a《尔雅》云:"藄,侯莎;其实媞。"(第747页)

b 蒿,当读为藄。《尔雅》云:"藄,侯莎。"是也。详见上文"地毛,莎隋也"下。(第756页)

按:《尔雅·释草》"藄侯,莎",郝懿行义疏:"《说文》:'莎,镐侯也。'是莎一名镐侯。徐锴断'侯莎'为句,非也。"③又《说文·艸部》"莎"字段玉裁注:"莎,镐侯也。许读《尔雅》'镐侯'为句。镐、侯双声,莎、随叠韵,皆絫呼也,单呼则曰缩、曰莎。"④因此,a、b两条《尔雅》的句读宜断为"藄侯,莎"。

4. a 即《释木》所云:"宛童,寄生樠也。"……《尔雅》云:"寓木,宛童。"郭注云:"寄生树,一名茑。"《小雅·頍弁》篇"茑与女萝",传云:"茑,寄生也。"《说文》云"茑"或从木,作"樠"。(第752页)

b 宛童,寄生樠也。(第830页)

按:从 a 条传云"茑,寄生也"可知"茑"是"寄生"的别名,又从《说文》可知"樠"是"茑"的重文,因此 a、b 两条的"寄生樠也"之间当断开作"寄生,樠也",表明它们

---

① [东晋]郭璞注,[北宋]邢昺疏,王世伟整理:《尔雅注疏》,上海古籍出版社2010年版,第405页。
② [清]段玉裁撰,许惟贤整理:《说文解字注》,凤凰出版社2015年版,第59页。
③ [清]郝懿行撰,王其和、吴庆峰、张金霞点校:《尔雅义疏》,中华书局2017年版,第714页。
④ [清]段玉裁撰,许惟贤整理:《说文解字注》,凤凰出版社2015年版,第78页。

是一物两名的异称关系。

5. 苏颂《图经》云:"蒲,今处处有之,春初生嫩叶,未出水时红白,色茸茸然……甚益小儿。"(第784页)

按:"茸茸"的主语是蒲叶,而非"色",因此"色"当上读,作"未出水时红白色"。

6. 又案:《东门之池》释文云:"茅已沤者为菅。"正义云:"白华。"笺云:"人割白华于野,已沤之,名之为菅。"然则"菅"者已沤之名,未沤则但名为"茅"也。释文、正义之说,非笺意也。(第792—793页)

按:《诗·陈风·东门之池》"东门之池,可以沤菅",孔颖达正义:"《释草》云:'白华,野菅。'郭璞曰:'茅属白华。'笺云:'人刈白华于野,已沤之,名之为菅。'然则菅者已沤之名,未沤则但名为茅也。"①据上引文可知,本条断句甚不妥。我们认为宜作:正义云:"白华。笺云:'人割白华于野,已沤之,名之为菅。'然则'菅'者已沤之名,未沤则但名为'茅'也。"

7. 《尔雅》云:"苢,蓷。"郭注云:"大叶,白华,根如指,正白可啖。"又"苢,蘱茅",注云:"苢,华有赤者为蘱。蘱、苢,一种耳,亦犹蔆、苕华,黄白异名。"(第815页)

按:据郭璞注"苢,华有赤者为蘱"可知,"蘱"是"苢"之一种。王念孙两引《尔雅·释草》"苢"及郭璞注旨在表明"苢"有两种:一是白华者为苢;二是华有赤者为蘱。因此本条"蘱、苢,一种耳"的句读可断为"蘱,苢一种耳"。又据《尔雅·释草》"苕,陵苕。黄华,蔈;白华,茇"可知,"蔆苕"是一物,因其花色黄白分别称之为"蔈"和"茇",因此本条"亦犹蔆、苕华,黄白异名"的句读宜断作"亦犹蔆苕,华黄白异名"。郭璞引"蔆苕"是为了论证"苢",花白赤异名。

8. 《玉篇》云:"檡,樗枣也。"今据以订正。《说文》云:"樗,枣也,似柿。"(第819页)

按:本条《说文》的句读宜作:"樗枣也,似柿。""樗枣"是一物,不当断开,这是《说文》的连篆而读。

9. 《尔雅》"巂周",郭璞注云:"子巂鸟,出蜀中。"《说文》:"巂,周燕也;从隹,屮象其冠也。"(第864页)

按:本条《说文》"巂,周燕也"断句不妥,当作"巂周,燕也"。段玉裁注解"巂"字亦作"巂周,燕也"。

---

① 《毛诗正义》,《十三经注疏》整理委员会整理:《十三经注疏》,北京大学出版社1999年版,第446页。

四、标点符号及专名号错误

标点符号及专名号错误大概均为校对之疏漏所致,具体如下:

(一) 标点符号错误

1. 砰者,《文选·潘岳〈藉田赋〉》注引《字书》云:"砰、大声也。"(第305页)

按:"砰"与"大声也"不是并列关系,而是被解释与解释的关系,中间宜用逗号,作"砰,大声也"。

2. a《公食大夫礼》云:"铏芼、羊苦。"郑注云:"苦,苦荼也。"(第730页)

b《公食大夫礼》"铏芼、牛藿、羊苦、豕薇",注云:"苦,苦荼也。今文苦为芐。"《说文》云"芐,地黄也",引《礼》曰:"铏芼、牛藿、羊芐、豕薇。"(第742—743页)

按:《仪礼·公食大夫礼》三牲皆有芼,即牛藿、羊苦、豕薇。因此,"铏芼"与"牛藿""羊苦""豕薇"三者不是并列关系,而是总括关系,宜把"铏芼"后的顿号改为冒号。

3. 《尔雅》"果蠃、蒲卢、螟蛉,桑虫",郭璞注云:"果蠃,即细腰蜂也,俗呼为蠮螉。"(第838页)

按:依本条的《尔雅》标点,则"桑虫"有三个别称。《诗·小雅·小宛》:"螟蛉有子,蜾蠃负之。"据此《诗》句,"螟蛉"与"果蠃"显然不是一物。"果蠃"和"蒲卢"是一物,"即细腰蜂也";"螟蛉"和"桑虫"是一物,桑上小青虫也。因此"果蠃、蒲卢、螟蛉,桑虫"当标点为"果蠃,蒲卢。螟蛉,桑虫"。

4. 《春秋》桓公五年"螽",杜预注云:"螽,蚣蝑之属。为灾,故书。"《艺文类聚》引《洪范五行传》云:"介虫,有甲能蜚扬之类,阳气所生,于春秋为螽,今谓之蝗。"(第841页)

按:"于春秋为螽"句之"春秋"当加书名号,指上文的"《春秋》桓公五年'螽'"。

(二) 专名号错误

5. 《名医别录》云:"一名氐冬,生<u>常山</u>山谷及<u>上党</u>水旁。"(第747页)

按:"上党"是一地名,所以中间的专名号不应断开。

6. 叶曰恒山,苗曰蜀桼,其实一物也。桼,与"漆"同。《御览》引《吴普本草》云:"蜀漆,叶一名恒山。如漆,叶与蓝菁相似。"《名医别录》云:"蜀漆,常山苗也。"《蜀本草图经》乃谓常山叶名蜀漆,《本草衍义》又谓常山为蜀漆根,皆误矣。《神农本草》云:"常山,一名互草,生益州川谷。蜀漆生江林山川谷。"(第770页)

按:本条"蜀漆"是草名,前几个"蜀漆"之"蜀"未加专名号是对的。《神农本草》引文中的"蜀漆"之"蜀"加了专名号,则不妥,当去掉。

7.《齐民要术》引崔寔《四民月令》云:"苴,麻之有蕴者,苧麻是也。一名麜。"(第779页)

按:崔寔,东汉人,所以宜作"崔寔"。

8. 案:今蒲草初作穗时……高邮人谓之蒲棒头,以其形似之也。(第784页)

按:王念孙,高邮人。高邮是一地名,所以宜作"高邮"。

9. 释文引李颐注云:"蜗虫有两角,俗谓之蜗牛。"(第860页)

按:"李颐"是一人,专名号不应断开,宜作"李颐"。

Corrections and Discussions on the Proofreading of *Guangya Shuzheng*(《广雅疏证》)

Chen Boxian

Abstract: The 2019 edition of *Guangya Shuzheng* published by Zhonghua Book Company is currently one of the best versions available. However, there are some proofreading errors that could benefit from further discussion. This paper examines and discusses these issues, focusing on citations, textual errors, punctuation, and other aspects, with the aim of seeking clarification and further accuracy from scholars in the field.

Keywords: Zhonghua Book Company; *Guangya Shuzheng*; punctuation; textual criticism

【重大课题专栏】

《艺文类聚》征引《尔雅》考论*

胡 涛**

摘要：《艺文类聚》通过单引、合引、选引、意引等方式征引《尔雅》162条，其中114条（占比高达70.4%）与今本《尔雅》存在众多异文，分为《艺文类聚》引文为古字、今字、本字、借字和异体字等情况，反映了字形、字音的演变。通过对《艺文类聚》征引《尔雅》的分析，可以发现《艺文类聚》和《尔雅》中还存在着非常多的文字错讹，衍文、脱文、倒文、逸文所见亦不少，在语言文字学和文献校勘、辑佚、整理方面具有较大的价值。

关键词：《艺文类聚》 《尔雅》 异文 辨析 辑佚

《艺文类聚》成书于唐武德七年（624），由欧阳询奉敕编纂①，全书一百卷，一百余万字，共计四十六部，七百二十七目。其部次题目如下：天、岁时、地、州、郡、山、水、符命、帝王、后妃、储宫、人、礼、乐、职官、治政、刑法、杂文、武、军器、居处、产业、果、木、鸟、兽、鳞介、虫豸、祥瑞、灾异。《艺文类聚》广采博收，涉及天文地理、帝王后妃、礼乐官职、法律文艺、鸟兽虫鱼等各个方面，为保存唐前文献作出巨大贡献。《四库全书总目》言"然隋以前遗文秘籍，迄今十九不存。得此一书，尚略资考证。宋周必大校《文苑英华》所引是集，而近代冯惟讷《诗纪》、梅鼎祚《文纪》、张溥《百三家集》从此采出者尤多。亦所谓残膏剩馥，沾溉百代者矣。"②

《尔雅》位列《十三经》，是训诂学的经典著作，全书收录4300多个词条，分为《释诂》《释言》《释训》《释亲》《释宫》《释器》《释乐》《释天》《释地》《释丘》《释山》《释

---

* 本文系教育部哲学社会科学研究重大课题攻关项目"《尔雅》异文整理与研究"（20JZD048）的阶段性成果。
** 胡涛，1988年生，文学博士，湖北大学古籍研究所讲师，主要研究方向为古籍整理与文化研究。
① ［唐］欧阳询：《艺文类聚》，上海古籍出版社1965年版，第27页。
② ［清］永瑢等：《四库全书总目》，中华书局1965年版，第1142页。

水》《释草》《释木》《释虫》《释鱼》《释鸟》《释兽》《释畜》19篇,涵盖基本语词、社会人文、天文地理、动植物等方面,历来为众多书籍所征引。

《艺文类聚》全书征引《尔雅》共计162条,数量较多,涉及的门类较广。这些引文中有114条(占比高达70.4%)与今本《尔雅》不同,存在众多异文,在语言文字学、文献学上具有较大的研究价值。

一、因形嬗变

(一) 古今字

1.《艺文类聚》引文为古字

【岳—嶽】

《艺·山部》引《尔雅》:"华山为西岳。"

按:宋本《尔雅·释山》作"嶽"。"岳""嶽"二字为古今字。《玉篇》:"嶽,牛角切,五嶽也,王者巡守所至之山。岳同上。""岳""嶽"声义相同。《说文解字》:"嶽,东岱,南霍,西华,北恒,中泰室。王者之所以巡狩所至,从山獄声。⛰,古文,象高形。"《说文解字注》:"⛰,今字作'岳',古文之变。"又《集韵》释"嶽"有"古作岳"语。

【圭—珪】

《艺·军器部》引《尔雅》:"弓有缘谓之弓,无缘者谓之弭,以金者谓之铣,以蜃者谓之珧,以玉者谓之圭。"

按:《尔雅·释器》作"珪"。"圭"与"珪"为古今字。《说文解字》:"圭,瑞玉也,上圜下方……珪,古文圭从玉。"据许慎所言,"珪"当为"圭"古字。然《说文解字注笺》有:"窃谓珪之初字,盖以测景度地,故字从重土,假借为圭璧字。又加玉旁耳。又借为量名圭撮之称。"徐灏认为"圭"被假借来表示玉石之意,后又增加玉旁,"圭"当为古字。《玉篇》:"珪,古携切,古文圭。"又毛公鼎、召伯簋中金文皆为"圭",从意义演变及文字材料来看,"圭"当为古文。

【尺—蚇】

《艺·虫豸部》引《尔雅》:"蠖,尺蠖。"

按:引自《释虫》,宋监本作:"蠖,蚇蠖。"浙东刻本作:"蠖,版蠖。"

陆德明《释文》:"蚇,音尺。易云:'尺蠖之屈,以求伸也。'亦作尺。"《说文解字·虫部》:"尺蠖,屈申虫。"郝懿行指出尺蠖为一种叫步曲的小青虫,推断"尺蠖"之得名与其行动之状有关:"其行先屈后申,如人布手知尺之状,故名尺蠖。今作蚇,非。"郝懿行认为本字当为"尺",而非"蚚"。《正字通》:"蚚,俗字蚚蠖,本作尺。"盖"尺蠖"之得名确与"尺"有关,后加"虫"以造新字。浙东刻本"版蠖"未见于其他古籍,盖形近而误。

【乙—鳦】

《艺·鸟部》引《尔雅》:"鷾鴯,乙也。"

按:《尔雅·释鸟》作"鳦"。"乙"本字盖作"乚"。陆德明《释文》:"鳦,音乙,或本作乙。"《正字通》注"鳦":"燕也,乙音,轧义同,本作乙,后加鸟以别之。"故"乙""鳦"二字本皆可指"燕"。然《说文解字·乚部》:"乚,玄鸟也。齐鲁谓之乚。取其鸣自呼。象形。凡乚之属皆从乚。鳦,乙或从鸟。徐锴曰:'此与甲乙之乙相类,其形举,首下曲,与甲乙字少异。'"《说文解字》:"乙,象春草木冤曲而出,阴气尚彊,其出乙乙也。"燕之"乙"本或作"乚",因字形相近而讹误作"乙",又加鸟部,造后起字"鳦"以专指"燕"。

2.《艺文类聚》引文为今字

【霪—淫】

《艺·天部》引《尔雅》:"久雨谓之霪。"

按:《释天·风雨》作淫。"淫"与"霪"二字为古今字。《说文解字》:"淫,浸淫随理也,从水㸒声。一曰久雨为淫。余箴切。"《玉篇·雨部》:"霪,余林切,久雨也。""淫,余箴切,浸淫润也,又久雨曰淫。""淫""霪"二字皆有久雨之意义。《说文解字》有"淫"无"霪","霪"当为后起之字。

【犪—魏】

《艺·兽部》引《尔雅》:"犘牛,犦,犤,犪牛,犝牛。墨毗軸,黑耳犩,子犊,体长牭,绝有力欣犌。"

按:选引自《释畜·牛属》,宋监本作:"犘牛,犦牛,犤牛,犪牛,犩牛,犝牛。犐牛,角一俯一仰,觭。皆踊觢,黑唇犉,墨毗軸,黑耳犩,黑腹牧,黑脚犈。其子犊,体长牭,绝有力欣犌。"浙东刻本"犪牛"作"魏牛"。《艺文类聚》未引"犩牛""犐牛,角一俯一仰,觭。皆踊觢,黑唇犉""黑腹牧,黑脚犈"句。

郭璞注"犪牛":"即犪牛也,如牛而大,肉数千斤,出蜀中。"唐石经本、单疏本、雪窗本、注疏本皆作"犪牛",释文亦作"犪"。高大的牛可称为"犪牛"。《说文解字·嵬部》:"巍,高也。从嵬委声。"《玉篇》:"魏,鱼贵切,象魏阙也,大名也,高也。""魏"有大之意,"魏牛"意为大牛。《尔雅义疏》:"'犪'亦'魏',高大之称……郭注引《中山经》文,彼注云:'今蜀山中有大牛,重数千斤,名为夔牛……'即《尔雅》所谓'魏'。"盖《尔雅》本作"魏牛",后加"牛"部,以作专名。

【墟—虚】

《艺·山部》引《尔雅》:"西北之美者,有崑仑之墟,璆琳琅玕焉。"

按:《释地·九府》作"虚"。《说文解字·丘部》:"虚,大丘也,崑崙丘谓之崑崙虚。"亦有"崑崙虚"之写法。《玉篇》:"虚,丘居切,大丘也,今作墟。"《尔雅义疏》:"是'虚'有二音二义,古无'墟'字,其'空虚、丘虚'并作'虚'……是皆以'虚'为'墟'也。后人虚旁加'土',以别于空虚,因而经典亦多改'虚'为'墟'。""虚"字本从"丘","丘"即形旁,本不用加"土"。盖"丘"隶变后改为"业",后人以为缺少形旁,故加"土"旁。是以"虚"为古字,"墟"为后起字。

【樽—尊】

《艺·杂器物部》引《尔雅》:"彝、卣、罍,器也。小罍谓之坎。卣,中樽也。"

按:合引《尔雅》两条。《释器》:"彝、卣、罍,器也。小罍谓之坎。"《释器》:"卣,中尊也。"《玉篇》:"尊,子昆切,敬也,重也,亦酒器也,或作樽。尊,同上。""尊""尊"意同。《说文解字》:"尊,酒器也。从酋,廾以奉之。"《说文解字注》:"凡酒必实于尊,以待酌者。郑注《礼》曰:'置酒曰尊。'凡酌酒者必资于尊,故引申以为尊卑字,犹贵贱本谓货物而引申之也。自专用为尊卑字,而别制鐏、樽为酒尊字矣。"可知"尊"之本义为酒具器皿,后引申出尊卑之意,而制"樽"承担其本义。故"尊"当为本字。

【茶—荼】

《艺·草部》引《尔雅》:"槚,苦荼。"

按:引自《释木》:"槚,苦荼。"《说文解字》:"荼,苦荼也,从艸余声,同都切。臣铉等曰:即今之茶字。"郭璞注:"树小似栀子,冬生叶,可煮作羹饮。"又《尔雅义疏》:"诸书说茶处,其字仍作'荼',至唐陆羽《茶经》始减一画作'茶',今则知'茶',不复知'荼'矣。"据此,"茶"本作"荼"字,唐代减掉一画,才作"茶","茶"为后起字。

(二)异体字

【霡—霢】

《艺·天部》引《尔雅》:"小雨谓之霡霂。"

按:引自《释天·风雨》:"小雨谓之霢霂。""霡"与"霢"二字为异体字。《正字通》:"霢,莫白切,音麦,霢霂见前霂注。霡,霢本字。"

【铅—鈆】【孤竹—觚竹】

《艺·地部》引《尔雅》:"东至泰远,西至邠国,南至濮铅,北至祝栗,谓之四极。孤竹、北户、西王母、日下谓之四荒。九夷、八狄、七戎、六蛮谓之四海。"

按:《释地·四极》作"鈆""觚竹"。"铅"与"鈆"为异体字。《正字通》:"鈆,俗铅字。"《汉书》："桓公曰：'寡人北伐山戎过孤竹。'""令支,有孤竹城。"《国语·齐语》："遂北伐山戎,刜令支,斩孤竹而归。"陆德明《释文》："觚,姜胡反。本又作孤,同。"诸多经典中"孤竹"与"觚竹"存在混用。

【冀—兾】

《艺·州部》引《尔雅》："两河间曰冀州。"

按：《释地·九州》作"兾州"。"冀"与"兾"为异体字。《玉篇·卷十五·北部》："冀,居致切,冀州也,北方州,故从北。兾,同上。"《正字通》："兾,俗冀字。"《周礼·职方氏》作"兾州",令篸"冀"作兾,景北海碑阴作兾,上部皆不作"北"。

【崑仑—崐崘】

《艺·山部》引《尔雅》："西北之美者,有崑仑之墟,璆琳琅玕焉。"

按：《释地·九府》："西北之美者,有崐崘虚之璆琳琅玕焉。""崑仑"与"崐崘"为异体字,《尔雅校笺》："'崐崘'唐写本作'崑仑',同。原本《玉篇》山部字作'崐崘。'"二者古字当为"昆仑"。《尔雅义疏》："崐崘,古文作'昆仑'。""昆仑"为山之名称,当为本字,后世增加"山"旁,作"崐崘"或"崑仑"。

【謠—谣】

《艺·人部》引《尔雅》："徒歌谓之谣。"

按：《释乐》作"謠"。"謠""谣"二字异体。《正字通》："谣,同䌛,隶作謠。"故"謠"为"谣"隶变字形。《说文解字·言部》："䌛,徒歌,从言肉。"《说文解字注》："䌛、謠,古今字也,謠行而䌛废矣。""謠""谣"均为"䌛"后起字。

【瑄—宣】

《艺·宝玉部》引《尔雅》："璧大六寸谓之瑄。"

按：《释器》作"宣"。《尔雅义疏》："瑄,俗字。臧氏《经义杂记》廿八云：'《说文》无瑄字,有珣字,云玉器,读若宣。知《尔雅》宣字当作珣。'"然《说文解字·玉部》中存有"瑄"字："璧六寸也,从玉宣声,须缘切。"《说文解字·玉部》："珣,医无闾珣玗琪,《周书》所谓夷玉也。从玉旬声。一曰器,读若宣。相伦切。"二者音同,皆表玉之意义。《说文解字·宀部》："宣,天子宣室也。""宣"本义为宣室。盖璧六寸音为"宣",故假借"宣"之字形,后再造"瑄"字表意,"宣""瑄"二字皆为借字,本字为"珣"。

【圆—圞】

《艺·杂器物部》引《尔雅》："鼎绝大谓之鼐。圆弇上谓之鬲。"

按：《尔雅·释器》作"圞"。《说文解字》："圞,天体也。""圆,圞全也。"段玉裁注文："许言'天体',亦谓其一气循环,无终无始,非谓其形浑圆也。下文云'圆,圞全也',斯为浑圆。"《说文释例》："天体之圞,无闲者也,此中实形也；中规之圆,则中空形也。"许慎言,圜为天体,圆为圜全;段玉裁认为圜为环绕,圆为浑圆。故"圆""圜"二字虽皆表示圆形,但意义存在差异。又《广雅》:"圜,圆也。""圆""圜"二字,析言有别,浑言义通,此处"圆""圜"二字音义皆通,为异体字。

【鷚—雏】

《艺·鸟部》引《尔雅》:"二足而羽谓之禽。生哺,鷇。生噣,鷚。又曰亢鸟咙,其粻嗉。"

按:合引《尔雅》三条。《释鸟》:"生哺,鷇。生噣,雏。"《释鸟》:"亢鸟咙。其粻嗉。"《释鸟》:"二足而羽谓之禽。""鷚""雏"二字为异体字。邢昺疏:"辨鸟子之异名也……鸟子生而能自啄食者名雏,谓鸡雏之属也。""雏"为鸡的幼鸟。陆德明《释文》:"字或作鷚,同。"《说文解字·隹部》:"雏,鸡子也,从隹刍声。鷚,籀文雏,从鸟。"

【䳒—鷑】

《艺·鸟部》引《尔雅》:"鸠,诸雉。䳒雉。鷑雉。"

按:选引《释鸟》:"鸠,诸雉。鹭,舂锄。鷑雉。鷑雉。"《艺文类聚》未引"鹭,舂锄"句,"鷑雉""鷑雉"顺序亦颠倒。"䳒"或为"鷑"之异体,然"䳒"不成字,各本未见此字形,仅见于《艺文类聚》,盖为俗字。

【锄—鉏】

《艺·鸟部》引《尔雅》:"鹭,舂锄。"

按:《释鸟》作"鉏"。"锄"与"鉏"为异体字。《说文解字·金部》:"立薅所用也。从金且声。"段玉裁注:"俗作'锄'。"《玉篇》:"鉏,士菹切,田器,又仕吕切。锄,同上。"《正字通》:"锄,同鉏。"

【狌—猩】

《艺·兽部》引《尔雅》:"狌狌小而好啼。"

按:《释兽·寓属》作"猩猩"。"猩"与"狌"为异体字。《玉篇》:"猩,所庚切。猩猩如狗,面似人也。又音星,犬吠声。狌,同上。"《正字通》:"狌,同猩,省。"段玉裁注"猩"字:"猩猩能言。猩猩亦作狌狌。""狌"为"猩"之省文,"猩猩"与"狌狌"通用。

【蔷蘼—蘠蘼】【蘴—蘴】

《艺·药香草部》引《尔雅》:"蔷蘼,蘴冬。"

按:引自《释草》:"蘠蘼,蔮冬。"《说文解字·艸部》:"蘠,蘠蘼,蔮冬也。"《说文解字·艸部》:"蔷,蔷虞,蓼,从艸嗇声。"二者皆为草本植物,但《说文》中所指对象不一。《广韵》言"蘠""蔷"同。又《经典释文》:"蘼,亡反切,又作蘪,同。"森立之考:"盖墙蘼二字,非有深义。墙蘼之反为茨,此物多刺,故有此名。门冬、蛇床、牛膝,共亦名墙蘼,三草共亦有细刺刺人,可以互征也。墙蘼之为茨,犹疾犁之为茨,茨之言刺耳。"①盖"蔷蘼"二字非取字意,而取字音,音反为茨,形容此草多刺。据此"蔷蘼""蘠蘼"皆可用。

"虋"与"𧆑"为异体字。《玉篇》:"虋,莫温切,诗传云:赤苗也。即今赤粱粟也。𧆑,同上,俗。"《经典释文》:"虋,音门,本皆作门。郭云门俗字,亦作𧆑字。"

【符蒿—符离】

《艺·草部》引《尔雅》:"莞,符离。其上蒿。"

按:《释草》作"符蘺"。《说文解字·艸部》:"莞,艸也,可以作席,从艸完声。"《尔雅义疏》:"是蒲、莞非一物。《尔雅》之莞乃蒲属,非蔺属,故《说文》'莞'训'艸',与'蔺'相属,又别出'薍',与'蒲'相属。"可见"莞"为《说文》中"薍"字。《说文》:"薍,夫蘺也,从页睆声。""蘺,夫蘺也,从艸离声。"《楚辞章句·卷十六》:"莞芎弃于泽洲兮。注:莞,符篱也。""符篱"二字,各本字形皆不同,又郭注:"今江东谓之苻蘺。"盖当为"莞"之江东方言而无定字,择音同音近字。

【蜘蛛—鼄蝥】【蟏—蠨】

《艺·虫豸部》引《尔雅》:"蜘蛛,蛛蝥。又曰蠨蛸,长踦。又曰土蜘蛛,草蜘蛛。"

按:合引《尔雅》两条。《释虫》:"鼄蝥,蝥蛛。土鼄蝥,草鼄蝥。"《释虫》:"蟏蛸,长踦。""蜘蛛"与"鼄蝥"同。《玉篇》:"蜘,竹奇切,蜘蛛亦作鼅","蛛,竹于切,亦作蝥。"又《说文解字·黾部》:"鼄蝥,蟊也。""蟏"与"蠨"为异体字。《说文解字》:"蟏,蟏蛸,长股者。从虫肃声。稣彫切。"《正字通》:"蠨,先彫切,音宵,蠨蛸,见前蛸注,俗作蟏。"

二、因声而转

(一) 通假字

1.《艺文类聚》引文为借字

【雍—灉】

《艺·水部》引《尔雅》:"水自河出为雍,河出崑仑墟色白。"

按:《释水·水泉》作"灉"。《释文》:"为灉,于用反,或于凶反,字又作灉。"《说

---

① 〔日〕森立之撰,吉文辉、宋立人等点校:《本草经考注》,上海科学技术出版社2005年版,第171页。

文解字》："灉,河灉水,在宋,从水雝声。""灉"为古水名。《说文解字》："雝,雝𪃿也。从隹邕声。于容切。"段玉裁注："隶作雍。""雍"为"雝"之隶变,"雍"本义为禽鸟名,与水未有关联。《尔雅义疏》："《淮南·人间》篇云:'楚庄王胜晋于河雍之间。'是'雍'即'灉'矣……《水经·瓠子河》注引作'水自河出为灉',《释名》作'水从河出曰雍沛',灉、雍古今字,皆假借也。""灉""雍"同属东部影纽,二字双声叠韵,"灉"当为《尔雅》所用本字,"雍"为假借字。

【翼—釴】

《艺·杂器物部》引《尔雅》："鼎绝大谓之鼐。圆弇上谓之鼒。鼒,子鼎。附耳外谓之翼。"

按:《释器》作"釴"。《玉篇》释"釴"："釴,余力切,鼎附耳外也。"《玉篇》释"翼"："余力切,翘也,又辅也敬也助也。"二字属于职部喻纽,音韵相同,"釴"之意与《尔雅》原文合。又《广韵》有:"釴,鼎附耳在外。""翼,羽翅也,又恭也美也助也,又州名。"段玉裁注"鬲"："空足曰翮,翼即耳。事见《尔雅》。按,翮者,鬲之假借字。翼者,釴之假借。""翼"本无鼎耳之意义,因其与"釴"音同故借用字形,"釴"为本字,"翼"为借字。

【悬—县】

《艺·水部》引《尔雅》："沃泉悬出。"

按:《释水·水泉》作"县"。"县"与"悬"为假借字,同属元部匣纽,双声叠韵。睡虎地秦简《直(置)室门》："膺毋绝县肉。""县"为本字。郭璞注此句:"从上溜下。"郝懿行《尔雅义疏》:"《正义》引李巡曰:'水泉从上溜下出。'是下泉即沃泉。"沃泉即为从上向下流之泉水。《说文解字·县部》:"县,系也。从系持县。注:臣铉等曰:此本是县挂之县,借为州县之县,今俗加心别作悬,义无所取。"沃泉盖似悬挂于空中之瀑布,盖此处县非行政区意义,当为悬挂义,"悬"为借字。

【兔—菟】

《艺·药香草部》引《尔雅》："唐、蒙,女萝。女萝,兔丝。"

按:《释草》作"菟丝"。"菟"与"兔"二字为假借字。《干禄字书》于"菟""兔"二字下云:"上通下正。"《说文解字·兔部》:"兔,兽名,象踞,后其尾形。兔头与龟头同。凡兔之属皆从兔。汤故切。"《广韵》:"兔,兽名。""兔"当为兔子之本字。又《广韵》:"菟,菟丝草名,又虏复姓,后魏书有菟赖氏,汤故切四。"《玉篇》:"菟,音兔,菟丝,药名,又音徒,地名。""菟"当为草药"菟"之本字。"兔""菟"二字本义不同。《说文解字注》"兔"下云:"俗作'菟'。"《玉篇》:"兔,他故切,毛可为笔。菟,同上。又音图,地名。"《尔雅义疏》:"'菜'与'菠','菟'与'兔','荄'与'核',并古字通借。"

"兔""菟"本同音通假,后之字书混用者甚多,而视"菟"为"兔"之异体。

【蕀—遬】

《艺·草部》引《尔雅》:"蕀,杜茅也。"

按:引自《释草》:"遬,牡茅。"训释词存在差异。"遬"当为本字。《说文解字·艸部》:"遬,牡茅也,从艸遬声。"陆德明《释文》:"蕀,本又作遬。"盖唐时已有版本作"蕀"。然《尔雅·释器》:"菜谓之蕀。"《大雅·韩奕》:"其蕀维何?维笋及蒲。""蕀,菜肴也。"故"蕀"为菜之称。"遬""蕀"二字双声叠韵,"蕀"为"遬"之借字。

另《说文解字·木部》:"杜,甘棠也,从木土声。"《说文解字·牛部》:"牡,畜父也,从牛土声。"《尔雅注疏》:"释曰:茅之不实者也。一名遬,一名牡茅。"不实而为"牡",《艺文类聚》作"杜",盖形近而误,当改"杜"为"牡"。

【蔬—蕀】

《艺·草部》引《尔雅》:"菜谓之蔬,不熟曰馑。"

按:合引《尔雅》两条。《释器》:"菜谓之蕀。"《释天·灾》:"蔬不熟为馑。"郭璞注:"蕀者,菜茹之摠名,见《诗》。"毛传:"蕀,菜肴也。"《说文解字·艸部》:"蔬,菜也,从艸,疏声。"《正字通》:"蕀,今俗谓蔬,蔬、蕀一声也。""蕀""蔬"二字义同相通。《尔雅义疏》:"郭本作'蕀'。"盖本用"蕀"字,"蔬"为借字。

【菊—蘜】【廧—蘠】

《艺·药香草部》引《尔雅》:"菊,治廧。"

按:《释草》:"蘜,治蘠。""蘜"字为本字,"菊"为借字。郭璞注:"今之秋华菊。"郭璞认为此植物当为如今常说的菊花。《说文解字·艸部》:"菊,大菊,蘧麦。从艸匊声。"《说文解字》:"蘜,治墙也,从草鞠声。"《说文解字》中"菊""蘜"二字所指植物不同。又《说文解字·艸部》:"蘜,日精也。"何珮珩考证"蘜"为今所说"菊花"之本字,即郭璞所言"今之秋华菊","菊"则为今日之"瞿麦"。"蘜,治墙"指菊花的根茎。菊花茎密被白色细毛,由此而得名"治蘠",据此"蘜"为"治蘠"之本字,"菊"为借字。又《集韵》"蘠""廧"皆为慈良切,二字音同互通。

2.《艺文类聚》引文为本字

【冬—涷】

《艺·药香草部》引《尔雅》:"菟爰,颗冬。"

按:《释草》:"菟奚,颗涷。""涷"本字盖为"冬","冬""涷"声同,此处通用。郝懿行《尔雅义疏》:"颗涷即款冬,颗、款声转,涷、冬声同也……'涷'与'冬'义亦同。此草冬荣,忍涷而生,故有款冬、苦萃诸名。"陆德明《释文》:"陶注云:'其冬月在冰下生。'则应是冬,恐承音作,字异耳。"可据之为证。

另《经典释文》引《本草》云:"款冬,一名橐吾,一名颗涷,一名虎须,一名菟奚。"《尔雅正义》引颜师古注《急就篇》:"欵东,即欵冬也,亦曰欵涷。以其凌寒叩冰而生,故为此名也。一曰兔奚,亦曰颗涷。"故《艺文类聚》作"菟爱"为形近而误。

【萤—荧】

《艺·虫豸部》引《尔雅》:"萤火,即炤。"

按:《尔雅·释虫》作"荧"。《说文解字》:"荧,屋下灯烛之光,从焱冂。"《玉篇》:"荧,胡坰切,灯之光也,荧荧犹灼灼也,亦荧阳县。""萤,乎駉切,夜飞,腹下有光,腐草所化。""萤,于熒切,音荣,虫腹下有火,一名夜光,一名肖烛。《尔雅》:萤火,一名即炤。"《正字通》:"荧,于熒切,音荣……借为熠熠虫名,别作萤。""荧"与"萤"二字音同,皆有光亮意,"荧"为灯之光,"萤"为虫之光。《礼记·月令》:"温风始至,蟋蟀居壁,鹰乃学习,腐草为萤。"郑玄注:"萤,飞虫,萤火也。"《尔雅义疏》:"《诗·东山》传:'熠燿,燐也。燐,萤火也。''萤'与'荧'同。燐,光明也。"可见"萤"本有其字,"萤"为本字,"荧"为借字。

三、《艺文类聚》引文与古籍整理

通过对《艺文类聚》征引《尔雅》的分析,可以发现《艺文类聚》和《尔雅》中还存在着非常多的文字错讹,衍文、脱文、倒文、逸文所见亦不少,在文献校勘、辑佚、整理方面具有一定的价值。

(一)《艺文类聚》的文字讹误与衍脱

【女—女子子】【父母—父】

《艺·礼部》引《尔雅》:"女之夫曰壻,壻父母为姻,妇父母为婚。"

按:引自《释亲·婚姻》:"女子子之夫为壻,壻之父为姻,妇之父为婚。""女子子"是指女儿,顾炎武《日知录·女子子》言"女子子谓己所生之子若兄弟之子。言女子者,别于男子也。""女"指女性。故"女之夫"与"女子子之夫"完全不同。"壻"为女儿之夫,《艺文类聚》脱"子子"二字。

又郑笺《小雅·节南山》"琐琐姻亚,则无膴仕"句:"婿之父曰姻。"杜预注《左传·定公十三年》:"壻父曰姻。荀寅子娶吉射女。"《释名》:"妇之父曰婚,言婚亲迎用昏,又恒以昏夜成礼也,壻之父曰姻,姻,因也,女往因媒也。""婚""姻"于此指男女方之父亲,《艺文类聚》衍"母"字。

【善事—善】

《艺·人部》引《尔雅》:"善事父母曰孝。"

按:引自《释训》:"善父母为孝,善兄弟为友。"事有侍奉、服侍之意,如《论语·学而》:"事父母能竭其力,事君能致其身。"邵晋涵《尔雅正义》引贾公彦疏《仪礼》:"《冠礼》贾疏云:'不言善事父母、善事兄弟者欲见非但善事兄弟,而亦为兄弟之所善者,谓行周备之意也。'"友为兄弟之间相互友善,兄友弟恭,因而无事字。前后文对应,父母前盖无"事"字。又《释名》:"孝,好也,爱好父母,如所悦好也",当言善待、珍爱父母者可称之为孝,非言擅长侍奉父母者为孝,故"事"为衍字。

【杜若—杜】

《艺·药香草部》引《尔雅》:"杜若,土卤。"

按:《释草》:"杜,土卤。"《艺文类聚》衍"若"字。郭璞注:"杜衡也,似葵而香。"《尔雅正义》:"是杜衡根似细辛,而叶似葵,郭注不误也。"郝懿行认为杜衡、杜若非一物,又《尔雅正义》:"杜衡、土杏,古读音同,杜、土古字通也。衡,古文作'奥',与'卤'字形近,疑'土奥'缺脱其下,因误为'土卤'耳。"《尔雅》中"杜"当为杜衡。《艺文类聚》误以杜衡为杜若。

【百草—草】【实—不实】

《艺·药香草部》引《尔雅》:"卉,百草。草谓之荣,荣而实谓之英。荄,根也。"

按:合引《尔雅》三条。《释草》:"卉,草。"《释草》:"荄,根。"《释草》:"草谓之荣,不荣而实者谓之秀,荣而不实者谓之英。""卉,草。"郭璞注:"百草揔名。"盖"百草"为《艺文类聚》意引经注文而来。

又《说文解字·艸部》:"英,草荣而不实者。一曰黄英。"《玉篇》:"猗京切,华也,荣而不实曰英。"英为不结果之花,《艺文类聚》脱"不"字。

【欇—欇欇】

《艺·木部》引《尔雅》:"枫,欇。天风则鸣,故曰欇。欇树似白杨,叶圆而岐,有脂而香。今之枫者。"

按:《释木》:"枫,欇欇。"《尔雅正义》有《广韵》引孙炎云:"'欇欇生江上,有寄生,高三四尺,生毛,一名枫子。天旱以泥泥之,即雨。'今枫木所在有之。"

《释木》:"欇,虎櫐。"此为一种藤本植物。《正字通》:"《尔雅》枫欇欇,欇即枫之别名,以其叶善摇之名也……欇欇之欇与虎櫐之欇,字虽同而种不同。一树生,一蔓生。《正韵》引虎櫐入枫注,误。"单一个"欇"字所指为藤类植物,而"欇欇"盖为拟声,枫树因为叶子被风吹发出此声而得名"欇欇",重文盖更显其善摇之特性。枫之名应为重名"櫺櫺"二字,《艺文类聚》脱"櫺"字。

【柎—泭】

　　《艺·舟车部》引《尔雅》:"舫,舟也。天子造舟,诸侯维舟,大夫方舟,士特舟,庶人乘柎。"

按:合引《尔雅》两条。《释言》:"舫,舟也。"《释水·水泉》:"天子造舟,诸侯维舟,大夫方舟,士特舟,庶人乘泭。"《说文解字》:"泭,编木以渡也,从水付声。"泭为竹筏、木筏之意。《说文解字》:"柎,阑足也,从木付声。"段玉裁注:"柎、跗正俗字也。凡器之足皆曰柎……柎,鄂足也。"《玉篇》:"柎,花萼足也,《说文》曰阑足也。"柎之意为花托或器物的底座,而未有舟筏之意义,盖《艺文类聚》因"柎"与"泭"形近而误。

【荡—璗】

　　《艺·宝玉部》引《尔雅》:"黄金谓之荡,其美者谓之镠。"

按:《释器》作"璗"。《说文解字》释"荡":"涤器也。从皿汤声。"《玉篇》:"荡,徒党切,摇动也,涤器也。""荡"指的是用来洗涤的器物。《说文解字》释"璗":"金之美者,与玉同色。从玉汤声。《礼》:'佩刀,诸侯璗琫而璆珌。'"段玉裁注:"《释器》:'黄金谓之璗,其美者谓之镠。'许小异。与玉同色。从玉。谓光色如玉之符采。故其字从玉。"许慎言"璗"指的是玉石颜色的黄金,段玉裁认为"璗"是像玉石一样有光彩的黄金,虽二人解释有略微差异,但"璗"确指美金。《艺文类聚》作"荡",盖形近而误。

【莿—菥】

　　《艺·草部》引《尔雅》:"菥蓂,大荠。"

按:《释草》作"菥"。《类篇》:"莿,之列切,断草。"《集韵》:"莿,断革。"《方言·卷五》:"簟,自关而西谓之簟,或谓之莿。"《说文解字》:"簟,竹席也。""莿"之意为断草或竹席。《尔雅义疏》:"菥,《说文》作'析'。"《说文解字》:"蓂,析蓂,大荠,从艸冥声。"《广韵》:"菥,菥蓂,大荠。"各本亦作"菥蓂"或"析蓂",《艺文类聚》作"莿",盖形近而误。

【鶒—雓】

　　《艺·鸟部》引《尔雅》:"鸡大者,蜀。蜀子,鶒。绝有力奋。鸡三尺为鹍。"

按:选引《释畜·鸡属》:"鸡大者,蜀。蜀子,雓。未成鸡僆。绝有力奋。"《释畜·六畜》:"鸡三尺为鹍。"《艺文类聚》误作"鶒",本字当为"雓"。《玉篇》:"雓,与居切,鸡子名。"《正字通》:"雓,音余,《尔雅》:鸡大者,蜀。蜀子,雓。注:雓,雏子名。与鶒别。""雓"为大鸡雏子之名,与《尔雅》所释同。《广韵》:"鶒,鶒鸟。亦作鸽。"《玉篇》:"鶒,求炎切。鸟啄食。"故鶒有鸟啄食之意,或指勾喙鸟。"雓"与"鶒"所指意义不同。《艺文类聚》作"鹑",盖形近而误。

【鹪鹩鸠—鹪鸠】

《艺·鸟部》引《尔雅》:"鹰,鹪鹩鸠。又曰鹰隼丑,其飞也翚。"

按:引自《释鸟》:"鹰,鹪鸠。"《释鸟》:"鹰隼丑,其飞也翚。"郭璞注:"鹩当为鹪字之误耳。《左传》作鹪鸠是也。"然《尔雅正义》:"《左传》疏引樊光云:'来鸠,爽鸠也。《春秋》曰:'爽鸠氏,司寇。'鹰鸷,古为司寇。是樊本作'来',郭以'鹩'为'鹪',字之误。"《尔雅义疏》亦云:"《尔雅》释文亦作'来',云:'或作鹩。众家并依字。'则'来'为正文,'鹩'为或体,郭以'鹩'为'鹪'字之误也。"邵晋涵、郝懿行皆以郭注为误。盖《尔雅》本作"鹪鸠",《艺文类聚》受郭注影响,误作"鹪鹩鸠"。

【汎—沙】【仄—穴】【旁—仄】

《艺·水部》引《尔雅》:"汎泉仄出,仄出,旁出也。"

按:引自《释水·水泉》:"沙,泉穴出,穴出,仄出也。"《诗经·小雅·大东》:"有洌沙泉,无浸获薪。"毛传:"洌,寒意也。侧出为沙泉。"①疏引李巡:"'水泉从旁出名曰沙。'沙,侧出,是侧出曰沙泉也。""沙"有侧出之义。《说文解字·水部》:"沈,水从孔穴疾出。"《说文解字·水部》:"漀,侧出泉也。"故漀也有泉水侧出之义。郝懿行从声韵来论证"漀"即"倾",也即侧意。《尔雅义疏》:"'仄'与'侧','穴'与'沈',俱古字通。"据此,"沙""穴""仄"是形容水泉从侧涌出的形态。《说文解字·水部》:"汎,浮皃,从水凡声。"《邶风·柏舟》:"汎彼柏舟,亦汎其流。"毛传:"汎,流貌。""沙"与"汎"意义不同,《艺文类聚》作"汎"盖形近而误。"旁"亦有侧意,《艺文类聚》作"仄出,旁出也"或因同义替代而讹。

【猋—贆】【胎—贻】【惰—椭】

《艺·宝玉部》引《尔雅》:"贝,居陆猋,在水蜬。大者魧,小者鲼。玄贝,胎贝。余蚳,黄白文。余泉,白黄文。蚆,博而頯。蜠,大而俭。贵,小而惰。"

按:《释鱼》作"居陆贆""贻贝 螧""小而椭"。《尔雅义疏》:"贆,《说文》作'猋',云:'居陆名猋,在水名蜬。'"《说文解字·犬部》:"猋,犬走皃,从三犬。"《玉篇》:"卑遥切,犬走皃。"盖"猋"之原意为犬走时的样子。然《说文解字》"贝"字又有"居陆名猋"之语,"猋"当有贝类意。段玉裁注"贝"字:"见《释鱼》。猋作'贆',俗字也。"《玉篇》:"贆,卑遥切,贝居陆,贆也。"故"猋"当为古字,后又增加"贝"作"贆"。《艺文类聚》作"猋"盖形近而误。

《玉篇》:"贻,弋之切,玄贝也,亦作诒、遗也。"《尚书正义》引《尔雅》释"厥篚织、

---

① 李学勤主编:《十三经注疏·毛诗正义》,北京大学出版社1999年版,第783页。

贝"亦言"玄贝、贻贝"。盖"胎""贻"形近,故《艺文类聚》误作"胎"。

《释文》:"蜻,施音赜,郭音责,沈音积。或本作鲼,又作责。""蜻""责"二字均可。蜻,郭璞注:"椭谓狭而长。"《尔雅正义》:"蜻即小贝,其状小而狭长也。"盖本作"小而椭",亦省文作"小而隋",《艺文类聚》因形近而误作"惰"。

【披—柀】

《艺·木部》引《尔雅》:"披,柀。"

按:《释木》作"柀"。邢昺疏:"柀,一名檆,俗作杉。"《释文》:"柀,音彼,又匹彼反。檆,字或作杉。所反切。"《尔雅义疏》:"即今之杉木也。"《尔雅》中"柀""檆"二字所指为杉树。《说文解字·木部》:"柀也,从木黏声。""檆,木也,从木黏声。臣铉等曰今俗作杉。"故"柀"本义为杉木。《艺文类聚》作"彼",盖形近而讹。

【鸣—鵝】

《艺·鸟部》引《尔雅》:"鸣雉。鷩雉。"

按:《释鸟》作"鵝雉"。郭璞注"鵝雉":"黄色,鸣自呼。"邢昺疏:"云'鵝雉'者,雉之黄色,鸣自呼者名鵝。"盖"鵝雉"鸣时音"鵝",故得名。《艺文类聚》作"鸣",误。

【鷏—鶙】

《艺·鸟部》引《尔雅》:"鷏,负雀,鶙也。"

按:《释鸟》作"鶙,负雀"。《玉篇》:"鶙,以箴切,鷂也。"《尔雅义疏》:"'隼'是总名,'鶙'是雀鹰。今雀鹰小于青肩,大者名鷂子,皆善捉雀。"鶙为今天所言鷂子,一种似鹰而较小,捕食鸟类的凶猛禽类。又《玉篇》:"鷏,之然切,鷂属。"《释鸟》:"晨风,鷏。"郭璞注:"鷂属。"《说文解字·鸟部》:"鷏风也,从鸟亶声。"陆玑疏:"鷏,似鷂,青黄色,燕颔句喙,响风摇翅,乃因风飞,急疾击鸠鸽燕雀食之。"《尔雅正义》:"鷏似鹰类,有生于土窟者,故亦谓之土鷏。""鷏"与"鶙"为相似的鷂属禽类,《艺文类聚》或混淆误作"鷏"。郭璞注:"鶙,鷂也。江南呼之为鷏,善捉雀,因此名云。音淫。"《艺文类聚》"鶙也"盖出自此。

(二)《尔雅》的文字讹误与衍脱

【菌—茵】

《艺·祥瑞部》引《尔雅》:"菌,芝也。"

按:《释草》作"茵"。"茵"字难解,也未见于其他典籍。《庄子·逍遥游》篇"朝菌不知晦朔",司马彪注云:"大芝也,天阴生粪土,见日则死,一名日及,故不知月之终始。"《列子·汤问》篇云:"朽壤之上有菌芝者,生于朝,死于晦。"诸家训释"芝"所用的字为"菌"。由此可知,今本《尔雅》"茵"当为"菌"之讹,因形近而误。

【岠—岠】

《艺·天部》引《尔雅》:"岠齐州以南戴日为丹穴。"

按:《释地·四极》:"岠齐州以南,戴日为丹穴。"训释的是离齐州南一定距离的地名。郭璞注"岠,去也"。其中"岠"当为讹字。《玉篇》:"岠,其吕切,大山也。"《正字通》:"岠,俗字旧注,其吕切,音巨,引篇海,大山也,泥一曰,岠字之讹。"岠之本意为巨大的山,非距离之意,与"距"并不相通。《说文解字·止部》:"歫,止也,从止巨声,一曰抢也,一曰超歫。"歫有至意,至则止矣,与郭璞注"去也"意合,《正字通》:"歫,与距通,说文止也。"故《尔雅》"岠"当为形近而误,本应作"歫",才可与"距"通,表示距离的意思。《艺文类聚》卷二十一《人部五·智》引《尔雅》作"距"。今人徐朝华《尔雅今注》、王建莉《尔雅新注》中直接说"岠"与"距"通,漏略了中间"岠"当为"歫"之讹的环节。

【霆—霆霓】

《艺·天部》引《尔雅》:"疾雷谓之霆。"

按:《释天·风雨》:"疾雷为霆霓。"《说文解字》:"霆,雷余声也铃铃,所以挺出万物","霓,屈虹,青赤,或白色,阴气也。从雨,儿声。"霆、霓是截然不同的两种事物,霓为虹之一种,与疾雷无涉。故《诗经·采芑》言"戎车啴啴,啴啴焞焞,如霆如雷",《易经·系辞》言"鼓之以雷霆,润之以风雨",《淮南子·兵略》言"疾雷不及塞耳,疾霆不暇掩目",《素问·五常政大论》言"乃为雷霆",《后汉书》有"霆发昆阳,凭怒雷震",与疾雷意义相联系的只有"霆",未见"霓"。《字镜》卷九之部"霆"下云"疾雷为霆"。《字镜》的训解多录自梁顾野王《玉篇》,可知顾野王所据《尔雅》旧本并无"霓"字。其后《初学记》《太平御览》《北堂书钞》等引《尔雅》均无"霓"字。故今本《尔雅》"霓"字当为衍文。

【珠玉—多珠玉】

《艺·宝玉部》引《尔雅》:"西方之美者,霍山之珠玉焉。"

按:《释地·九府》:"西方之美者,有霍山之多珠玉焉。"此句中"多"当为衍文。其上下文为"西南之美者,有华山之金石焉""南方之美者,有梁山之犀象焉""东北之美者,有斥山之文皮焉"。其中"金石""犀象""文皮"与"珠玉"对等,皆是宝贵之物,经典中未见名为"多珠玉"的宝物。黄侃《尔雅音训》言:"《广雅》自水晶、琉璃、珊瑚之属九名皆目曰珠,是知珠之所包多矣,故曰多珠玉。"①但金石(金银宝石)、犀象(犀角象牙)、文皮(有花纹的兽皮),细分的话种类皆非常多,何以珠玉前独加一"多"字,

---

① 黄侃:《尔雅音训》,中华书局2007年版,第101页。

于文理上或不太相合。《淮南子·地形训》亦有"西方之美者,有霍山之珠玉焉",无"多"字。《太平御览》引《尔雅》作"西方之美者,有霍山之珠玉焉",宋王应麟《玉海》引作"霍山之珠玉",《困学纪闻》引作"霍山之珠玉"。综合可知,"多珠玉"之"多"字当为衍文。

【在水—在水者】

《艺·宝玉部》引《尔雅》:"贝,居陆猋,在水蜬。"

按:《释鱼》:"贝,居陆䘆,在水者蜬。"训释在陆地的贝为"䘆",在水中的贝为"蜬"。其"在水者蜬"或衍"者"字。依《尔雅》文例,其释相似名物,如果用"者",一般都是排比连用。比如《释器》"在墙者谓之楎,在地者谓之㡛""大者谓之栱,长者谓之阁",《释丘》"如乘者,乘丘;如陼者,陼丘",《释山》"山如堂者,密;如防者,盛",《释草》"荣而实者谓之秀,荣而不实者谓之英",《释鱼》"大者魠,小者鲹""龟,俯者灵,仰者谢"。"居陆"与"在水"对应,依此文例,《尔雅》当作"贝,居陆䘆,在水蜬"或"贝,居陆者䘆,在水者蜬"。而成书于唐代的《艺文类聚》引《尔雅》作"居陆䘆,在水蜬",故《尔雅》本作"贝,居陆䘆,在水蜬"可能性更大,后人传抄过程中衍一"者"。

(三) 文献辑佚

1. 《艺·木部》引《尔雅》:"楥,木桂。皮厚曰木桂。一树。"

按:引自《释木》:"楥,木桂。""皮厚曰木桂。一树"句不见于《尔雅》。

2. 《艺·杂器物部》引《尔雅》:"鼎绝大谓之鼐。圜弇上谓之鼒。鼒,子鼎。附耳外谓之翼。"

按:引自《释器》:"鼎绝大谓之鼐,圜弇上谓之鼒,附耳外谓之釴。""鼒,子鼎"句未见于《尔雅》。

3. 《艺·木部》引《尔雅》:"其实梂。椒之属。其子房生为梂。"

按:引自《释木》:"栎,其实梂。""椒之属。其子房生为梂"句未见于《尔雅》经注。

4. 《艺·兽部》引《尔雅》:"駏驉,北野之良马。"

按:引自《释畜·马属》:"駏驉,马。""北野之良马"句未见于《尔雅》经注。

5. 《艺·灾异部》引《尔雅》:"食根曰蟊。食节曰贼。四蝗虫名也。"

按:引自《释虫》:"食节贼。食根蟊。"存在倒文,训释词存在差异。"四蝗虫名也"句未见于《尔雅》。

6. 《艺·木部》引《尔雅》:"枫,聂。天风则鸣,故曰聂。聂树似白杨,叶圆而岐,有脂而香。今之枫者。"

按:引自《释木》:"枫,欇欇。"郭璞注:"枫树似白杨。叶员而岐。有脂而香。今之枫香是。""欇树似白杨,叶圆而岐,有脂而香。今之枫者",此句盖引自郭璞注而有异文。"天风则鸣,故曰欇"一句则未见于《尔雅》经注。

Research on the Citation of *Erya*(《尔雅》) in *Yiwen Leiju*(《艺文类聚》)

Hu Tao

Abstract: *Yiwen Leiju* cites 162 entries from *Erya* through various methods such as single citation, combined citation, selective citation, and semantic citation. Among these, 114 entries (accounting for 70.4%) exhibit numerous textual variations from the current version of *Erya*. These citations are categorized into ancient characters, modern characters, original characters, borrowed characters, and taboo-modified characters, reflecting the evolution of both character shapes and phonetics. An analysis of these citations reveals that both *Yiwen Leiju* and *Erya* contain many textual errors, including additions, omissions, reversals, and anomalies. These findings have significant value in the fields of linguistics, textual criticism, bibliographic restoration, and organization.

Keywords: *Yiwen Leiju*; *Erya*; textual variations; analysis; bibliographic restoration

常用词"便利"与"方便"的历时演变*

吕志峰**

摘要：在佛教传入以前,"便利"一词正常而独立地使用,主要表示"有利"等意义。"方便"始见于东汉时期,是一个佛教用语。六朝开始,"方便"一词逐渐进入全民语言行列,产生了很多新的义位,而"便利"一词则逐渐边缘化,使用频率较低,义位也缺乏发展。宋代之后,"便利"的使用逐渐减少,且主要是表示"容易""便当"的意思。而"方便"一词则愈加活跃,它不仅保有原先的诸多义位,还把原属"便利"的一些义位,如"屎尿""灵敏"等作为自己的义位使用。两个词在发展过程中相互交叉、纠缠。

关键词：便利　方便　历时演变　交叉

一、"便利"的历代使用情况

"便利"一词出现很早,在先秦的文献中可见。《墨子·尚同》有云:"是故上者天鬼有厚乎其为政长也,下者万民有便利乎其为政长也。"此句中"厚"与"便利"相对,可释为"有利"。《荀子·修身》:"齐给便利,则节之以动止。"《荀子·非十二子》:"辩说譬谕,齐给便利。"《荀子·议兵》:"械用兵革攻完便利者强,械用兵革窳楛不便利者弱。"这里的"便利"可释为"敏捷""灵活"。① 出土文献所见"便利"的用例如《银雀山汉墓竹简·守法守令等十三篇》:"便利其出入之门,百化(货)财物利之。"

---

* 本文系 2021 年国家社科基金重大项目"东汉至唐朝出土文献汉语用字研究"(21&ZD295)、2021 年上海市哲学社会科学规划课题"秦汉简牍簿籍类文书分类集注与词汇研究"(2021BYY003)的阶段性成果。感谢颜敏玉、张凯潞在论文语料等方面提供的帮助以及提出的宝贵意见！

** 吕志峰,1977 年生,文学博士,华东师范大学中文系教授,博士生导师,主要从事汉语词汇史和秦汉出土文献语言文字研究。

① 杨倞注《荀子》云:"齐给、便利,皆捷速也。"

《居延新简》EPT53:77:"舍,至甲子乃至隧。宗私自便利。"《敦煌马圈湾汉简》105:"圣朝之意也,知邻国也。思念其便利,甚愤懑。"这里的"便利"或作名词,或作动词,都可释为"有利"。

东汉时,"便利"的使用仍然不多,如《全汉文》卷二十九魏相《条奏便宜》:"所以周急继困,慰安元元,便利百姓之道甚备。"《前汉纪·孝宣皇帝纪》:"上欲令敌自便利。即先下敌。"《太平经·九君太上亲诀》:"或赐与美人玉女之象,为其作色便利之,志意不倾。"《论衡·是应》:"太平之时,无商人则可;如有,必求便利以为业。买物安肯不求贱,卖货安肯不求贵!"这些句子中,"便利"大都作动词,可释为"使方便有利",偶有作名词,释作"利益"。

另外值得注意的是,《论衡·订鬼》中还有一句"夫物有形则能食,能食则便利",刘盼遂先生案:"便利,谓拉屎撒尿也。"

六朝时期,"便利"的使用情况没有发生很大的变化,用例依然较少。如《三国志·吴书·周鲂传》裴注:"鲂生在江、淮,长于时事,见其便利,百举百捷。"刘宋译经《佛说菩萨内戒经》:"贾市百倍千倍万倍,住止得处卖买便利,贵贱各得所愿。"北凉译经《大悲莲华经》:"众生等类无有便利涕唾污垢。"北凉译经《大悲莲华经》:"无有涕唾便利之患痰汗泪。"前两例中的"便利"表示"方便""有利",后两句则都来自佛经,其中"便利"作名词,表示"屎尿"的意思。

在唐代,可查到的"便利"用例基本来自杜佑所撰的政书《通典》,主要有四个义位。其一,大部分情况下,"便利"应释为"方便""有利",如:"计底柱之难,号为天险,迅惊千里,未易其功。然既陈便利,无容辄抑。""不用乡导者,不得地利。不任彼乡人而导军者,则不能得道路之便利也。""有通,有挂,有支,有隘,有险,有远。此六地之名。教民居之,得便利则胜也。"其二,可释为"方便""容易",如:"钱之为用,贯镪相属,不假斗斛之器,不劳秤尺之平,济代之宜,便利于此。""天子以为然,发卒穿漕渠以漕运,大便利。"其三,可以释为"合适""适宜",如:"太史理星占气及太卜龟蓍,皆以为吉,匈奴必破,时不可得也。今便利之时,后不可再得。""暨于近代以来,加之阴阳葬法,或选年月便利,或量墓田远近。"其四,可以表示"熟习""熟练",如:"已试而铨,察其身、言;已铨而注,询其便利,而拟其官。""然其天性骁勇,弓马便利,倍于氐羌。"

在唐代佛经《原人论》中,"便利"仍然表示"屎尿"义,如"初食地饼林藤;后粳米不销,大小便利,男女形别。"

北宋时期的文献中出现"便利"数十次,其中不少出现在类书《册府元龟》中,其表示"方便""有利"。偶有表示"屎尿"义的,如:"玄成深知其非贤雅,意即阳为病狂,卧便利,妄笑语昏乱。"①或有表示"敏捷""灵活"义,如:"夫人生百体坚强,手足便利,耳目聪明而心圣智,岂非士之愿与?"②

　　史书《资治通鉴》中"便利"的使用情况与《册府元龟》几无差别。

　　戴埴的《鼠璞·防海》有一句"南人谙海道者也,于舟楫非不便利,犹艰阻如此,况北人乎?"此处表示"熟习"。

　　除上述之外,宋代还有如《朱子语类》《五灯会元》以及一些话本中也出现了"便利"一词,其释义大致有名词"屎尿"、动词"方便有利"、名词"有利时机"等。

　　明代文献如《天工开物》中有:"制度相同,其便利又三倍于牛犊也。"这里的"便利"释为"方便""有利"。小说中也有这样的用法。另在小说中"便利"还可以表示"方便""容易",如《三宝太监西洋记》:"况兼应对之间,尽觉得便利,其来意可知矣。"

　　明代还有不少讲名将戚继光的文章,其中多用"便利"一词表示"敏捷""灵活"。如《纪效新书》:"学拳要身法活便,手法便利,脚法轻固,进退得宜。"《练兵实纪》:"艰苦居士之先,便利居士之后。"

　　在"灵活"义的基础上,"便利"在明代又引申出了"伶俐"义。如王錂《春芜记·感叹》:"就中独有侍女秋英,性多便利,色擅芳华。"小说《隋唐野史》:"于是,每令口捷便利之人,只在营外辱骂。"

　　值得关注的是,在清代,"便利"的主要义位不再是"有利",而渐渐转为"容易"。譬如《曾国藩家书》:"现逢折差的便利,恭敬的禀告一二。"《三侠剑》:"把民脂民膏绞尽啦,往外国一跑,就算完事,皆因为现在交通便利,一天就可以行千里。"偶有表示"合宜"的,如《八仙得道》:"只因把赵公子带在后面,举动甚不便利。""看看儿女年纪都大,因为教读便利起见,蓝文家便请了一位姓毛的先生,在家教读。"

　　五四运动以后,通俗小说仍会使用"便利",但此时"容易"义已占其中的绝大多数,而表示"有利"义则不再使用这个词。如《元代宫廷艳史》:"一边没袖儿的地方,露出僧袍的袖儿,又觉得过长,手执香炉,很不便利。"《上古秘史》:"况且这个车子不必为行军之用,就是寻常行路亦很便利的。"

二、"方便"的历代使用情况

　　通过 CCL 语料库③,我们检索到含有"方便"一词的语料共计 11348 条,其中近万

---

① 此句实引自《汉书·韦玄成传》。
② 此句实引自《史记·范雎蔡泽列传》。
③ 北京大学 CCL 语料库检索系统,网址:http://ccl.pku.edu.cn:8080/ccl_corpus/index.jsp?dir=gudai。

条出自佛教典籍。

"方便"始见于东汉时期,且均出自佛经。如东汉《佛说尸迦罗越六方礼经》:"见人贫贱不弃捐,当念求方便欲富之。"《修行本起经》:"以得定意,不舍大悲,智慧方便,究畅要妙,通三十七道品之行。"作为佛经中的专门用语,"方便"有特定含义,谓"以灵活方式因人施教,使悟佛法真义"。它有一定的意译成分,譬如使用了"便"字的"敏捷""灵活"义,而"方"字可能与音译有关。这个用法相对固定,在历代的佛经中被长期使用着,如晋代《维摩经·法供养品》:"以方便力,为诸众生分别解说,显示分明。"唐代《坛经·般若品》:"欲拟化他人,自须有方便。"宋代《五灯会元·章敬晖禅师法嗣·荐福弘辩禅师》:"方便者,隐实覆相,权巧之门也。被接中下,曲施诱迪,谓之方便。"而在整个东汉,"方便"仅作为专门词语使用,无其他义位。

但到了六朝,随着佛教在中国更为广泛的传播,"方便"一词的使用频率大大增加。而伴随着它在民间的流行,在频繁地使用中,"方便"的含义渐渐扩大,不再限于佛经中的单一解释,且其义位的延伸基本以"便"字为核心。

《全刘宋文》卷八明帝《与诸方镇及诸大臣诏》:"吾所以为设方便,呼入在省。"《晋书·石季龙载记上》:"军中有勇干策略与己侔者,辄方便害之,前后所杀甚众。"《北史·魏东阳王丕传》:"若有奸邪人方便谗毁者,即加斩戮。"这些例子中,"方便"已从佛经的专有含义引申出来,可释为"灵活地随机乘便"。

《洛阳伽蓝记·龙华寺》:"综形貌举止甚似昏主,其母告之,令自方便。"此处"方便"作动词,有"有利""合宜"的意思,可释为"便宜行事"。

《乐府诗集·团扇郎》:"动摇郎玉手,因风托方便。"此处作名词,有"便利""便当"的意思。

《百喻经·牧羊人喻》:"时有一人,善于巧诈,便作方便,往共亲友。"《百喻经·田夫思王女喻》:"我当为汝作好方便,使汝得之,勿得愁也。"此义疑是由"方"字引申而来,作名词,释为"计谋""算计"。

《百喻经·倒灌喻》:"汝大愚人,不解方便。"《百喻经·小儿得大龟喻》:"昔有一小儿陆地游戏,得一大龟,意欲杀之,不知方便,而问人言:'云何得杀?'"此义当释为名词"方法""诀窍"。

唐代时,"方便"的义位进一步增加。《通典·册让》:"群臣敛钱献食,君上厚赐答之,姑息施恩,方便求利。"《大唐新语》:"景龙中,中宗尝游兴庆池,侍宴者递起歌舞,并唱《回波词》,方便以求官爵。"这些情况下的"方便"含"有利"的意思。

《大唐新语》:"或对之猥泄,曰:'公与当朝仇者为谁何不引决?'仁轨曰:'乞方便.'乃于房中裂布,将头自缢。"① 《游仙窟》:"强知人是客,方便恼他来。"《游仙窟》:"定知心肯在,方便故邀人。"这里的"方便",不止于名词形式,有"容易""便当"之义。

《北史·循吏传·孟业》:"州中要职诸人,欲相贿赠,止患无方便耳。"《请密诏塞上事宜状》:"望密诏刘沔与忠顺守志,每有使去,即令将密意,看方便,说谕公主知。"此处"方便"作名词,应是从动词义引申而来,可释为"有利的时机"。

另外,在近现代,"方便"又衍生出了一些新的义位。一是"排泄屎尿"义。如《西游记·第五十五回》:"他两个腹中绞痛……那婆婆即取两个净桶来,教他两个方便。"二是"灵敏""灵便"义。如洪深《香稻米》:"老阿爹耳朵不大方便,听不出你的话。"三是特指"钱财宽裕"。如曹禺《雷雨》:"现在你手下方便,随便匀给我七块八块的好么?"

三、两词义位的交叉关联

综上,可以看出"便利"和"方便"两词在诸多义位上都有纠缠、关联,两者的关系颇为复杂。列表呈现如表1:

表1 "便利"与"方便"义位的历代分布情况

朝代	便利	方便
先秦	① 有利 ② 灵活、敏捷	尚未产生此复音词
东汉	① 有利;利益;有利的时机 ② 排泄屎尿	① 佛教语,谓以灵活的方式因人施教,使悟佛法真义
六朝	① 有利;利益;有利的时机 ② 排泄屎尿;屎尿	① 佛教语,谓以灵活的方式因人施教,使悟佛法真义 ② 灵活地随机应变 ③ 合宜、便宜行事 ④ 便利、便当 ⑤ 计谋、算计 ⑥ 方法、诀窍

---

① 在"容易"这一义项里,《汉语大词典》选用的最早例句来自老舍的《龙须沟》,而本文认为此义项的产生至少可追溯到唐代。另外,关于"方便"的其他义项,本文所选用的例句也略早于《汉语大词典》。

(续表)

朝代	便利	方便
唐	① 有利;利益;有利的时机 ② 排泄屎尿;屎尿 ③ 容易、便当 ④ 适宜、合宜 ⑤ 熟习、熟练	① 佛教语,谓以灵活的方式因人施教,使悟佛法真义 ② 灵活地随机应变 ③ 合宜、便宜行事 ④ 便利、便当 ⑤ 有利;有利的时机
宋代以降	① 有利;利益;有利的时机 ② 排泄屎尿;屎尿 ③ 敏捷、灵活 ④ 伶俐 ⑤ 容易、便当	① 佛教语,谓以灵活的方式因人施教,使悟佛法真义 ② 灵活地随机应变 ③ 合宜、便宜行事 ④ 便利、便当 ⑤ 有利;有利的时机 ⑥ 排泄屎尿;屎尿 ⑦ 灵敏、灵便 ⑧ 钱财宽裕

由表1可见,在佛教传入以前,"便利"一词正常而独立地使用、发展着。

东汉永平年间,佛教进入中国,"方便"一词随着佛经的翻译而被创造出来,并被赋予"以灵活的方式因人施教,使悟佛法真义"的特定含义。同时,佛教典籍在使用"便利"一词时,也为这个既有的词语创造了一个新的义位"屎尿(动词或者名词形式)"①。而"便利"原有的"有利"义,仍然保持使用,且主要针对两方面:一方面是军事上,往往用于表示处在有利的地势;另一方面是经济上,往往用于表示可以获得金钱的收益。

六朝时期,随着佛教的兴盛,"方便"一词在民间广泛使用,其意义不再受限于佛教术语,而是从构成复音词的两个汉字本身所具有的义位上发展起来。从"便"字产生了"灵活地随机应变""便宜行事""便当"等义;从"方"字产生了"计谋""方法"等义。而"便利"一词,则逐渐边缘化,使用频率较低,义位也缺乏发展。

到了唐代,两词的关系愈发复杂。"方便"一词由于其义位的衍生主要以"便"字为核心,所以六朝时出现的"计谋""方法"两种用法在短暂使用后便走向消亡,到唐时已很少再用。而由"便"衍生出的义位则蓬勃发展,使用范围扩大、词性也有所扩展。有意思的是,原先一直由"便利"来表示的"有利"义,在这一时期多用"方便"一

---

① "便利"的这种用法第一次出现是在王充《论衡》中,此时佛教传入中国已有二十余年。且后来的佛教典籍里但凡用到这个词,表示的几乎都是"屎尿"或者"排泄屎尿"的意思。

词,且针对的范围不再限于军事和金钱,而可以宽泛地表示"有好处"。而在"便利"为数不多的使用情境中,也自"便"字衍生出"容易""合宜"等义。此外,"便利"还特别从"灵活"中引申出一个"熟习"的义位。

宋代之后,"便利"的使用渐少,且主要是表示"容易""便当"的意思,而"方便"一词则愈发活跃,它不仅保留原先的诸多义位,还把原属"便利"的一些义位如"屎尿""灵敏"等作为自己的义位使用。在五四以后的白话中,"方便"还新生了一个"钱财宽裕"的义位,"手头方便"就是"有钱"的含蓄、隐晦的说法。

四、余论:"便利"的再活跃及其与日语的关系

"便利"再次活跃起来,是在20世纪末的时候,以一个外来词的面孔。

1946年美国出现了一种小型零售店Convenience Store,以经营实时性商品为主,以满足顾客应急性、方便性需求。这种小型自选式商店渐渐衍生出两个分支:一是加油站型,在地域广阔且汽车普及的欧美地区较为盛行;二是传统型,通常位于居民住宅区、学校及客流量大的繁华地区,盛行于日本,并在20世纪90年代进入中国。对于这种以满足便利性需求为宗旨的小型零售店,日本人以"コンビニエンス・ストア"称之,实际上便是将英文词组以日本语注音符号的方式直接吸收进来,成为日语中一个新的外来词。由于此词过长,不易记忆,日语中又截取其中的前半部分"コンビニ"作为简称。到了20世纪90年代,这种零售店模式从日本引入中国,翻译者选择了"便利店"这个中文名称。

需要提及的是,古时的日本曾多次派使者来学习中国的先进文化,最为有名的便是唐朝的日本"遣唐使"以及公元646年的"大化改新",因此日本语也颇受古代汉语的影响。在今天的日语中,便有"便利"一词,用假名写作"べんり",其含义是"容易""便当",和英文的"convenience"正相对应。所以,中国从日本引进"コンビニ"时,翻译作"便利店"就不足为奇了。

A Study on the Diachronic Evolution of the Common Words "Bianli"(便利) and "Fangbian"(方便)

Lü Zhifeng

Abstract: Before the introduction of Buddhism, the word "bianli" was commonly used in an independent manner, primarily meaning "advantageous" or similar concepts. The term "fangbian" first appeared during the Eastern Han Dynasty as a Buddhist term. From the Six Dynasties onward, "fangbian" gradually became a part of common language, developing many new meanings. In contrast, "bianli" became marginalized, with a decreased frequency of use and limited expansion in its meanings. After the Song Dynasty, the usage of "bianli" continued to decline, and it mainly came to mean "easy" or "convenient". On the other hand, "fangbian" became increasingly active, not only retaining its original meanings but also incorporating some meanings that were previously associated with "bianli", such as "excrement and urine" and "agility". Over time, the two terms intersected and became entangled in their development.

Keywords: Bianli; Fangbian; diachronic evolution; intersection

【青年学者论坛】

"煎熬"词义的南北分化与历时演变*

马艺萌**

摘要："熬"在楚系出土简帛中指"用火干煎"。《楚辞》中的"煎熬"指"内心的焦燥折磨"。秦汉时期，同形异义词的南北分化现象不容忽视，"煎熬"在北方通语区的词义及引申义均由"煎"而来，在南方楚方言区的词义及引申义由"熬"而来。十六国时期，汉译佛经是"煎熬"南、北方言义接触的枢纽。"煎熬"词义的南北对立格局在唐代依然明显，自宋代起，该格局开始呈现"北强南弱"的趋势。"煎熬"词义的南北分化原因有三点。

关键词：煎熬　火干煎　汁水煎　词义南北分化　楚系文献

谈到汉语词汇的南北分化问题，学界讨论的时段多集中在魏晋及以后。但是早在秦汉时期，已有部分汉语词汇既在南方楚地①使用，又在北方通语区②出现，比如

---

* 本文系教育部人文社科重点研究基地重大项目"中古专类文献词汇研究——以道经、佛典、史书为中心"（20JJD740002）、国家社科基金重大项目"汉语词汇通史"（14ZDB093）的阶段性成果。文章承蒙导师方一新教授的悉心指导，邵则遂、汪维辉、王挺斌（以姓氏拼音排序）诸位专家以及王竹勋、刘雪凝、成佳、贾明卓、齐域为本文提出了宝贵意见，谨此统致谢忱。文章一切问题由本人负责。
** 马艺萌，1991年生，浙江大学汉语史研究中心/文学院博士研究生，主要从事汉语历史词汇学研究。
① 楚国是春秋战国时期的诸侯国，本文的"楚地"指楚国在该时期占领的最大辖区。《战国策·楚策》中，纵横家苏秦曾详细描述过楚国的疆域："楚，天下之强国也……西有黔中、巫郡，东有夏州、海阳（今山东半岛南部），南有洞庭、苍梧，北有汾陉之塞郇阳（今陕西旬阳），地方五千余里，带甲百万，车千乘，骑万匹，粟支十年，此霸王之资也。"《淮南子·兵略》："昔者楚人地，南卷沅、湘，北绕颍、泗，西包巴、蜀，东裹郯、淮、颍、汝以为洫，江、汉以为池。"先秦时期楚国的最大疆域，几乎占据了中国整个南方地区，其地域版图拥有今湖南、湖北、四川、安徽、江西、江苏、浙江、河南（南部）、陕西（东南部）、山东（南部）等省的全部或部分，势力扩展到广东、广西、云南、贵州。这些地区的口语、书面语都曾受到楚方言的影响。秦以后，部分从先秦遗留下来的楚方言词在中国南方地区逐渐变为底层，其影响力可持续至宋代。宋代以后的湖南、湖北地区，依然保留着上古楚方言的词义。我们在对周秦两汉楚方言词语进行考释时，应注意楚系文献的使用方法（请参看笔者待刊稿《浅谈从传世文献中提取楚地方言义的方法——以楚地方言词"熬"为例》，《汉语史学报》第33辑）。在考证秦、楚方言词义时，应使用同时代的楚系文献，即"共时材料"；在梳理秦汉楚方言词义的历时演变规律时，应使用历代的楚系文献，即"历时材料"。也就是说，我们不能脱离秦汉时期的文献而仅以唐宋甚至之后的注疏材料反证汉代的楚方言词义，唐宋的文献应作为秦汉楚方言义演变的材料。此外，梳理"历时材料"时，历代楚籍作家的地域（转下页）

"煎熬"。在南方楚地方言的影响下,这些词的词义产生了南、北差异,这一差异对汉代以后的词义引申路径产生了重大影响。这就需要我们充分利用"楚系文献"①,把这些词的楚方言义从通语义中剥离出来,厘清词义在南、北方言中的本质区别。

东汉王逸《楚辞·九思》:"我心兮煎熬,惟是兮用忧。"林家骊对该句的译文是:"我心如同啊油煎一般,想起此事啊悲愤忧愁。"②这样的注释存在以今律古的问题。《楚辞》是一部具有浓厚楚方言色彩的文学作品,其中保留了丰富的楚方言词汇。王逸的骚体诗具有强烈的楚方言特色。在为《楚辞》作注时,我们应穷尽性地考察先秦两汉时期的楚籍文献,使其中的楚方言词义得以明确。《楚辞》"我心兮煎熬"中的心理动词"煎熬",属于烹饪动词"煎熬"的引申用法,指一种内心的活动。先秦两汉时期,心理动词"煎熬"只在《楚辞》中出现了一次,我们对该词准确考证的前提是厘清烹饪动词"煎熬"在先秦两汉楚系文献中的具体词义。③

本文以"煎熬"为例,试图厘清该时期"煎熬"词义在北方通语和南方楚语使用时的本质区别,重点梳理"煎熬"从先秦至宋代南、北方词义的历时演变规律。在元明清文献中,由于楚方言义逐步被通语覆盖,方言特征不明显,所以本文不作重点讨论。

一、周秦两汉时期"煎熬"的语义演变

"熬"在西汉时期被记为楚方言词,"熬"对"煎熬"的词义有着较大影响。拙文《浅谈从传世文献中提取楚地方言义的方法——以楚地方言词"熬"为例》(待刊)已系统考证楚地方言词"熬"在先秦两汉指"火干煎",即"用火干煎锅里的谷物,使其失去自身水分后变得干香"。本文又穷尽性地梳理了周秦两汉的传世文献,发现"煎熬"最晚在西汉成词④,出现较早的一例是西汉刘向《新序·杂事》所载春秋时期晋国乐师师旷的话:

(接上页)范围应全部限定在先秦时期楚国的最大疆域,因为我们要考证的是先秦楚地曾使用过的词在历代的遗留和演变,不论秦以后楚国的封地范围如何变化,政权中心如何转移,楚方言词依然在原疆域(即先秦时期楚国的最大疆域)内遗留和演变。楚国历史疆域研究参看何浩:《楚灭国研究》,武汉出版社1989年版;后晓荣:《战国政区地理》,文物出版社2013年版。
(接上页)② 本文提到的通语区,指先秦时期楚国扩张到的最大疆域以北的地区。
① 楚系文献的研究材料包括历代楚籍作家所撰传世文献和楚地故事。"楚籍作家",即出生地或祖籍在先秦楚国最大疆域内的作家。
② 林家骊译注:《楚辞》,中华书局2015年版,第376页。
③ 为确保对历代传世文献南、北语料的清晰划分,本文在楚作家后标注其籍贯,该籍贯所在地位于先秦时期楚国的辖区。若作者后没有标注籍贯或文献未被解释,则默认为通语文献。若作者生平、籍贯至今无从考证,所著文献无法判定其语言性质,则不在本文讨论范围。
④ 如果《新序·杂事》记录的是师旷准确的原话,则说明"煎熬"在春秋时期已成词。

(1) 师旷侍,曰:"臣请譬之以五味,管仲善断割之,隰朋善煎熬之,宾胥无善齐和之,羹以熟矣。"(西汉刘向《新序·杂事》)

师旷,非楚国人,"羹"指浓的汤汁。经考证,东周时期通语文献的"熬"只有"火干煎"义。"煎"在东周时期,有"煮"义。例(1)为通语文献用例,结合文意"煎熬"之后成羹汤,"煎熬"在此例的语义指向"煎",表"汁水煎"。

"煎熬"在秦代未见用例。两汉时期,"煎熬"多现于楚籍作家作品或楚地故事,现全部列举如下:

(2) 楚苗之食,安胡之饲,抟之不解,一啜而散。于是使伊尹煎熬,易牙调和。(西汉枚乘《枚叔集·七发》)

(3) 于是从容安步,斗鸡走兔,俯仰钓射,煎熬炮炙,极乐到暮。(《枚叔集·梁王菟园赋》)

(4) 煎熬焚炙,调齐和之适,以穷荆、吴甘酸之变。(西汉刘安《淮南子·本经》)| 今屠牛而烹其肉,或以为酸,或以为甘,煎熬燎炙,齐味万方,其本一牛之体。(《淮南子·齐俗》)

(5) 所谓乐者,岂必处京台、章华,游云梦、沙丘,耳听《九韶》《六莹》,口味煎熬芬芳。驰骋夷道,钓射鹔鹴。(《淮南子·原道》)

(6) 鹄酸臇凫,煎鸿鸧些。(战国宋玉《楚辞·招魂》)东汉王逸注:"鸿,鸿雁也。鸧,鸧鹤也。此言复以酢酱烹鹄为羹,小臇臛凫,煎熬鸿鸧令之肥美也。"

(7) 我心兮煎熬,惟是兮用忧。(王逸《楚辞·九思》)王逸注:"熬,亦煎也。"

(8) 议郎蔡邕深敬之,以为让宜处高任,乃荐于何进曰:"……怪此宝鼎未受牺牛大羹之和,久在煎熬鼐镬之间。"(《后汉书·边让传》)

例(2)记录了吴客向楚太子讲的楚地故事。"安胡"是生长在湖泊、沼泽里的菰米。楚地多湖泊、沼泽。"煎熬"指"干煎",表示烹饪抟而不散的菰米饭并使之干香。例(3)西汉枚乘的辞赋受楚辞影响颇深,这里的"炮炙"指"用火烤食物","煎熬"指"干煎"。例(4)"煎熬焚炙"与"煎熬燎炙"词义相近,"煎熬"指"干煎","焚炙"和"燎炙"均指"火烤"。例(5)"京台""章华"都是楚国的台观,"云梦"是楚地的云梦泽,"沙丘"是纣王的台观,地处巨鹿,也是楚军打败秦军之地。这里的"煎""熬"是楚地的烹饪方法,应指"干煎"。例(6)"臇""臛"都是"羹","鹄酸""臇凫"都是少汁羹,"煎鸿鸧"指用火把鸿、鸧肉变干香。王逸用"煎熬"注"煎",可以看出楚方言"熬"和"煎"的烹饪手法一致,都指"干煎"。例(8)是蔡邕引荐边让于将军何进的话。"煎熬"后的肉可以被切成大块,此处的"煎熬"应释为"干煎"。从地域上看,蔡邕是河南开封人,该用法与《方言》所载"齐楚以往谓之熬"的地域分布相吻合。齐国是现在的山东,河南正处于湖北、山东两省之间。湖北、河南南部、山东南部是先秦楚国的辖地。

从先秦两汉的传世文献中可以看出,"煎熬"在通语文献中仅一例,指"用水煎";在楚系传世文献中的使用频率较高,并由烹饪动词活用作心理动词。"煎熬"在该时段的楚系传世文献中与"熬"的楚方言词义一致,指"用火干煎食物本身使其变得干香",未曾出现在"用油煎"或"用水煎煮"语义场景中。烹饪动词"煎熬"加工的食品多为肉类,干煎的依然是食物本身。肉类在被火干煎的过程中其自带的油脂会融化,继而变得干香。

"煎熬"从烹饪动词到心理动词的变化是隐喻的过程。根据前文,"煎熬"在先秦两汉的楚系传世文献中仅有"火干煎"义,《楚辞·九思》中"我心兮煎熬"指事情对内心的折磨,此处的"煎熬"应释为"内心的焦燥折磨",不宜释为"油煎"。

二、三国至南北朝时期"煎熬"的语义演变

直到三国魏,"煎熬"首次出现了"燃烧"义。

(9)五色曜朝日,嘉宾四面会。膏火自煎熬,多财为患害。(三国魏阮籍《阮步兵集》卷二)

"膏"遇火"煎熬","患害"与"煎熬"对应,"煎熬"指"燃烧"。阮籍是河南开封人,"煎熬"的"燃烧"义是由"干煎"引申而来。

东晋时期,"煎熬"多见于葛洪(江苏籍)《抱朴子》。江苏在先秦时属于楚国管辖,《抱朴子》的例证可作为先秦楚地"煎熬"在东晋时期的遗留和演变。

(10)云梦之泽,孟诸之薮……虽饶,而未可谓之为煎熬之盛膳,渝狄之嘉味也。(东晋葛洪平津馆本《抱朴子·外篇·钧世》)

(11)有身不修,动之死地,不肯求问养生之法。自欲割削之、煎熬之、憔悴之、澌汔之。(《抱朴子·内篇·金丹》)

(12)取铅锡十斤,于铁器中煎熬。投此二丸如鸡子黄,合搅须臾,立成黄金。(赤松子传《九真中经》卷下)

例(10)云梦、孟诸在今湖北、河南。"煎熬"是当地的烹饪手段。平津馆本《抱朴子·外篇·钧世》:"煎熬之熬,刻本作熬,俗字当改作熬。"此处的"熬"是"熬"的异体字,"煎熬"指"用火干煎"。例(11)由"煎熬"引申为身体上的折磨。例(12)《九真中经》作者籍贯不详,无法判定地域。此例是烹饪动词"煎熬"用于金属冶炼场

景中最早的例证,此例指在铁器中煎熬铅锡使之融化,"煎熬"有"用火使金属熔化"义,从词义演变链上可推知,应是由"(用火)干煎"义引申而来。

十六国时期,"煎熬"的楚方言引申义"燃烧"进入通语并在汉译佛经中首现,如例(13)。

(13) 七日出时,须弥山王及此大地烧坏消灭,无余栽烬,如燃酥油,煎熬消尽,无余烟墨。(前秦瞿昙僧伽提婆译《中阿含经》卷二 01/429b)①

后秦佛陀耶舍、竺佛念译《长阿含经》中,"煎熬"同时出现了"水煎""燃烧"的词义,如例(14)。

(14) 其后久久,有大黑云暴起,上至遍净天,周遍大雨,纯雨热水,其水沸涌,煎熬天上,诸天宫殿皆悉消尽,无有遗余。犹如酥油置于火中,煎熬消尽,无有遗余,光音天宫亦复如是。(后秦佛陀耶舍、竺佛念译《长阿含经》卷二十一 01/140a)

(15) 复次,叫唤地狱其诸狱卒,取彼罪人掷大鏊上,反复煎熬,号咷叫唤,苦痛辛酸。(《长阿含经》卷十九 01/124a)

(16) 又以浓血而自煎熬。(后秦鸠摩罗什译《大智度论》卷十六 25/176b)

(17) 木有摩厨,生于斯调国,其汁肥润,其泽如脂膏,馨香馥郁,可以煎熬食物。香美如中国用油。(北魏贾思勰[山东籍]《齐民要术》卷十)

例(15)"鏊",是一种用于烙饼的平底锅②,无法盛放汤汁,"煎熬"是指把人放在鏊上干煎的刑罚,是秦汉楚方言引申义。例(16)"以浓血而自煎熬"是通语义的引申,此处指地狱的刑罚。例(17)"煎熬"指用含有油脂的植物烹饪食物。该例说明此时已不再局限于"用火干煎",开始出现用类似"植物油"来煎的烹饪手段。

三、隋唐宋时期"煎熬"的语义演变

该时段的"煎熬",词义依然存在南北对立的格局。③ 籍贯处于先秦楚地辖区的唐代文人,其作品所载"煎熬"的本义、引申义以及使用场景多与"用火干煎"相关,如:

---

① 本文佛经语料均取自东京大藏出版株式会社 1988 年影印出版的《大正新修大藏经》,以下简称《大正藏》。前一数字表册数,后为页码,a、b、c 分别表示卷上、中、下栏。
② "鏊"同"鏊"。《玉篇·金部》:"鏊,饼鏊也。"
③ 该时段存在较多源自秦汉楚籍作家的重复文献,后文不再分析此类旧例。

(18) 置膏烈火上,哀哀自煎熬。(唐杜甫《述古三首·其二》)

(19) 儒宫烟火湿,市舍煎熬忾。(唐孟郊《秋雨联句》)

(20) 皎洁终无倦,煎熬亦自求。(唐李商隐[河南籍]《灯》)

(21) 有犯令者,诛及邻伍。煎熬生人,若坠大火。(唐白居易《白孔六帖·淫刑》)|火宅煎熬地,霜松摧折身。(《白氏长庆集》卷十七)

(22) 我昔斗鸡徒,连延五陵豪。邀遮相组织,呵吓来煎熬。(唐李白[四川①籍]《叙旧赠江阳宰陆调》)

例(18)杜甫是河南人,祖籍湖北。例(19)孟郊是浙江人,祖籍山东。例(21)白居易是河南新郑人,该地位于河南中部,属于先秦楚国辖区边缘,是楚方言在唐代的遗留范围。

相反地,籍贯地处于北方的唐代文人和域外作家,其作品所载"煎熬"的本义、引申义皆与"汁水煎"相关,如:

(23) 其四黑衣冠,身亦短陋。诗曰:"曝薪贮水常煎熬,充他口腹我为劳。"(唐牛僧孺[甘肃籍]《玄怪录》)

(24) 第二七日胎居母腹,卧在粪秽如处锅中,身根及识同居一处,壮热煎熬,极受辛苦。于母腹中有风自起,名为遍触。从先业生,触彼胎时名頞部陀。状如稠酪,或如凝酥,于七日中内热煎煮,四界现前。(唐菩提流志译《大宝积经》卷五十六 11/329a)

(25) 必计海若倾心,广润煎熬之利;山灵效力,助成熔铸之功。(唐崔致远[朝鲜籍]《桂苑笔耕集》卷七)|况乃家遥四郡,路隔十洲,穷愁则终夜煎熬,远信则经年隔绝。(《桂苑笔耕集》卷十九)

例(25)《桂苑笔耕集》是晚唐朝鲜诗人崔致远的诗集,属于通语文献。"终夜"指"整夜"。"煎熬"首次在唐代出现与"长时段"相关的"长期的忍耐与折磨"义,是通语义"水煎""水煮"的引申。南方的"干煎"义,很难与"长时段"连用。与"水煮"需要一定时长不同,"干煎"会在较短时间内使食物表面呈现变干、变色的状态。相反,"干煎"可与短期内亟待解决的事情连用。因为"干煎"还有状态达到最佳后马上变坏(食物变干香后若继续高温加热会快速变焦煳)的性质,需要在状态变坏前马上解决问题,如"熬然"。

时至宋代,籍贯处于先秦楚地辖区的南方作家,其作品所载"煎熬"在保留楚方

---

① 李白的籍贯虽存争议,但其青少年语言习得时期在蜀地,其语言具备蜀地方言特征。此处应以蜀地为宜。

言义的同时,逐渐被北方通语义覆盖。

(26) 前症乃壮火食气、虚火煎熬真阴之所致也。(南宋陈自明[江西籍]《妇人良方·众疾门》)

(27) 松下耕樵相尔汝,人间膏火自煎熬。荆山山里山如壁,壁罅犹堪种碧桃。(南宋刘植[浙江籍]《答东阁》)

(28) 幸少宽汤火之煎熬,何敢惮山川之跋涉。(南宋蔡戡[福建籍]《定斋集》卷十)

(29) 南方有神名祝融……九霄烜赫皆甑蒸,四海煎熬俱鼎沸。流金烁石气不通,天下俱在红炉中。(南宋华岳[安徽籍]《潮热》)

(30) 右一味,以水一斗,浸一宿,煎至五升以下,去滓,入银石器煎熬为膏。(南宋陈言[浙江籍]《三因极一病证方论》卷十四)

(31) 右为细末,以酒五升于银石器内,将橘皮末煎熬如饧。(北宋陈师文[浙江籍]校正《太平惠民和剂局方》卷五)

例(26)—(27)仍然保留秦汉楚方言"火干煎"义。例(28)—(31)与"汁水煮"相关,是北方通语义。例(30)指将泡好、煎好的甘草水煮至膏状。例(31)指把酒和橘皮末一起熬为糖稀状。

从周秦两汉到唐宋的传世文献可知,当通语词"煎_{把汁水煎干}"和楚方言词"熬_{用火干煎}"连言,分别在通语区和楚地使用时,"煎熬"的语义指向全然不同。"煎熬"在北方通语区使用时,其语义指向通语"煎",引申义均由"煎"而来;"煎熬"在南方楚方言区使用时,其语义指向楚方言词"熬",词义皆由"熬"引申。笔者列出"煎熬"分别在南、北方使用时词义的历时演变轨迹,详见图1:

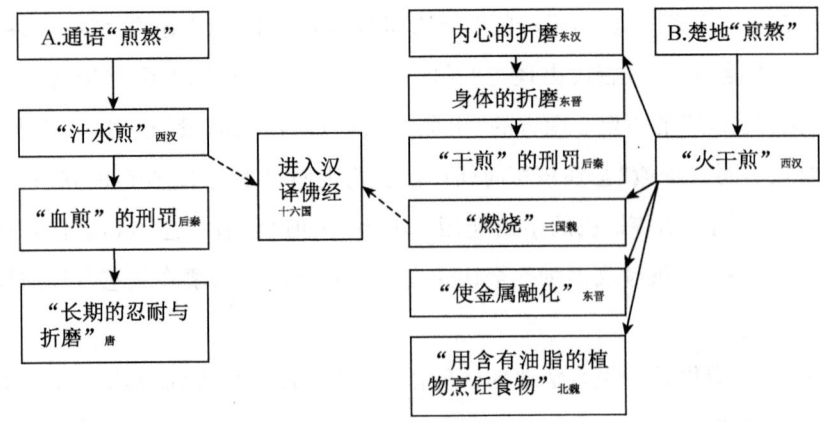

图1 "煎熬"词义的南、北历时演变

综上,"煎熬"在秦汉时期既在楚系文献中使用,又在通语文献中出现,词义在南、北方有着两条明显的演变链。十六国时期的汉译佛经是"煎熬"南、北方言义接触的枢纽。时至宋代,"煎熬"词义的南北对立格局呈现出"北强南弱"的趋势。

在现代汉语中,"煎熬"既可以用于亟待解决的、十分急迫的语境,又可以用于较长时段的语境。这一看似矛盾的现象实则源于"煎熬"词义在南北方的不同性质。根据图1,我们可以明显看出现代汉语"煎熬"词义的不同来源。如:①

(32) 仇恨让心如热火炉,让人倍受煎熬。(星云大师、刘长乐《传媒大亨与佛教宗师的对话:包容的智慧》)

(33) 巴特姆失去丈夫,失去生活来源,被饥火和欲火煎熬。(《当代世界文学名著鉴赏辞典》)

(34) 这时,饥饿煎熬着每个战士,加上全身湿透,力气也快用尽了。……有几个青年战士饿得快要晕倒了。(《人民日报》1959-08)

(35) 在这两个月里,我度过了我人生中最煎熬的两个月。(李开复、范海涛《世界因你而不同:李开复自传》)

(36) 取梨汁、萝卜汁放入锅中,先以大火、后以小火煎熬,浓缩如膏状。(和秀红、杨志玲《养生与健美方法100例》)

例(32)—(34)"煎熬"源于西汉南方楚地"火干煎"义,例(35)—(36)"煎熬"源于西汉北方通语"汁水煎"义。

四、结语

第一,"煎熬"词义的南北分化原因有以下三点。

1. 从构词上看:当通语的单音词和楚方言的单音词组合成双音词时,该类双音词既带有北方通语性质,又带有南方楚方言色彩。这一特殊性质是双音词"煎熬"词义南、北分化的条件。当"煎$_{把汁水煎干}$"和楚方言词"熬$_{用火干煎}$"连言,在北方通语区使用时,"煎熬"的语义指向通语词"煎",引申义均由"煎"而来;在南方楚方言区使用时,"煎熬"的语义指向楚方言词"熬",词义皆由"熬"引申。

2. 从空间上看:东周时期,楚国的辖区几乎涵盖了中国整个南方地区,形成了中国南、北方言对立的初期格局。汉语词汇的词义差别不会在朝代更迭后突然消失。"煎熬"在秦汉时期的词义早在先秦南方楚方言的影响下开始南、北分化,集中体现

---

① 例(32)—(36)均引自北京大学CCL语料库,网址:http://ccl.pku.edu.cn:8080/ccl_corpus/index.jsp。

在两汉时期的楚系传世文献中。

3. 从时间上看：上古时期词义的基本性质是词义历时演变的源头，决定了词义演变的方向。同一个词的词义在南、北方演变的速度不一致，南方方言多保留词语在上古时期的古义。比如"煎熬"的秦汉楚方言义"用火干煎使食物干焦"，所需时间较短，便会活用为"紧急、急迫貌"；火干食物是温度的作用且烹饪时不加汤汁，所以可以自然引申出"加热""融化"义。相反，"煎熬"的秦汉通语义"汁水煎"，本身具有长期烹饪的条件，可以用于长时间做事的语境中，如"终夜煎熬"。再如，"煎熬"在不同时期分化出的南、北方两个心理动词义"内心的焦燥折磨"与"长期的忍耐与折磨"，虽然两义都可用于"折磨"的语境，但由于二者性质有别且处在不同的词义演变链上，导致两义分别产生了"焦燥"和"忍耐"的语义倾向。

第二，"煎熬"给我们的启示是，秦汉时期已经出现了汉语词汇的南北分化现象。该现象不仅体现在方言特征词、同义异词中，还体现在同形异义词中。在考证上古时期的同形异义词时，尤其应注意这类词的南北方言性质。当同形异义词既在历代楚系文献中活跃又在通语文献中使用时，用"楚系文献"剥离该词的南方楚方言义则十分重要。

The North-South Differentiation and Diachronic Evolution of the Meaning of "Jian'ao"(煎熬)

Ma Yimeng

Abstract：The character "Ao"(熬) in the Chu dialect, as found in unearthed bamboo slips and silk books from the Chu, originally referred to the process of heating or drying in a pan. In the *Chuci*(楚辞), "Jian'ao" was used metaphorically to describe the anxiety and emotional torment of the heart. During the Qin and Han periods, "Jian'ao" was understood differently across regions: in the northern areas, its meaning and derived connotations stemmed from "jian"(煎). In the southern regions, where the Chu dialect was spoken, "Ao" maintained its original sense of drying in a pan over heat. The translation of Buddhist scriptures during the Sixteen Kingdoms period became a pivotal point, facilitating the contact and blending of these two regional interpretations. The north-south opposition in the meaning of "Jian'ao" remained evident during the Tang Dynasty but began to shift towards a stronger northern interpretation in the Song Dynasty. Three main factors account for this north-south differentiation in meaning.

Keywords: jian'ao; drying in a pan over heat; emotional torment; north-south differentiation of meaning; Chu dialect texts

秦汉简帛与《墨子》城守诸篇名物互证*

孙 涛**

摘要：秦汉简帛与《墨子》城守诸篇名物可以互证，分为两类：一类是利用秦汉简帛考证《墨子》城守诸篇名物，又可分为：（一）利用秦汉简帛确定前人旧说，如汉简中"瞿""矍"多通用，这是《墨子·备穴》异文"钁""钁"形成原因，"钁"应从毕沅释作"钁"；（二）根据秦汉简帛提出新说，如《墨子·备梯》"管酒块脯"读为"盌酒块脯"，指盌盛之酒、块状之脯。另一类是利用《墨子》城守诸篇名物考证秦汉简帛名物。如西北汉简"承累"读为"承藁"，指备用的盛土筐，即《墨子》城守诸篇写作"畾""垒"之"藁"；居延汉简"火革"即救火使用的革制容器，其用途和形制跟《墨子》城守诸篇"革盆"相合。

关键词：秦汉简帛 《墨子》城守诸篇 名物训诂 互证

《墨子》城守诸篇包括《备城门》《备高临》《备梯》《备水》《备突》《备穴》《备蛾傅》《迎敌祠》《旗帜》《号令》《杂守》十一篇，主要跟守城技术相关，因此一般称为"城守诸篇"。秦汉简帛与《墨子》城守诸篇中的名物联系密切，王国维在汉简研究的开山之作《流沙坠简》中，就利用《墨子》城守诸篇跟西北屯戍汉简相互印证，讨论了"烽燧""表""有方""鞮瞀"等名物，并指出《墨子·号令》"望见寇举一垂"之"垂"，确应从王引之改作"表"。① 劳榦根据《墨子》城守诸篇考释了西北屯戍汉简"有方""茧矢"等兵器，② 裘锡圭认为"有方"的解释"颇似可信"。③ 陈直从烽燧、兵器、守御器等

---

* 本文系教育部人文社会科学研究基金项目"秦汉简牍文书疑难名物研究及数据库建设"（24YJC740062）、山东省高等学校青年创新团队发展计划"秦汉简文书名物研究创新团队"（2023RW018）的阶段性成果。
** 孙涛，1993年生，文学博士，中国石油大学（华东）文法学院讲师，主要从事出土文献与训诂学研究。
① 罗振玉、王国维编著：《流沙坠简》，中华书局1993年版，第139页。
② 劳榦：《居延汉简考证》，载《居延汉简 考释之部》，"中研院"历史语言研究所1960年版，第46—52页。
③ 裘锡圭：《考古发现的秦汉文字资料对于校读古籍的重要性》，载《裘锡圭学术文集·语言文字与古文献卷》，复旦大学出版社2015年版，第365—366页。

方面,将《墨子》城守诸篇和居延汉简相比较,考证了《墨子》城守诸篇众多名物。① 初师宾论述西北屯戍汉简守御器时,频频引用《墨子》城守诸篇为证。② 李学勤指出睡虎地秦简中的法律用语、职官名称、军制、计量制度等方面均跟《墨子》城守诸篇相合,因此"《墨子》城守诸篇作于秦人之手,应无疑问",并且指出《杂守》"轺"应即"轴"的古字。③ 秦彦士利用睡虎地秦简和居延汉简重新考证了《墨子》城守诸篇的"苣""垄灶""枪"等名物。④ 总体上,从论据看,可以分为两层面:一是字际关系、字词关系。《墨子》城守诸篇经过汉人传抄,必然保留当时的字际关系、字词关系等信息,而这些内容大都体现于汉简帛中,两者可以互证。二是新词语、新语境。秦汉简帛保留大量传世文献不见的新词语、新语境,尤其是西北屯戍汉简保留大量跟守御相关的名物,这跟《墨子》城守诸篇名物多可互证。秦汉简帛与《墨子》城守诸篇名物互证主要分为两方面:一方面是利用秦汉简帛中的字形、词语、语言环境等新信息考证《墨子》城守诸篇中的疑难名物;另一方面是利用《墨子》城守诸篇相对完备的成系统名物词语考证秦汉简帛中的疑难名物。

一、利用秦汉简帛考证《墨子》城守诸篇疑难名物

这一部分按照内容可以分为两类:一类是以新证据确定旧说,即利用秦汉简帛中的新信息确定前人早就提出的旧考释说法;另一类是以新材料提出新说,即根据秦汉简帛中的新信息提出新考释意见。

(一) 以新证据确定旧说:钁与鑺

(1) 斧金为斫,屎长三尺,卫穴四。为垒(虆),卫穴四十,属(斸)四。为斤、斧、锯、凿、钁,财自足。(《备穴》)

孙诒让《间诂》:

吴钞本作"鑺"。毕云:"《说文》云:'钁,大鉏也。'《玉篇》云:'居缚切。锄钁。'"案:《六韬·军用》篇云:"荣钁刃广六寸,柄长五尺以上,三百枚。"但钁似

---

① 陈直:《〈墨子·备城门〉等篇与居延汉简》,载《文史考古论丛》,中华书局 2018 年版,第 246—269 页。
② 初师宾:《汉边塞守御器备考略》,载甘肃省文物工作队、甘肃省博物馆编:《汉简研究文集》,甘肃人民出版社 1984 年版,第 142—222 页。
③ 李学勤:《秦简与〈墨子〉城守各篇》,载中华书局编辑部编:《云梦秦简研究》,中华书局 1981 年版,第 324—335 页。
④ 秦彦士:《出土文献提供的〈墨子·备城门〉诸篇新证》,《齐鲁学刊》2004 年第 6 期;秦彦士:《孙诒让〈墨子间诂〉校补示例——以〈墨子·备城门〉诸篇为例》,《求索》2006 年第 4 期。

与钁不同,毕说未确。《玉篇·金部》云:"钁,局虞切,军器也。"《说文新附》亦有此字。钮树玉谓《书·顾命》"一人冕执瞿",孔传"瞿,戟属","瞿"即"钁"。但此"钁"与"凿"类举,似非《顾命》之"瞿",疑即《韩诗》之"銶"。钁、銶一声之转。《诗·豳风·破斧》毛诗传云:"凿属曰锜,木属曰銶。"《释文》引《韩诗》云:"銶,凿属也。"①

姜宝昌如字读,认为"钁,戟类兵器",②张永祥、肖霞同此说;③诸多学者多释作"钁",指大锄。④

按:秦汉简帛中偏旁"瞿""巨"多通用。一是"瞿"作"巨",如"臞"作"膃"。

(2) 殣弃膃(臞)瘦。(阜阳汉简《苍颉篇》C34)

(3) 殣弃膃(臞)瘦。(北大汉简《苍颉篇》50)

例(2)阜阳汉简整理组认为:"膃通臞。"⑤例(3)整理者指出:"膃,应是'臞'字的异体。《说文》:'臞,少肉也。从肉,瞿声。''巨''瞿'均系从'朋'得声。《史记·司马相如列传》'相如以为列仙之传居山泽闲,形容甚臞',裴骃集解引徐广曰:'臞,瘦也。'"⑥

"惧"作"愳":

(4) 恐愳(惧)□□。(阜阳汉简《苍颉篇》C34)

(5) 恐愳(惧)怀归。(北大汉简《苍颉篇》50)

(6) 民恒不畏死,奈何其以杀愳(惧)之也。(北大汉简《老子上经》101)

例(4)阜阳汉简整理组认为:"愳通惧。"⑦例(5)整理者认为:"愳,即'惧'字。《庄子·天运》'吾始闻之惧',陆德明《释文》曰:'惧,一本作愳。'《尔雅·释诂下》:'恐,惧也。'《说文》:'恐,惧也。''惧,恐也。'是'惧'与'恐'互训。又《庄子·庚桑楚》'南荣趎惧然顾其后',成玄英疏:'惧然,惊貌也。'"⑧例(6)整理者指出"愳",马王堆

---

① [清]孙诒让撰,孙启治点校:《墨子间诂》,中华书局2017年版,第562—563页。
② 姜宝昌:《墨守训释》,齐鲁书社2014年版,第188页。
③ 张永祥、肖霞译注:《墨子译注》,上海古籍出版社2016年版,第541页。
④ 参见岑仲勉:《墨子城守各篇简注》,中华书局1958年版,第73页;吴毓江撰,孙启治点校:《墨子校注》,中华书局2006年版,第860页;周才珠、齐瑞端译注:《墨子全译》,贵州人民出版社2009年版,第680页;方勇译注:《墨子》,中华书局2011年版,第521页;张希宇注译:《墨子新解》,人民出版社2019年版,第589页。
⑤ 文物局古文献研究室、安徽省阜阳地区博物馆阜阳汉简整理组:《阜阳汉简〈苍颉篇〉》,《文物》1983年第2期。
⑥ 北京大学出土文献研究所编:《北京大学藏西汉竹书(壹)》,上海古籍出版社2015年版,第114页。
⑦ 文物局古文献研究室、安徽省阜阳地区博物馆阜阳汉简整理组:《阜阳汉简〈苍颉篇〉》,《文物》1983年第2期。
⑧ 北京大学出土文献研究所编:《北京大学藏西汉竹书(壹)》,上海古籍出版社2015年版,第118页。

帛书甲本《老子》作"悪",皆同"惧";帛书乙本《老子》作"瞿",亦读为"惧"。①

"矍"记{衢}：

(7) 而得天□之众者为矍(衢)。(银雀山汉简[壹]《孙子兵法·九地》106)

(8) 四矍(彻)者,矍(衢)地也。(银雀山汉简[壹]《孙子兵法·九地》123)

(9) 矍(衢)丨地也,吾将谨其恃。(银雀山汉简[壹]《孙子兵法·九地》125—126)

整理者指出例(7)"矍",十一家本作"衢",简文或作"瞿",或作"矍",音近通用。例(8)十一家本作"四达者,衢地也",例(9)十一家本、《长短经·地形》、《通典》卷一五九引作"衢"。②

二是"矍"作"瞿",如"攫"作"擢"。

(10) 擢(攫)鸟猛兽弗搏。(马王堆帛书《老子甲本·德篇》36)

(11) 猛兽擢(攫)鸟弗薄(搏)。(北大汉简《老子上经》48)

例(11)整理者指出：

"擢"同"攫","薄"读为"搏"。此句郭简作"攫鸟猷(猛)兽弗扣",帛甲作"擢鸟猛兽弗搏",帛乙作"据(攫)鸟孟(猛)兽弗捕(搏)","扣"有"持"义,故可与"搏"互用。遂州本作"攫鸟猛兽不搏",与郭简、帛书接近；范本作"猛兽攫鸟不搏",与汉简本接近；王本等作"猛兽不据,攫鸟不搏",严本作"攫鸟不搏,猛兽不据",则将一句化为对仗之两句。③

"惧"记{矍}：

(12) 尚(上)六,辰(震)昔(索)昔(索),视惧(矍)惧(矍),正(征)凶。(马王堆帛书《周易》32上)

"惧",传世本作"矍",陆德明《释文》引马云："中未得之貌。"郑云："目不正。"④

综上,秦汉简帛中偏旁"瞿""矍"多通用,这是《墨子》异文"钁""鑁"形成的原因。《说文·瞿部》："矍,隹欲逸走也。从又持之,矍矍也。读若《诗》云'穬彼淮夷'之'穬'。一曰视遽皃。"据古文字,"矍"是"从又,瞿声","矍""瞿"皆由"䀠"得声。⑤ 根据文义,《墨子》异文"鑁"应是"钁"的换声符异体字,"钁"从毕沅释作"大

---

① 北京大学出土文献研究所编：《北京大学藏西汉竹书(贰)》,上海古籍出版社2012年版,第140页。
② 银雀山汉墓竹简整理小组编：《银雀山汉墓竹简(壹)》,文物出版社1985年版,第22、24页。
③ 北京大学出土文献研究所编：《北京大学藏西汉竹书(贰)》,上海古籍出版社2012年版,第131页。
④ 侯乃峰：《〈周易〉文字汇校集释》,台湾古籍出版有限公司2009年版,第428页。
⑤ 黄德宽主编：《古文字谱系疏证(全四册)》,商务印书馆2007年版,第1353页；李家浩：《九店五六号墓竹简释文与考释》,载湖北省文物考古研究所、北京大学中文系编：《九店楚简》,中华书局2000年版,第70页。

锄",这跟"斤""斧""锯""凿"诸杂具相合。

(二) 以新材料提出新说:管酒块脯

(13) 子墨子其哀之,乃管酒块脯,寄于大山,昧葇坐之,以樵禽子。(《备梯》)

孙诒让《间诂》:

"块",道藏本、吴钞本并作"槐"。毕云:"'乃'旧作'及',以意改。'块'当为'馈',馈字假音。"诒让案:此疑当作"澄酒搏脯"。"澄"省作"登",与"管"形近而误。"搏"与"槐""块",形亦相似。《春秋繁露·求雨》篇云"清酒膊脯",澄即清,搏即膊也。《释名·释饮食》云:"膊,迫也。薄椓肉迫着物使燥也。"《说文·肉部》云:"膊,薄脯,膊之屋上也。"①

吴毓江认为"块"通"裹",②岑仲勉认为:"管酒,以管载酒。槐同怀。"③姜宝昌和周才珠、齐瑞端并同此说,语译作"以竹管盛酒,怀中揣着干肉""竹管盛酒,衣揣干肉",④又诸家或语译作"备好酒和大块干肉"。⑤

按:睡虎地秦简见"壶酒束脯":

(14) 卒岁,以正月大课之,寂(冣—最),赐田啬夫壶酉(酒)束脯。(睡虎地秦简《秦律十八种·厩苑律》13)

"酒"常用"壶"盛,"脯"多是"束"状,因此称作"壶酒束脯"。传世文献多见"壶酒",《韩非子·外储说右上》:"壶酒不清。"《吴越春秋·勾践伐吴外传》:"生男二,贶之以壶酒、一犬,生女二,赐以壶酒、一豚。"此处"壶酒"跟"一犬""一豚"共见,很可能并非泛指"用壶盛的酒"而是特指"一壶酒"。汉简见盛酒之"壶":"䣼(鬃—漆)画壶一,有盖,盛沮(醋)酒。""䣼(鬃—漆)画壶二,皆有盖,盛米酒。""䣼(鬃—漆)画壶三,皆有盖,盛米酒。"(马王堆 M1 遣册 168—170)古书也见"束脯",《淮南子·齐俗训》:"赵宣孟之束脯。"汉简又多见量词"束"与"脯"搭配,"脯一束"(高台汉墓遣册 5)、"脯一束"(张家山汉墓遣册 33)、"脯二束"(凤凰山 M10 木牍正 4 行)、"牛脯廿五束"(渔阳汉墓木楬 B:570)、"乃赐之脯二束"(北大汉简《周驯》114)、"脯二束"(肩水金关汉简[壹]T7:82)、"脯一

---

① [清]孙诒让撰,孙启治点校:《墨子间诂》,中华书局 2017 年版,第 540 页。
② 吴毓江撰,孙启治点校:《墨子校注》,中华书局 2006 年版,第 775 页。
③ 岑仲勉:《墨子城守各篇简注》,中华书局 1958 年版,第 43 页。
④ 姜宝昌:《墨守训释》,齐鲁书社 2014 年版,第 139、142 页;周才珠、齐瑞端译注:《墨子全译》,贵州人民出版社 2009 年版,第 530 页。
⑤ 方勇译注:《墨子》,中华书局 2011 年版,第 502 页;张永祥、肖霞译注:《墨子译注》,上海古籍出版社 2016 年版,第 522 页。

束,直(值)十"(肩水金关汉简[贰]T23:294A)、"干脯一束"(悬泉汉简[壹]I 90DXT0116S:7)、"干脯一束"(悬泉汉简[壹]I 90DXT0109S:272)跟"壶酒束脯"同类,古书又见"壶酒束脩",《礼记·少仪》:"其以乘壶酒、束脩、一犬赐人。"郑玄注:"乘壶,四壶也。酒,谓清也,糟也。"孔颖达疏:"四马曰'乘',故知四壶酒亦曰'乘壶'。束脩,十脡脯也,酒脯及犬皆可为礼也。"

我们认为"管酒块脯"跟"壶酒束脯"很可能是同样的结构。

先来看"管"。"管"来盛酒缺少文献例证,读如字恐怕不妥当。"管"似应读为"盌"。上古音"管"是见母元部,"盌"是影母元部,两字声母同为喉音,韵部相同,古音相近,例可相通。"夗""官"声符字常可相通,如"婠"通"宛",《说文·女部》:"婠,体德好也。从女官声。读若楚却宛。""捥"通"掮",《史记·刺客列传》:"樊於期偏袒搤捥而进。"《集解》引徐广曰:"捥,一作掮。"秦汉简帛记{腕}多用"官"声字,如睡虎地秦简牍《语书》11—12:"因恙瞋目扼|掮(腕)以视(示)力。"睡虎地秦墓竹简整理小组括注"掮"为"腕",并注:"瞋目扼腕,瞪着眼睛,握住手腕,《商君书·君臣》:'瞋目扼腕而语勇者得。'"①张家山汉简《脉书》27:"出臂外馆(腕)上。"《引书》68:"手操左掮(腕)而力举手。"79:"把棺(腕)。"87:"其掮(腕)痛在左,右手把左掮(腕)而前后摇(摇)之。"以上"馆""掮""棺"皆通"腕",指手腕。马王堆简帛《三号墓医书简·合阴阳》1/102:"握手,出掮(腕)阳。"原注:"掮,读为腕。"②总之,从通假角度,"管"读为"盌"应该没有问题。盌指小盂,《说文·皿部》:"盌,小盂也。"《玉篇·皿部》:"盌,小盂也。盌,亦作椀。"《方言》第五:"盂,宋楚魏之间或谓之盌。"《广雅·释器》:"椀,盂也。"《急就篇》卷三"櫺杅盘案杯閜盌",颜师古注:"盌,似盂而深长。""盂"可盛酒,传世文献见盛酒之盂,《史记·滑稽列传》:"操一豚蹄,酒一盂。"汉简也见此"盂",如:"酒于(盂)一□"(张家界汉简59)、"大酒于(盂)一枚"(东牌楼汉简《杂文书·杂帐》110)、"胡客从宏沽酒一杅(盂)"(五一广场汉简[选释]143)、"顷(倾)资写(泻)酒置杅(盂)中"(五一广场汉简[选释]132)。值得注意的是,传世文献也见盛酒之盌,《三国志·吴书·甘宁传》:"(甘)宁先以银盌酌酒,自饮两盌。"《宋书·刘湛列传》:"且甚寒,一盌酒亦何伤。"汉简也见此"盌":

(15) □ 餶(盌)一,盛泽(醳);又一,盛□;又一,盛将(浆)。(凤凰山M169遣册24)

李天虹考释道:

---

① 睡虎地秦墓竹简整理小组编:《睡虎地秦墓竹简·释文注释》,文物出版社1990年版,第15、16页。
② 湖南省博物馆、复旦大学出土文献与古文字研究中心编纂,裘锡圭主编:《长沙马王堆汉墓简帛集成(伍)》,中华书局2014年版,第153页。

䀀",通作盌。《说文·皿部》:"盌,小盂也。"《方言》卷五:"盂,宋楚魏之间或谓之盌。"泽,通作醳。《集韵·昔韵》:"醳,苦酒。一曰醇酒也。或作泽。"①

根据该墓"遣策与出土实物对照表",例(15)三件"盌"对应实物是三件漆盂。②洛阳曹魏大墓出土石楬残片 M1:249:"酒☐/[椀](盌)☐。"据残文,此"椀(盌)"应该也是用来盛酒的。

总之,"管"可通"盌",而"盌"可以盛酒。

再来看"块"。"块"本指土块,《说文·土部》:"凷,墣也。从土,一屈象形。块,凷或从鬼。"《尔雅·释言》:"块,埍也。"郭璞注:"块,土块也。"《国语·晋语四》:"(重耳)过五鹿,乞食于野人,野人举块以与之。"韦昭注:"块,墣也。"汉简见"块粪","出块粪三百枲(七)"(敦煌汉简2418A),"文华出块粪"(敦煌汉简2418A)。又见"块沙","得亭西块沙中"(居延汉简[叁]256.2B),"☐省块沙"(居延汉简[肆]515.34),"伏匿块沙中"(居延汉简[肆]534.22),"虏可廿余骑萃(猝)出块沙中"(居延新简 EPT58:17)。"块粪""块沙"应该都是因其形状而得名,分别指块状粪、块状沙,后者特指高高凸起的沙丘。③值得注意的是汉简又见量词"腿"与"脯"搭配:

(16)酒五斗、脯一[腿(块)]。(肩水金关汉简[叁]T30:53)

(17)脯一腿(块),直(值)卅☐钱六十。(肩水金关汉简[贰]T23:769A)

张显成、李建平认为:"'腿'应当是'块'的分别字,因为称量的对象是'脯',因此该字从'月(肉)'作'腿'。"④其说可信。总之,"块脯"指块状脯。

综上,"管酒块脯"读为"盌酒块脯",指盌盛之酒、块状之脯。

二、利用《墨子》城守诸篇考证秦汉简帛疑难名物

前人利用这一方法已取得很多成果,根据此方法,我们对秦汉简帛疑难名物提出两例新考释意见。

1. 承累

居延汉简、肩水金关汉简并见"承累":

(18)守御(御)器簿:/……皮冒、草蒙各一,毋(无)冒,/承累三、/破釜一、/

---

① 湖北省文物考古研究所编:《江陵凤凰山西汉简牍》,中华书局2012年版,第222页。
② 同上书,第224页。
③ 王子今:《居延"块沙"简文释义》,《西北师大学报(社会科学版)》2022年第1期。
④ 张显成、李建平:《简帛量词研究》,中华书局2017年版,第172页。

芮薪、木薪各二石、╱瓦箕、枓各二，斗少一。（居延汉简[肆]506.1）

（19）承累四、瓦箕二。（肩水金关汉简[肆]T37:1543）

薛英群认为："'承累'，'累，绳索也。'同累，通缧。是系物之绳。"①王锦城认为："承累当指备用的绳索。"②

按：绳索之"累"，又作"缧"，文献中多指拘系罪人的绳索，与此语境似乎不合。我们认为"承累"应读为"承藁"，指备用的盛土筐。③

西汉早期江陵凤凰山八号汉墓遣册见"累"：

（20）大奴养秉（耒）操累（虆）。（凤凰山 M8 遣册 74）

（21）大奴众秉（耒）操累（虆）。（凤凰山 M8 遣册 75）

彭浩认为："累，读为虆。"引《诗·大雅·绵》："捄之陾陾，度之薨薨。"郑笺："捄，抒也。度，犹投也。筑墙者抒聚壤土，盛之以虆，而投诸版中。"孔颖达疏："捄，盛土于器也。"并注："简七一注引文中'负笼操首'之笼与虆同指盛土之器。"④《墨子》城守诸篇多见此物，如《备城门》："昔筑，七尺一居（斪）属（斸），五步一垒。"《备蛾傅》："土五步一，毋下二十畾。"孙诒让《间诂》：

"垒"疑当为"虆"。《孟子·滕文公》篇"盖归反虆梩而掩之"，赵注云："虆梩，笼臿之属，可以取土者也。"毛诗《释文》引刘熙云："虆，盛土笼也"。《释文》又云："虆字或作'樏'，或作'蘲'。"案：樏即欙之省，蘲，欙之别体。《备蛾傅》篇云"土五步一，毋下二十畾"，畾亦即蘲之省，但彼文五步而土毋下二十畾，则不止一蘲矣。疑此文当作"五步有畾"，与下"五筑有锑"文例同。⑤

西北屯戍汉简名物多见于《墨子》城守诸篇，"承虆"属于日常杂具，因此跟同类的"破釜""瓦箕"等物共见。

2. 火革

居延汉简见"火革"：

（22）出火革二，直（值）十。（居延汉简[肆]326.6B）

此物诸家未释，"火革"应即救火用的革制容器。革制容器单称"革"并非孤例，如《荀子·正论》："故鲁人以榶，卫人用柯（匼），齐人用一革。"王先谦《集解》：

《史记·货殖传》："适齐为鸱夷子皮。"索隐引大颜云："若盛酒者鸱夷也，用

---

① 薛英群：《居延汉简通论》，甘肃教育出版社 1991 年版，第 402 页。
② 王锦城：《肩水金关汉简分类校注》，花木兰文化出版社 2022 年版，第 1516 页。
③ 西北屯戍汉简多见"承"表示"备用"义，参见罗振玉、王国维编著：《流沙坠简》，中华书局 1993 年版，第 174 页。
④ 湖北省文物考古研究所编：《江陵凤凰山西汉简牍》，中华书局 2012 年版，第 32 页。
⑤ [清]孙诒让撰，孙启治点校：《墨子间诂》，中华书局 2017 年版，第 499 页。

之则多所容纳,不用则可卷而怀之。"据此,知鸱鹉以革为之。《吴语》"盛以鸱鹉而投之于江",韦昭注:"鸱鹉,革囊。"参以扬雄《酒赋》,则鸱夷乃酒器。范蠡适齐而为鸱夷子皮,此正齐人所用,与鲁人以榶,卫人用柯,文义正合。①

西汉早期凤凰山八号汉墓遣册见"革":

(23) 革一双。(凤凰山 M8 遣册 106)

(24) 柯(閜)二双。(凤凰山 M8 遣册 107)

彭浩认为:"不见实物。疑是革制容器。"②毛静引王先谦说为证,认为:"革为革制的酒囊,即鸱夷。"③《墨子》城守诸篇见救火使用的"革盆",《墨子·备城门》:"持水者必以布麻斗、革盆,十步一。柄长八尺,斗大容二斗以上到三斗。""救车火,为㶳矢射火城门上,凿扇上为栈,涂之,持水麻斗、革盆救之。"孙诒让《间诂》:

> 布麻斗,盖以布为器,加以油漆,可以挹水者。"斗"即"枓"之借字,《说文·木部》云"枓,勺也",《勺部》云"勺,所以挹取也",《丧大记》云"沃水用枓革盆",盖以革为盆,可以盛水。《说文·革部》云:"鞕,量物之鞕,一曰抒井,鞕古以革。"徐锴系传云:"抒井,今言淘井。鞕,取泥之器。"案:鞕盖即挹水之器,殆所谓革盆欤?④

又《备蛾傅》:"转傅城上,楼及散与池革盆。"西北屯戍汉简见"长斗",如"长枓二"(肩水金关汉简[肆] T37:1550)、"长枓廿"(居延新简 EPT48:18A)、"长枓二"(居延汉简[肆]506.1)。初世宾认为:

> 长枓即长柄斗杓,为酌水之具。……其一,古时守城,或备沸油、热汤之类,自城上浇灌城下与蜂涌登城之敌,详见下文。汉简守御装备簿之长枓,每与斧、椎、棓、梃等斗器并列。其器有长柄,适于城上使用。故长枓有可能是浥撒沸汤等物的工具。其二,疑是防御火攻之具。《墨子·备城门》篇曰:"持水者,必以布麻斗革盆。十步一柄,长八尺。"又"救车火,为烟矢(㶳矢)射火城门上,持水麻革斗盆救之。"此布麻斗革盆,约以漆布、皮革制成轻便盛器,有长柄。如敌方用火箭、火车(载火之车,用于堵烧门户)攻烧城门、候楼,可浥水挥洒救灭之,其制作似与长枓近似。⑤

---

① [清]王先谦撰,沈啸寰、王星贤点校:《荀子集解》,中华书局 2013 年版,第 389 页。
② 湖北省文物考古研究所编:《江陵凤凰山西汉简牍》,中华书局 2012 年版,第 40 页。
③ 毛静:《汉墓遣策校注》,西南大学 2011 年硕士学位论文,第 59 页。杨树达古书多见"以制物之质表物例",参见杨树达:《古书疑义举例续补》,[清]俞樾等:《古书疑义举例五种》,中华书局 1956 年版,第 185—186 页。
④ [清]孙诒让撰,孙启治点校:《墨子间诂》,中华书局 2017 年版,第 506 页。
⑤ 初世宾:《汉边塞守御器备考略》,载甘肃省文物工作队、甘肃省博物馆编:《汉简研究文集》,甘肃人民出版社 1984 年版,第 176—177 页。

西北汉简"火革"或即"革盆",跟"长斗"配合使用以灭火,这跟《墨子》守御情形正合。长沙五里牌 406 号楚墓遣册 17"革囩一",商承祚认为"疑为革制的囊一件",对应墓中出土的"皮囊一件,黑褐色已朽缩成为一团,看不出原来的形状……在边和角的地方,有针线孔,知道原来曾经缝合过,也可能是革囊一类的东西"。① 包山楚墓 2 号遣册 264"二革囩",胡雅丽认为"即二件皮革质的可以旋转的器物。二号墓出土的二件夹纻皮革胎漆奁 2∶414、2∶432,均由器身与器盖套合而成,两者可以互为旋转,应是遣策所谓之革囩"。② 又西北屯戍汉简多见"革橐"(居延新简 EPT10∶38、EPT68∶27),这是相关实物和文献记载,亦可为证。

Intertextual Corroboration of Terminological Correlates: Qin-Han Manuscripts vs. Defensive of *Mozi*(《墨子》)

Sun Tao

Abstract: The terminological correlates recorded in the Qin and Han bamboo and silk manuscripts and those in the *Mozi* defensive treatises can be mutually verified and interpreted. This can be divided into two main approaches: First, using the Qin and Han bamboo slips and silk to verify the terminological correlates in the *Mozi* defensive treatises, which can be further divided into two subcategories: 1. Using the Qin and Han bamboo slips and silk to confirm earlier interpretations. For example, the characters "瞿" and "矍" are often interchangeable in the Han bamboo slips, explaining the variant forms "鑺" and "钁" in the *Mozi* text, with "鑺" being interpreted as "钁" following Bi Yuan's interpretation. 2. Proposing new interpretations based on the Qin and Han bamboo slips and silk, such as reading *Mozi*'s "管酒块脯" as "盌酒块脯", which refers to a large bowl of wine and block-shaped dried meat. Second, using the terminological correlates in the *Mozi* defensive treatises to help explain objects found in the Qin and Han bamboo slips and silk. For example, the term "承累" in the northwest Han bamboo slips is interpreted as "承藁", referring to a spare soil basket, which corresponds to "畾" and "垒" in the *Mozi* text. Similarly, the term "火革" in the Juyan Han bamboo slips refers to a leather container used for firefight-

---

① 商承祚编著:《战国楚竹简汇编》,齐鲁书社 2001 年版,第 131 页。
② 胡雅丽:《包山二号楚墓遣策初步研究》,载湖北省荆沙铁路考古队:《包山楚墓》(上册),文物出版社 1991 年版,第 518 页。

ing, matching the description of the "革盆" (leather basin) in the *Mozi* defensive treatises.

Keywords: Qin and Han bamboo slips and silk; *Mozi* defensive treatises; explanation of terminological correlates; mutual verification and interpretation

《鹖冠子》校读札记十一则

杨云荃*

摘要：《博选》"未闻音出而响过其声者也"的"响"指"回声"，文义为"没听说过声音出来以后回声会超过原声的"；《天则》"故法者曲制，官备，主用也"应断句为"故法者，曲制官，备主用也"，"若砻磨不用，赐物虽屈，有不效者矣"当校正为"若砻磨不锡，物虽屈，有不效者矣"；《度万》"气皇"非"羲皇"；《泰录》"形窬"当作"形变"，"先灵王百神"义为"先灵王"与"百神"；《世兵》"不官"当作"不宧"；《学问》"天官者，表仪祥兆，下之应也"指天文星占而言，"若心无形灵辞，虽搏捆，不知所之"当校正为"若心无形灵，辞虽博闲，不知所之"，"有问戒哉"之"问"通"闻"；《天权》"索所不知求之象者，则必弗得"，义为从"象"求知，则不能得。

关键词：《鹖冠子》　王念孙　黄怀信　俞樾

《鹖冠子》一书自北宋陆佃以来，历代注解"绵绵若存"，有的注解全书，以专著行世，如吴世拱《鹖冠子吴注》、张金城《鹖冠子笺疏》等，有的则散见于学者的读书札记、训诂著作之中。黄怀信先生为《鹖冠子》校正文字，广搜前人注解，附以己意，撰为《鹖冠子校注》，为学界研究利用《鹖冠子》提供了极大便利。古籍整理研究非一朝一夕之功，晚学在阅读研究《校注》的过程中，对《鹖冠子》本文反复揣摩，自以为有能补正前说者，特撰札记十一则。

一

《博选》："德音者，所谓声也，未闻音出而响过其声者也。"

---

* 杨云荃，1993年生，南京大学历史学院中国思想史专业博士研究生，主要研究方向为文献学、先秦两汉思想史。

诸家之解皆着意在音、声之别上,这在一定程度上是受了《文选》注的误导。张金城曰:"《文选·汉高祖功臣颂》注引此作'音者,所以调声也,未闻音出而响过其声者也'。李善注曰:'响为音初也。'是今本'德'字涉上衍,'谓'为'调'之误,'所'下脱'以'字。当据正。"张金城根据李善注解释《鹖冠子》"然音之初出也响必小,求其过声,殆无是理。"①

《文选》陆机《汉高祖功臣颂》称赞陈平"伐谋先兆,挤响于音",注曰:"言将伐其谋,先其未兆;欲坠其响,在于为音。然兆为谋始,响为音初也。《孙子》曰:'上兵伐谋,其次伐交。'《鹖冠子》曰:音者,所以调声也,未闻音出而响过其声者也。"李善说"响为音初"并不是为了解释《鹖冠子》,引《鹖冠子》反而是为了解释"挤响于音",其所注意的始终是"音"和"响"的关系,而非"音"和"声"的关系。"响为音初"的说法于古籍无征,是李善从《汉高祖功臣颂》中猜测出来的,因为"兆为谋始",两句相对,所以推测"响为音初"。但这个推测也是奇怪的,因为按照同样的逻辑只能推出"音为响初",而不能推出"响为音初"。陆机说陈平"挤响于音",是称赞他神机妙算,这可能和兵阴阳学说有关,此处不能详论。虽然李善引《鹖冠子》并不涉"音"和"声"的关系,但后来的注家回头再看《鹖冠子》的时候却都陷入"音""声"的纠缠中。张之纯说"合众音以成声,故音响小,声响大",虽然勉强能解释文义,但这和文献中的音声关系适相颠倒,黄怀信已经给予了准确的批评。

> 按:音,《说文》:"声也。生于心,有节于外,谓之音。"《礼记·乐记》《毛诗序》并云:"声成文谓之音。"《周礼·鼓人》疏云:"单出曰声,和(一作'杂')比曰音。"声,说文:"音也。"《礼记·乐记》:"单出曰声。"准此,则《文选》注所引"音""声"二字当互易。然于此亦觉突兀,与上下文不属,窃谓今本不误。德音,美好之声誉。《诗·狼跋》:"德音不(丕)瑕。"是"德音"为古词语。声,即声誉,故曰"德音者,所谓声也"。此承上"德万人""德千人""德百人"言,故曰德音。音出而响不过其声,谓人之声誉有过其德者,意当实察之。②

黄怀信对音、声的理解是合乎文献的,但限定在特别要区别音、声的时候,并不是所有情况下都如此。"音"虽然以指音乐的例子为多,但也可以单纯只是指声音,如《诗经·燕燕》:"燕燕于飞,下上其音。"《淮南子·地形训》:"清水音小,浊水音大。"至于声指音乐的例子就更多了,如《论语·阳货》:"恶紫之夺朱也,恶郑声之乱雅乐也。"也就是说如果文义没有突出音、声之别,是没有必要在这上面多费功夫的。更

---

① 黄怀信:《鹖冠子校注》,中华书局2014年版,第9页。
② 同上书,第9—10页。

何况音声之别是有无节奏、旋律的区别,根本与响度无关。

实际问题在"响"字,"响"在文献中多指回声。① "如响之应声,如影之随形"是先秦习语,见于《管子》《六韬》等多种文献。《山海经》"正立无影,疾呼无响"也与之相似。《鹖冠子》的"响"也应照此理解,"响过其声"用以比喻"名过其实",全句义为"没听说过声音出来以后回声会超过原声的",隐含的意思是名过其实的状态是不会长久的。这一点吴世拱也已认识到:"响,响应也。言有诸内则应诸外,招高者高,招庳者庳,视其德之如何耳。"②简洁而得其实,但可惜黄氏校注并未引用。回头看《文选》注所引用的《鹖冠子》,"调"应该是"谓"之误,而不是相反。至于"德"字是否为衍文,难以遽断,俟诸贤者。

二

《天则》:"故法者曲制,官备,主用也。"

文又见《孙子·计》:"天者,阴阳、寒暑、时制也。地者,远近、险易、广狭、死生也。将者,智、信、仁、勇、严也。法者,曲制,官道,主用也。"银雀山汉简与之同。《孙子兵法》的注疏传统远比《鹖冠子》深厚,所以这一段的句读注解也参考了《孙子兵法》。

曹操曰:"部曲、旛帜、金鼓之制也。官者,百官之分也;道者,粮路也;主者,主军费用也。"李筌曰:"曲,部曲也;制,节度也;官,爵赏也;道,路也;主,掌也;用者,军资用也。皆师之常法,而将所治也。"③

注家注解文繁不备举。根据他们的解释曲制、官备、主用很难像上文一样形成整齐的结构,把"道"狭隘地理解为粮道、道路也和这里的总论性质不相符合。④ 更严重的问题是把"曲"解释为"部曲"显然是以汉魏的语言习惯理解先秦古文。先秦古文中的"曲"都不能解释为"部曲"。俞樾、于鬯正是发现这一训释的问题,所以疑"曲"是"典"之误。⑤ 但这虽然能讲通《孙子兵法》,却讲不通《鹖冠子》,"官备"和"典制""主用"仍然不能相协。而且银雀山汉简正作"曲制官备主用",出土材料对他们的训

---

① 黄怀信:《鹖冠子校注》,中华书局2014年版,第9页。
② 吴世拱:《鹖冠子吴注》卷上,民国十八年九鹤堂丛书本,页2b。
③ 刘春生校订:《十一家注孙子兵法》,广东人民出版社2019年版,第21—22页。
④ 今本《孙子》中,时制与阴阳、寒暑无法并列,根据《通典》引用为"时节制",俞樾认为"时制"当读为"时节",这样就能与阴阳、寒暑形成相似的结构。但银雀山汉简《孙子兵法》作:"天者,阴阳、寒暑,时制也;顺逆,兵胜也。"一般把五个词全理解为并列结构,恐怕有误。"时制"是总结"阴阳"和"寒暑"的,"兵胜"则是总结"逆顺"的。这样理解似乎更符合文义。
⑤ 刘春生校订:《十一家注孙子兵法》,广东人民出版社2019年版,第22页。

读也是不利的。①

李零提出了一种新的观点：

> 案"曲制"之名,见于《管子》,如《七法》:"曲制时举,不失天时,毋圹地利,其数多少,其要必出于计数。"又《侈靡》:"将合可以禺其随行以为兵,分其多少以为曲政。"亦称"曲政"。《尉缭子·兵教下》:"八曰全曲,谓曲折相从,皆有分部也。"朱起凤《辞通》引上《七法》及《鹖冠子·能天》"曲制小大,无所遗失",读"曲制"为"曲折",得之。古书常以"制""折"相假(参见《论语·颜渊》"片言可以折狱者"句阮元校勘记),"曲制"一词盖即来源于"曲折相从,皆有分部"(汉军制中的"部曲"一词也可能来源于此)。②

"曲政"是名词,《管子》的"曲制"和"时举"相对,则显然是动词,两者决不能混为一谈。先秦文献中"曲"多有细微、局部等义,引申为详尽具体之义,如《曲礼》就是详尽具体的礼仪规定。《中庸》在"唯天下至诚,为能尽其性"之后又说"其次致曲",也是说次一等的方法是从具体的事物入手,一点点扩展到全体。包括《系辞》"曲成万物而不遗",皆是此义。因而"曲制时举"就是说要详尽具体地规划,趁时而动。《鹖冠子》的"曲制"不能改字或改读,我们应该考虑的是句读的问题。

疑本句应断为"曲制官,备主用也",意为"法"的功用就是详尽地规制官吏,备君主所用。这种句法又见《鹖冠子·度万》:"散无方,化万物者,令也。守一道,制万物者,法也。"再看《孙子兵法》"道主用"的"道"字可理解为"引导"也可理解为"论述"。这样理解,句式已经根本改变,自然也就不必与上文一律并列了。

三

《天则》:"若砻磨不用,赐物虽屈,有不效者矣。"

此句不易通晓,其关键在"赐"字和"屈"字。前人注解大致有几种看法:其一,王闿运疑"赐"字衍。其二,张之纯读如本字,意为"举贤而不能用,赏赐虽多,贤终不为之效力也"。但"屈"作"多"解,于训诂无据。其三,以"赐"字为假借,吴世拱以"赐"通"厉",黄怀信以为"赐"通"齿",读为"若磨砻不用齿",但两种假借都没有切实的

---

① 银雀山汉墓竹简整理小组编:《银雀山汉墓竹简(一)》,文物出版社1985年版,第3页。
② 李零:《〈孙子〉十三篇综合研究》,中华书局2006年版,第9—10页。

根据,且难以通读原文。① 洪颐煊《读书丛录》引《方言》"赐,尽也",实际是通"儩",读为"若磨砻不用赐"。② 虽然勉强可通,但如此理解和上文脱节。

今按,"赐"当是"锡"之讹或假借,原句应读作"若砻磨不用锡,物虽屈,有不效者矣"。古代铜镜铸成需要加上"玄锡"用毛毡反复摩擦才能使用。《淮南子·修务训》:"明镜之始下型,朦然未见形容,及其粉以玄锡,摩以白旃,鬓眉微豪可得而察。夫学,亦人之砥锡也。而谓学无益者,所以论之过。"汉镜铭文也有"焕玄锡之流泽""和以玄锡清且明"之句。"玄锡"为何物,暂可不论,但古人眼中"玄锡"为"锡"之一种,则无疑。新铸的镜需用此方法,日久锈蚀的铜镜亦用此法。如不用玄锡磨镜,即便去除镜面的凸出的锈蚀(物虽屈),也无法使用。《修务训》说"夫学,亦人之砥锡也",是以"砥锡"比喻"学"的功能。《鹖冠子·天则》则是以此喻"法"。前文说"举善不以窅窅,拾过不以冥冥,决此,法之所贵也。""法"使赏善罚过有了明确的方法路径可依,不再是瞎子摸象,就像是磨镜要用玄锡,才能得其法,收其效。

四

《度万》:"正流并生,万物无害,万类成全,名尸气皇。"

《度万》建构了五种政治:神化、官治、教治、因治、事治。对应的方法是:"神化者于未有,官治者道于本,教治者修诸己,因治者不变俗,事治者矫之于末。"神化者"名尸气皇",也就是说名声可以配得上"气皇",诸家解作"羲皇",但《鹖冠子》从未提到过伏羲,此说无据。对"神化"的描述,如"定天地,豫四时,拔阴阳,移寒暑,正流并生,万物无害,万类成全",都是对"气"的形容。从下文"官治者师阴阳""教治者置四时""因治者招贤圣而道心术""事治者招仁圣而道知焉"来看,五种政治是以宇宙演生的学说为根据,越从根本上着手就越能取得神妙的效果。"气"在阴阳、四时之先,故而以"气皇"作为最高政治理想的人格化身。这和"鸠成氏"一样,都是《鹖冠子》自己创造的介于神人之间的古圣王形象,不必改作"羲皇"。③

---

① 黄怀信:《鹖冠子校注》,中华书局2014年版,第52页。关于吴世拱、黄怀信观点中的音韵问题,可以参考蒋陈唯:《读黄怀信〈鹖冠子校注〉书后》,2016年3月23日,复旦大学出土文献与古文字研究中心网站,http://www.fdgwz.org.cn/Web/Show/2762。
② 洪颐煊:《读书丛录》,道光二年富文斋刊本,卷十四,页12b。
③ "教苦利远"以下至末尾"而名尸公伯",黄怀信独立划为一段。这一段从属于"事治者招仁圣而道知焉",是"事治者名尸公伯"的组成部分,不能独立分段。

五

《泰录》:"不见形胔,而天下归美焉。"

《鹖冠子校注》:

形胔,王闿运订作"形变",曰:"陆误作'形胔'。"按:"形胔"用借字,王改非。○陆佃曰:"胔,肉也。"孙诒让曰:"形胔,即坯也。《史记·司马相如传》《子虚赋》:"胕割轮焠。"《集解》引郭璞云:"胕音胔。"《汉书·司马相如传》颜注云:"胕字与'胔'同。"《吕氏春秋·察今》篇"尝一脟肉",《意林》引作"胔"。"坯""胕"声同,故"形坯"亦谓之"形胔"。陆注失之。"张金城曰:"孙说是。《列子·天瑞》篇云'无易形坯'者,即此形胔矣。"按:胔,借为"坯",诸说是。《淮南子·本经》:"含气化物,以成坯类"注:"坯,形也。"是"形胔"即形。①

诸家虽旁征博引,但没有注意《鹖冠子》本身的语言习惯,下文明说"故形成而不变者,度也",可见"形变"是《鹖冠子》作者的惯用词,不必以他书为之解释。

六

《泰录》:"以是知先灵王百神者,上德执大道,凡此者,物之长也。"

陆佃曰:"先灵,先王之灵。"吴世拱接着说:"言怀德高而持道大,故王百神。"②但"王百神"一语甚为不经,恐不能如此解释。"先灵王"应该连读,《广雅·释诂一》:"灵,善也。""先灵王"相当于"古圣王",先灵王与百神都能"上德执大道",凡此者所以能为万物君长。

七

《世兵》:"勾践不官,二国不定。"

陆佃、吴世拱、张金城、黄怀信等都认为是指勾践称臣于吴。③ 但"勾践不官"和"文王不幽""管仲不羞辱"并列,仅仅说称臣似乎还不足以表达其中的羞辱意味。裘锡圭在《说"宦皇帝"》一文中指出"不官"是"不宦"之误,举《韩非子·喻老》"勾践入

---

① 黄怀信:《鹖冠子校注》,中华书局2014年版,第243页。
② 同上书,第258页。
③ 同上书,第290页。

宦于吴"为证。① 裘先生的提示很有启发意义。《韩非子》"入宦"还见《饰邪》："越王勾践恃大朋之龟与吴战而不胜,身臣入宦于吴。"或本"宦"作"官",王先慎认为作"官"者是根据《国语·越语》《越绝书》《吴越春秋》所改,但《韩非子》本书就应该作"宦"而非"官",举《喻老》"勾践入宦于吴""越王之霸也不病宦"为证,精当不移。② 其实《国语》"入官"恐怕也应作"入宦"。《国语·越语下》记载勾践"与范蠡入官于吴,三年而吴人免之",韦昭注曰："官,为臣隶也。"《越语上》"然后卑事夫差,官士三百人于吴,其身亲为夫差前马",韦昭注："将三百人以入事吴,若宦竖然。"黄丕烈《校刊明道本韦氏解国语札记》："入官,别本作入宦。"③ 从韦昭注屡屡以臣隶、宦竖为解来看,恐怕以作"入宦"为是。以上简略辨正《国语》《韩非子》中"入宦"的版本问题,以证裘先生的意见可信。

八

《学问》："天官者,表仪祥兆,下之应也。"

陆佃以为："天官,冢宰是也。百官取揆,故曰表仪。造始而已,故曰祥兆。此以静唱,彼以动和,故曰下之应也。"黄怀信也沿着陆佃的思路继续发挥。唯有吴世拱用掌知天文星占的天官来解释,可称得其实。④ 陆佃是王安石门生,王安石以《周官》作为变法的理论根据,所以陆佃一看到"天官"首先想到的就是《周礼》的"天官冢宰"。但《周礼》是战国到汉初的作品,它用官制来比附天地四时,所以才称"冢宰"为"天官"。实际上"天官"本指天文历算、星占之官,《太史公自序》"太史公学天官于唐都",《史记·天官书》《尉缭子·天官》都是指这一意义上的"天官"。黄怀信："表,表明、表现。仪,仪式。"近乎望文生义。王念孙对《左传》"表仪"一词有精确的考证,见王引之《经义述闻》：

六年《传》："陈之艺极,引之表仪。"

家大人曰："立木以示人谓之表,又谓之仪。"《吕氏春秋·慎小》篇注曰："表,柱也。"《说文》曰："橪,榦也,从木义声。"经传通作仪,故《尔雅》曰："仪,榦也。"表仪与艺极义相近,皆所以喻法度也。《缁衣》曰："上之所好恶,不可不慎也。是民之表也。"郑注言民之从君,如景逐表。《荀子·君道》篇曰："君者,仪

---

① 裘锡圭：《裘锡圭学术文集第4卷·语言文字与古文献卷》,复旦大学出版社2012年版,第392—393页。
② [清]王先慎撰,钟哲点校：《韩非子集解》,中华书局2016年版,第131页。
③ 《天圣明道本国语》,嘉庆庚申士礼居丛书本,黄丕烈校刊明道本韦氏解国语札记,页20a。
④ 黄怀信：《鹖冠子校注》,中华书局2014年版,第311页。

也,仪正而景正。"是仪即表也。《管子·形势解》篇曰:"法度者,万民之仪表也。礼义者,尊卑之仪表也。"《韩诗外传》曰:"智如泉源,可以为表仪者,人师也。"或言表仪,或言仪表,其义一也。杜注曰:"表仪犹威仪。"《正义》曰:"表章仪饰,故犹威仪。"皆失之。①

表仪是古人测影的工具,引申为法度或榜样楷模。《鹖冠子》"表仪"下接"祥兆"就限制了文中所用的只能是其本义,即通过天文测量窥测祥兆。古人以为天文是人事的反映,所以说"下之应也"。

九

《学问》:"九道形心,谓之有灵。后能见变而命之,因其所为而定之。若心无形灵辞,虽搏捆,不知所之"。

张之纯疑"搏"为"缚"之误,"言心无形灵,所记之辞虽如绳索之缚捆,亦无益也",张之纯是将"辞"字从上读的。黄怀信认可张之纯关于"搏"字的看法,同时怀疑"辞"字衍。②

"辞"实不衍,原文应依张氏读为"若心无形灵,辞虽搏捆,不知所之"。"搏捆""缚捆"皆不辞。"搏"是"博"之误,下文"表术里原,虽浅不穷,中虚外博,虽博必虚"可证"搏捆"之"搏"即"博"。"捆"与"博"并列,义当相近,疑是"闲"之误。《史记·屈原列传》:"博闻强志,明于治乱,娴于辞令。"《大戴礼记·保傅》:"于是比选天下端士、孝悌闲博有道术者,以辅翼之。"俞樾《群经平议》:"孝悌二字平列,闲博二字亦平列。其下云'不博古之典传,不闲于威仪之数',然则博者博通典传,闲者闲习威仪,以后证前,可知闲博二字之义。"③又《管子·法法》:"无间识博学辩说之士。"

王念孙云:"闲识"当为"闻识",下文"闻识博学之人",即其证,尹《注》非。

孙诒让云:《注》说迂曲难通,此"闲"当为"娴"之假字,《说文·女部》云"娴,雅也"。字又作"闲",《荀子·修身》篇云:"多闻曰博,少闻曰浅,多见曰闲,少见曰陋。"彼以博闲并举,与此"闲识博学"并举,亦可互证。又作"僩",《荀子·荣辱》篇云"陋者俄且僩也",《贾子·傅职》篇云"明僩雅以道之",又《道术》篇云"容志审道谓之僩,反僩为野"。《文选·上林赋》"妖冶僩都",李注曰"僩一作闲",《汉书·司马相如传》亦作"闲"。"闲识"与"博学辩说"正相对。

---

① [清]王引之撰,魏鹏飞点校:《经义述闻》,中华书局2021年版,第858页。
② 黄怀信:《鹖冠子校注》,中华书局2014年版,第313页。
③ [清]俞樾著,赵一生点校:《俞樾全集》第二册,浙江古籍出版社2017年版,第501页。

下文"闻",即"闲"字之误,王校转改"闲"为"闻",慎矣。①

孙诒让批评王念孙之说,可谓精当不移。此处"搏捆"也即"博闲"之误,整句义为"若九道不形于心而无灵,则辞虽广博,而无所归"。

十

《学问》:"有问戒哉！虽毋如是,其材乃健,弗学孰能？"

黄注:"戒,借为'诫',教也。有问戒,言有问有教也。"②古文"闻""问"通,如《韩非子·亡征》:"不以功伐课试,而好以名问举错。""名问"显应读为"名闻"。张家山汉简《二年律令》:"二千石官令毋害都吏复案,问(闻)二千石官。"③凡此类文例甚多,不须繁举。故"有问戒哉"应读为"有闻戒哉",是庞子对鹖冠子表示听闻老师教诫之意。

十一

《天权》:"索所不知求之象者,则必弗得。"

黄怀信以为"求"字衍,"求而不知其物象者,则必不能得也"。④ 但去掉"求"字,原句根本无法通读。陆佃:"象者,意之筌蹄。夫索所不知求之筌蹄,而不知求之言意之表,岂足以得其粹哉？"⑤"象"是"外象"之义,所以不能据"象"来认知事物。原句当读为:"索所不知,求之象者,则必弗得。"古今注家大致都是如此理解原文的,实在不必另立新说。

---

① 郭沫若著作编辑出版委员会编:《郭沫若全集·历史编第七卷》,人民出版社 1984 年版,第 87 页。
② 黄怀信:《鹖冠子校注》,中华书局 2014 年版,第 316 页。
③ 张家山二四七号汉墓竹简整理小组:《张家山汉墓竹简〔二四七号墓〕:释文修订本》,文物出版社 2006 年版,第 62 页。
④ 黄怀信:《鹖冠子校注》,中华书局 2014 年版,第 331 页。
⑤ 同上。

Notes on the Collation and Reading of *Heguanzi*(《鹖冠子》): Eleven Points

Yang Yunquan

Abstract: In *Bo Xuan*(《博选》), the term "响" in "未闻音出而响过其声者也" refers to "echo," meaning "It is unheard of for the sound to come out and have its echo exceed the original sound." In *Tian Ze*(《天则》), the phrase "故法者曲制,官备,主用也" should be punctuated as "故法者,曲制官,备主用也," and "若砻磨不用,赐物虽屈,有不效者矣" should be corrected to "若砻磨不锡,物虽屈,有不效者矣." The term "羲皇" Should be "气皇" in *Du Wan*(《度万》). In *Tai Lu*(《泰录》), "形䏑" should be read as "形变", and "先灵王百神" refers to "先灵王" and "百神" separately. In *Shi Bing*(《世兵》), "不官" should be "不宦". In *Xue Wen*(《学问》), "天官者,表仪祥兆,下之应也" refers to celestial astrology and omens from the stars, and "若心无形灵辞,虽搏捆,不知所之" should be corrected to "若心无形灵,辞虽博闲,不知所之". Finally, in *Tian Quan*(《天权》), the phrase "索所不知求之象者,则必弗得" means "If one seeks knowledge from symbols, they will not obtain it".

Keywords: *Heguanzi*; Wang Niansun; Huang Huaixin; Yu Yue

《淮南子·说林》校释商补六则*

罗舒婷**

摘要：《淮南子》一书，有东汉许慎注、高诱注。历代旧刊本有百余种，且清以降，系统校理此书或条校条释者亦不下百家，但至今仍存在不少有待深入研究的问题。今就《说林》篇中与"疾病""鞘""酨酸""精相往来""尺寸虽齐""反自刻"有关的六则进行讨论，或辨正或商补。

关键词：《淮南子》《说林》 训诂 校释 校正

《说林》之名，源于《韩非子·说林》，篇题解云："木丛生曰林，说万物承阜，故曰说林。"是篇以箴言明道理，再次论述《淮南子》前篇所及主题。历代大家高诱、许慎、王念孙、俞樾、于省吾、张双棣、何宁等为其注释、校勘，所得成果丰硕，且往往精确不移。今就高注本《说林》篇中的几则语词，以前人论述为基础，提出一些新的材料或看法，尚祈方家教正。

一、疾病　荒饥

（1）鬻棺者欲民之疾病也，畜粟者欲岁之荒饥也。①

首先，关于"疾病"一词，张双棣《淮南子校释》（下称《校释》）引刘文典云：

---

* 本文系中国历史研究院"绝学"学科扶持计划"古典文献语言学"（2024JXZ002）和北京语言大学研究生创新基金（中央高校基本科研业务费专项资金）项目（25YCX058）的阶段性成果。文章初稿在师门内部进行了汇报，承蒙华学诚师提点，同门史星平、王宇航、张凯潞、张蕊蕾等亦指出其中不足，意见多所采纳。谨致谢忱！
** 罗舒婷，1999年生，北京语言大学文学院北京文献语言与文化传承研究基地博士研究生，研究方向为汉语史。
① 文中所引《淮南子》书证均来自张双棣《淮南子校释》，引文均与原文核实。张双棣：《淮南子校释》，北京大学出版社2013年版，第1779页。

《御览》五百五十一及八百四十引"疾病"作"疾疫",于义为长。①

又引杨树达云:

刘说是也。《汉书·刑法志》云:"谚曰:鬻棺者欲岁之疫",正作"疫"字。②

另萧旭《〈淮南子〉校补》(下称《校补》)认为:

日本旧钞本古类书《秘府略》卷八六四引亦作"疾疫",《记纂渊海》卷四七引同今本作"疾病",则误自宋代也。③

按:此句为俗谚。《金楼子·杂记篇上》、《太平御览》卷八百四十、宋晁迥《昭德新编》卷下《说用刑之本意》和《诸子褒异》卷十六中有异文,分别作:"鬻棺者欲民之死,蓄谷者欲岁之饥"④,"鬻棺者欲民之疾疫也,畜粟者欲岁之饥荒也"⑤,"鬻棺者喜岁之疫"⑥和"鬻棺者欲民之死,鬻谷者欲民之饥"⑦。

刘文典与杨树达都认为《御览》所引之"疾疫"比传世《淮南子》本的"疾病"更好。且杨氏引《汉书·刑法志》说明原文"疾病"正作"疫"字,故不言"疾病"。此说确。萧氏补充唐代日钞本引文作"疾疫",而宋时《御览》引作"疾疫",《记纂渊海》引作"疾病"。可见原文或正作"疾疫",两者混用自宋起。

《说文·疒部》:"疫,民皆疾也。""疾疫"成词至迟不晚于春秋战国时期,复合之初为动词,义谓发生疫病,见《管子》卷十六《小问第五十一》:"百川道,年谷熟,籴贷贱,禽兽与人聚,食民食,民不疾疫……飘风暴雨为民害,涸旱为民患,年谷不熟,岁饥,籴贷贵,民疾疫。"⑧又可以作名词,专指疫病。如《礼记注》卷第五:"季春行冬令,则寒气时发,草木皆肃,国有大恐;行夏令,则民多疾疫,时雨不降,山陵不收。"⑨《淮南子》的《时则》篇、《兵略》篇和《说林》篇均见"疾疫",《御览》中"疾疫"使用更多。

"疾病"与"疾疫"相关却不同,《汉书·刑法志》尚能以"疫"代"疾疫"一词,文意自明,正因"疫"与"疾疫"二词的理性意义大致相同,均指传染病,所指对象为整个社会。如《管子》卷十六:"年谷熟,籴贷贱,禽兽与人聚食民食。民不疾疫,当此时也,民富且骄。"⑩"疾疫"的所指便是"民"。现将《淮南子》中与"疾疫"和"疾病"相关的

---

① 张双棣:《淮南子校释》,北京大学出版社2013年版,第1780页。
② 张双棣:《淮南子校释》,北京大学出版社2013年版,第1780页。
③ 萧旭:《〈淮南子〉校补》,花木兰文化出版社2014年版,第560页。
④ [南朝梁]萧绎撰,许逸民校笺:《金楼子校笺》,中华书局2011年版,第1243页。
⑤ [北宋]李昉等:《太平御览》,中华书局1960年版,第3755页。
⑥ [北宋]晁迥:《昭德新编》,大象出版社2019年版,第294页。
⑦ [明]汪定国:《诸子褒异》,齐鲁书社1995年版,第1891页。
⑧ 黎翔凤:《管子校注》,中华书局2004年版,第960页。
⑨ [东汉]郑玄注,王锷点校:《礼记注》,中华书局2021年版,第189页。
⑩ 黎翔凤:《管子校注》,中华书局2004年版,第960页。

书证举示如下:

(2) 行夏令则民多疾疫,时雨不降,山陵不登。(《时则》)

(3) 诸蛰则死,民必疾疫,有随以丧。(《时则》)

(4) 兵之所加者,必无道国也,故能战胜而不报,取地而不反,民不疾疫,将不夭死,五谷丰昌,风雨时节,战胜于外,福生于内,是故名必成而后无余害矣!(《兵略》)

(5) 譬若旱岁之土龙,疾疫之刍狗,是时为帝者也。(《说林》)

(6) 古者,民茹草饮水,采树木之实,食蠃蚘之肉,时多疾病毒伤之害。(《修务》)

(7) 以调阴阳之气,以和四时之节,以辟疾病之菑,(《泰族》)

从文意搭配来看,例(2)—(4)中,疾疫所搭配的主语均是"民"。例(5)求雨的"土龙"对"旱岁",驱灾的"刍狗"则对"疾疫",两种灾害以及与之相关的祭祀所涉主体都是"民",即泛指老百姓,可见"疾疫"关涉的是整个社会。但"疾病"所涉对象与"疾疫"不同,"疾病"一般关涉的是个体。如例(6),"疾病""毒伤"的实际主语虽然是句中的"民",但特指的是早期饮食习惯不科学的一个个"民"。例(6)与例(7)的"疾病"存在争议,王念孙认为这两处应做"疹病",若王氏所言能够成立,则"疾病"仅有例(1)一句。即便这两句不改,"鬻棺者欲民之疾病也,畜粟者欲岁之荒饥也"句中的"疾病"改为"疾疫"也更符合上下文意。"疾病"存在于个体,而"疾疫"则存在于区域社会。原文"疾疫"和"荒饥"对举,"荒饥"也是区域社会现象,"疾疫"和"荒饥"分别是"鬻棺者"和"畜粟者"所希望出现的,因为他们可以借此牟取暴利。《秘府略》《御览》引作"疾疫",是唐宋人所见《淮南》古本正是如此。《汉书》作"疫"更是汉人"疾疫"之省的用法,而"疾病"则不可省作"疫"。

《御览》引作"疾疫",正是《淮南子》原文为"疾疫"之证。同时,此句为俗谚,谚语的词汇替换、语序调整常见,故后世"疾疫"与"疾病"相混,"疾疫"略作"疫"是语言发展的合理结果,后世之辞若非直引《淮南子》之句,也无须据改为"疾疫"。

另,在"畜粟者欲岁之荒饥也"一句中,高诱注:"荒,大饥,粟不熟。"杨树达云:"'畜'读曰'蓄',《说文》:'蓄,积也。'"[1]何宁案:"注'粟'当为'谷',涉正文而误。《尔雅·释天》:'谷不熟为饥',《说文》同。《谷梁传》:'二谷不升谓之饥。'是其证。景宋本正作'谷不熟'。"[2]

---

[1] 张双棣:《淮南子校释》,北京大学出版社2013年版,第1780页。
[2] 何宁:《淮南子集释》,中华书局1998年版,第1182页。按:张双棣《校释》第1780页将何宁校语误置于"鬻棺者欲民之疾病也"一句下,应置于"畜粟者欲岁之荒饥也"一句笺释下。

"蓄"是"畜"的同源分化字，徐灏《说文解字注笺》："畜、蓄，古字通。"颜师古在《汉书·谷永列传》"畜众多之灾异"下注："畜读曰蓄。蓄，积聚也。"①《御览》作"蓄粟者欲岁之荒饥也"。杨说是。

关于"荒饥"一词的注释，何宁引《尔雅·释天》谓高诱注中"粟"当为"谷"。《墨子·七患》卷一："一谷不收谓之馑，二谷不收谓之旱，三谷不收谓之凶，四谷不收谓之馈，五谷不收谓之饥。"②又《尔雅·释天》："谷不熟为饥，蔬不熟为馑，果不熟为荒。"上《金楼子》卷六亦见"蓄谷者欲岁之饥"，故何说有据，或可信。

需要注意的是，高诱之言是否一定为"谷"？

"谷"在先秦两汉是各种粮食作物的总称，《周礼·天官·大宰》："一曰三农，生九谷。"郑玄注引郑司农云："九谷，黍、稷、秫、稻、麻、大小豆、小大麦。"③后来民间俗语中也有专指"粟"的用法，北魏贾思勰《齐民要术·种谷第三》注："谷，稷也，名粟。谷者，五谷之总名，非指谓粟也。然今人专以稷为谷，望俗名之耳。"④但这不是"谷"在通语中的主流用法。"粟"则是嘉谷之实，后之粟谷，即今北方所称之"谷子"，如《诗·小雅·黄鸟》："黄鸟黄鸟，无集于谷，无啄我粟。"⑤《说文》："粟，嘉谷实也。"晁错《论贵粟疏》："粟米布帛生于地，长于时，聚于力，非可一时成也。"由于粟是最主要的粮食作物，故也用其统称谷类或粮食。如《韩非子·显学》："征赋钱粟，以实仓库。"⑥又《汉书·王莽传中》："故富者犬马余菽粟，骄而为邪。"⑦可见，"粟"与"谷"均可作粮食之统称，《说林》篇："未尝稼穑，粟满仓；未尝桑蚕，丝满囊。"《人间》篇："西门豹治邺廪无积粟，府无储钱，库无甲兵，官兵无计。"亦其证也。由此可见，"荒饥"之前所言未必就一定是"畜谷者"，也有可能是"蓄粟者"，高诱正是把"粟"作为粮食统称来作注的，云"荒，大饥，粟不熟"，"粟不熟"犹言"谷不熟"。

二、踦

（8）倾者易覆也，倚者易踦也，几易助也，湿易雨也。⑧

"倚者易踦也"之"踦"，方家多解。高诱注曰："踦，读踦济之踦。"张双棣《校释》

---

① ［西汉］班固著，［唐］颜师古注，中华书局编辑部点校：《汉书》，中华书局1962年版，第3469页。
② 《榖梁传》为："一谷不升曰歉，二谷不升曰饥，三谷不升曰馑，四谷不升曰康，五谷不升曰荒。"
③ ［清］阮元校刻：《十三经注疏·周礼注疏》，中华书局2009年版，第1393页。
④ ［北魏］贾思勰原著，缪启愉校释：《齐民要术校释（第二版）》，中国农业出版社1998年版，第60页。
⑤ ［清］王先谦撰，吴格点校：《诗三家义集疏》，中华书局1987年版，第645页。
⑥ 高华平等译注：《韩非子》，中华书局2015年版，第738页。
⑦ ［西汉］班固著，［唐］颜师古注，中华书局编辑部点校：《汉书》，中华书局1962年版，第4111页。
⑧ 张双棣：《淮南子校释》，北京大学出版社2013年版，第1783页。

引于省吾云：

"軵"应读作"踣"，从付从音古字通。《时则》："蛰虫"，踣户即附户。《风俗通》"山泽踣塿无松柏"，《说文》"踣塿"作"附娄"，是其证。《尔雅·释言》："毙，踣也。"孙注："前覆曰仆"，仆同踣。上言倾者易覆也，踣亦覆也，互文耳。①

何宁云：

注"济"当为"挤"。《泛论》篇："太祖軵其肘"，高注："軵，挤也。"故曰"軵挤之軵也"。②

按：《说文解字注》曰："軵，反推车，令有所付也。读若茸。"《汉书·司马迁传》"而仆又茸之蚕室。"颜师古注曰"茸，人勇反，推也"，段氏据此曰："揖，推捣也。揖、茸、軵三字通用。"刘文典注《览冥》篇："厮徒马圉，軵车奉饷。"之"軵"为"推也"③，与段氏义合。可见于氏语多迂曲，且于义不合，倚靠何以易倾倒？古人行文多避重复，上文言覆，此句不应再言覆，于省吾之说不可从。且后文云"几易助也""湿易雨也"，"覆""軵""助""雨"之义自当不同，"軵"不表倾倒而释为"推"是对的。

高注之"济"确为"挤"之形近而误。朱骏声《说文通训定声》已提出这一观点："《说林》'倚者易軵也'注读軵济之軵，济者挤之误。"④《古谣谚》卷四三引《泛论》篇原文与高注，语皆不变，但置于《齐俗》篇下。⑤ 高诱在《泛论》篇下注"軵，挤也"，又《广雅·释诂三》："挤，推也。"可见"軵挤"是同义并列结构，"軵"也即推。词义推导过程大致为：軵＝挤，挤＝推→軵＝推。故何氏所言为确。

此外，《文子·上德》云："倾易覆也，倚易軵也，几易助也，湿易雨也。"⑥四句均为"……易……也"的格式。《淮南子》与《文子》关系密切，故疑《淮南子》原文"倾""倚"后无"者"字，"者"字可能是衍文。

三、酰酸

（9）羊肉不慕蚁，蚁慕于羊肉，羊肉膻也。酰酸不慕蚋，蚋慕于酰酸。⑦

王念孙校云：

---

① 张双棣：《淮南子校释》，北京大学出版社2013年版，第1784—1785页。
② 何宁：《淮南子集释》，中华书局1998年版，第1184页。
③ 刘文典撰，冯逸、乔华点校：《淮南鸿烈集解》，中华书局2013年版，第213页。
④ ［清］朱骏声：《说文通训定声》，中华书局2016年版，第53页。
⑤ ［清］杜文澜辑，周绍良校点：《古谣谚》，中华书局1958年版，第569页。
⑥ 王利器：《文子疏义》，中华书局2009年版，第264页。
⑦ 张双棣：《淮南子校释》，北京大学出版社2013年版，第1796页。

下三句当作:"酰不慕蚋,蚋慕于酰。酰酸也。"与上三句相对为文。今本"酰不慕蚋"句内衍"酸"字,"酰,酸也"句内又脱"酰"字、"也"字,则文不成义。《太平御览·虫豸部二》引此已误,唯"也"字未脱。①

陈广忠云:

"酰酸"二句,《御览》卷九百四十五《虫豸部》二作:"羊肉不慕蚁,蚁慕于羊肉,膻也。酰酸不慕蚋,蚋慕于酰,酸也。"可与此互参。酰酸,古代指醋。②

张双棣引于鬯云:

"羊肉膻也"四字,盖注文溷入正文。③

又引于大成云:

《御览》引此文作:"羊肉不慕蚁,蚁慕于羊肉,膻也。酰酸不慕蚋,蚋慕于酰,酸也。"疑所引唯"酰酸不慕蚋"句内与今本同衍"酸"字耳。后人据《庄子·徐无鬼》篇误重"羊肉"二字,王氏遂据以订下文"酸也"上别有"酰"字,其实非也。《鹖冠子·道端》篇陆佃注云:"羊肉不慕蚁,蚁慕膻也。"即用《淮南》文而有节略,然文义亦自明。此文"羊肉""酰"皆无须重,文义亦明。此文当从《御览》引删"羊肉"二字,末句"酸"下补"也"字,"不慕蚋"上从王说删"酸"字。家香草以"羊肉膻也"四字为注文溷入正文,非,庄子有,《淮南》用《庄子》,删"羊肉"二字。④

张双棣又自按:

王、于谓"酰酸不慕蚋"之"酸"为衍文,是。《荀子·劝学》篇:"酰酸而蚋聚焉",《吕氏春秋·功名》篇:"缶酰黄,蚋聚之,有酸",均以酰为名词,而非以"酰酸"为一词。《吕览》"有酸"谓蚋聚于酰,乃因其有酸故也,此正《淮南》:"蚋慕于酰,酸"所本(酸下当有"也"字)。上文"羊肉"二字亦当为衍文。于鬯说不可取。⑤

按:我们将上述学者的观点总结如表1:

表1 "羊肉不慕蚁"句诸学者观点

学者	论证后的《淮南子》原文
王念孙	羊肉不慕蚁,蚁慕于羊肉,羊肉膻也。酰不慕蚋,蚋慕于酰,酰酸也。
陈广忠	羊肉不慕蚁,蚁慕于羊肉,膻也。酰酸不慕蚋,蚋慕于酰,酸也。

---

① [清]王念孙撰,徐炜君等点校:《读书杂志》,上海古籍出版社2014年版,第2353页。
② 陈广忠:《淮南子斠诠》,黄山书社2008年版,第991页。
③ 张双棣:《淮南子校释》,北京大学出版社2013年版,第1797页。
④ 同上。
⑤ 同上书,第1798页。

（续表）

学者	论证后的《淮南子》原文
于鬯	羊肉不慕蚁,蚁慕于羊肉。酰酸不慕蚋,蚋慕于酰酸。
于大成	羊肉不慕蚁,蚁慕于羊肉,膻也。酰不慕蚋,蚋慕于酰,酸也。
张双棣	羊肉不慕蚁,蚁慕于羊肉,膻也。酰不慕蚋,蚋慕于酰,酸也。

陈说不可信,王念孙、于大成、张双棣谓"酰酸不慕蚋"中"酸"为衍文,确是。"酸"作形容词反映名词"酰"之特性,《大戴礼记》引作"酰酸而蚋聚焉"①亦可为证。考察先秦两汉时期的文献用例,"酰"均作名词,可以表示"醋"与"酒",胪举两例如下：

（10）和如羹焉,水、火、酰、醢、盐、梅,以烹鱼肉,燀之以薪,宰夫和之,齐之以味,济其不及,以泄其过。(《左传·昭公二十年》)

（11）酰醢百瓮,夹碑,十以为列,酰在东。(《仪礼·聘礼》)

"酰"作酒义时,还可以和其他语素组合为"食酰""酰鸡",表示"(酒瓮里的)蠛蠓"。酒与醋的关系密切,最初酒坏则成醋,"醋"亦有"苦酒"之称。东汉之前,表示调味的酸味液体主要用"酰",汉文帝后逐渐改为"醋"字,经历了词汇替换的过程。"酰"指醋,引申则可指"像醋一样的气味或味道"。"酸"是"酰"的平行例证,"酸"也本指"醋",如《楚辞·招魂》："大苦咸酸,辛甘行些。"引申则表示"像醋一样的气味或味道"。但"酰"作形容词大致在汉以后,如高彦休《唐阙史·蓝田贡冰》："是年木奴之属,既酰且瘠。"②《淮南子》原文"酰"当是名词。陈氏以"酰酸"为一词,是以"酰酸"为同义并列的形式,从语言表达的角度尚可成立。然除《淮南子》此例外,"酰酸"并无同义并列表示醋的用法,孤例不可信。其实陈氏也未能自圆其说,既然"酰""酸"可同义并列表示醋,为何陈氏尽保留原文中前一"酰酸"而删去后一"酰酸"之"酸"？岂不自相矛盾。并且,从对文的角度来说,"酸"与"膻"相对,都是形容词。故"酰酸不慕蚋"之"酸"为衍文。原文当为"酰不慕蚋,蚋慕于酰,酸也"。

此外,上述论说争论的焦点还在于"羊肉"是否为衍文。

于大成、张双棣已驳于鬯说,"羊肉膻也"并非注文阑入正文。《庄子·徐无鬼》："羊肉不慕蚁,蚁慕羊肉,羊肉膻也。"③为《淮南子》所本。若《淮南子》本《庄子》作"羊肉不慕蚁,蚁慕于羊肉,羊肉膻也",不删"羊肉"二字,则王念孙说可信。但后世

---

① [清]孙诒让著,雪克点校：《大戴礼记斠补(外四种)》,中华书局2010年版,第66页。
② 东汉许慎《说文解字·皿部》："酰,酸也。作酰以鬻以酒。从鬻、酒并省,从皿。皿,器也。"由许氏说解可见"酸"并非形容词,而是指醋(酢)。
③ [北宋]吕惠卿撰,汤君集校：《庄子义集校》,中华书局2009年版,第467页。

引《淮南》文均无"羊肉",即使《御览》卷八一引《庄子》如前文,而卷九四五引《淮南》则不重"羊肉"二字,卷九四七引孟子语亦如此,可见《御览》编者所见《淮南子》后文没有"羊肉",所以《淮南子》"羶也"二字之前的"羊肉"应是衍文,于大成、张双棣说可从。据上所析,《淮南子》这一句当作:"羊肉不慕蚁,蚁慕于羊肉,羶也。醯不慕蚋,蚋慕于醯,酸也。"

四、精相往来

（12）骏马以抑死,直士以正穷。贤者摈于朝,美女摈于宫。行者思于道,而居者梦于床。慈母吟于巷,适子怀于荆。①

张双棣《校释》在"慈母吟于巷,适子怀于荆"一句后附高注:"精相往来。"但王念孙认为,"精相往来"一句应当是《淮南子》的正文而非高诱注：

今本注曰:"精相往来也。""精相往来也"五字乃是正文,非注文。《吕氏春秋·精通》篇:"身在乎秦,所亲爱在于齐,死而志气不安,精或往来也",高诱注曰:"《淮南》记曰:'慈母在于燕,适子念于荆。言精相往来也。'"《太平御览·人事部十九》:"《淮南子》曰:'适子怀于燕,慈母吟于荆,情相往来也。'"……且"精相往来"句皆与上二句连引。②

按:王氏所言未安。《说林》"精相往来"当为高注。《读书杂志》以《淮南子》道藏辑要本为底本,所见内容为"精相往来也"五字。而张双棣《校释》则参考了包含道藏在内的十三个版本,原文作"精相往来"且为小字形式,故此处并未列出版本校语。据此,我们推测王氏杂糅了《吕氏春秋》与《太平御览》的内容,将高诱注的"精相往来"误作了《淮南子》的原文"精相往来也"。

高诱校释群书,书中若相关者,常以此注彼。在引其他文献以证原文后,经常也将自己的见解附于引文后。胪举两例如下：

（13）《吕氏春秋·贵生》:"故若颜阖者,非恶富贵也,由重生恶之也。世之人主多以富贵骄得道之人,其不相知,岂不悲哉!"

高诱在此句下注:"《淮南》记曰:'鱼相忘乎江湖,人相忘乎道术。'言各得其志,故不相知之也。"③而高诱注所引的《淮南子》原文只有"鱼相忘于江湖,人相忘于道术"一句,"言各得其志,故不相知之也"是高诱在引文后所添注语。

---

① 张双棣:《淮南子校释》,北京大学出版社2013年版,第1849页。
② [清]王念孙撰,徐炜君等点校:《读书杂志》,上海古籍出版社2014年版,第2364页。
③ 许维遹撰,梁运华整理:《吕氏春秋集释》,中华书局2009年版,第39—40页。

(14)《淮南子·原道》:"故橘树之江北则化而为枳,鸲鹆不过济,貉渡汶而死,形性不可易,势居不可移也。"

高诱在此句下注:"见于《周礼》。故《春秋传》曰:'鸲鹆来巢',言非中国之禽,所以为鲁昭公亡异也。"高注所引《春秋传》原文为"鸲鹆来巢"一句,"言非中国之禽,所以为鲁昭公亡异也"是高诱对《春秋传》"鸲鹆来巢"原因的再阐发。

高诱出"三书注",所用训诂术语大致可分为释义类、引言类和校勘类。此外,还有一种没有明显训诂术语标志的类型,主要是句训,或翻译补充前文表面义,或揭示阐发前文言外之意。高注中"言……也"的这种训诂术语,意在解释、说明原因或比喻内涵等。"慈母在于燕,适子念于荆"指慈母在燕国(叹息),亲生儿子便会在楚国(感念)。高注"言精相往来也"指母子精神互通,正是在阐发前文母子相思之凭借,故此句当为高注而非正文。《太平御览》引《淮南子》时,恐已混误,或认为应当补充此句以明文义。

就音韵而言,"穷""宫"押冬部韵,"道""床""荆"阳耕合韵。"来"为之部韵,与上述韵脚字不协韵,若"精相往来"为正文则破坏了原文的音韵协调。

就文例而言,"精相往来"亦非正文。原文句式齐整,词语对应严格,若为正文则破坏了原文的有序性。且原文各两句为一事,一事一义,义互不连接。骏马受抑制而死,直士恪守正义而死;贤者被排挤在朝堂,美女被冷落于宫廷;远行之人思念亲人,居家之人在梦中与远行者相会。前三事后均未附加一句以补义,而文义皆明。

五、尺寸虽齐　诡

(15)水虽平,必有波;衡虽正,必有差;尺寸虽齐,必有诡。非规矩不能定方圆,非准绳不能正曲直,用规矩准绳者亦有规矩准绳焉。①

"尺寸虽齐"一句,《校释》引王叔岷云:

《刘子新论·从化篇》:"衡"上有"权"字,"权衡虽正"与"尺寸虽齐"对言。②

按:《文子·上德》见"水虽平,必有波;衡虽正,必有差;尺虽齐,必有危。非规矩不能定方圆,非准绳无以正曲直。"③若依《文子》,《淮南子》此句"尺寸"当作"尺","寸"

---

① 张双棣:《淮南子校释》,北京大学出版社2013年版,第1857页。
② 同上书,第1859页。
③ 王利器:《文子疏义》,中华书局2009年版,第257页。

衍。"水""衡"都是单音词,依文例删去"寸"更好。从词义来看,"尺"和"寸"均可作量具,可单独使用也可复合为"尺寸"一词。如《墨子·经说下》:"夫名,以所明正所不智,不以所不智疑所不明,若以尺度所不智长。"孙怡让间诂:"言以所明正所不知,若不知物之长而以尺度之也。"①又《管子·形势解》:"以规矩为方圜则成,以尺寸量长短则得,以法数治民则安。"②均其证。

《刘子》以《淮南》为本,曰:"故权衡虽正,不能无毫厘之差;钧石虽平,不能无抄撮之校。"③扩"衡"作"权衡"而义不变。王叔岷据后改前,以求"权衡虽正"与"尺寸虽齐"对言,而未注意这段话三句彼此对应,强改"衡"为"权衡",反失其趣。《刘子》作"权衡",是汉语双音词发展的结果,符合语言使用规律。

另,"必有诡"一句,《文子》作"危",萧旭《校补》云:

> 朱骏声谓"诡"借为"觤",《说文》:"觤,羊角不齐也。""危"亦借字。④

按:上言恐未安。于省吾《甲骨文字释林》:"广之初文为甲骨文之𠂇,象敧器之形,敧器为倾斜易覆之器,字孳乳为危。"又《荀子·荣辱》:"故薄薄之地,不得履之,非地不安也,危足无所履者,凡在言也。"可见"危"有"不正;倾斜"义。

《说文·言部》曰:"诡,责也。从言。危声。"是"危"与"诡"古字通。如《文子》与《淮南子》,又如《史记·天官书》"司危星,出正西,西方之野"一句,在《汉书·天文志》中作"司诡星,出正西,西方之星"。《淮南子》之"诡"与"危"音近而误,故言"尺(寸)虽齐,必有诡"。"尺"是测量长度的器具,虽然测量物体的器具本身是平齐貌,但测量时也容易出现倾斜不正的情况。萧说失之拘泥,量具确实可以不齐,然前文已言"尺寸虽齐",若后面再说不齐,则自相矛盾。

六、反自刻　反自食

(16) 山生金,反自刻;木生蠹,反自食;人生事,反自贼。⑤

按:《文子·符言》:"山生金,石生玉,反相剥;木生虫,还自食;人生事,还自贼。"⑥《说苑·辨物》:"夫肉自生虫,而还自失也;木自生蠹,而还自刻也;人自兴妖,

---

① [清]孙诒让撰,孙启治点校:《墨子间诂》,中华书局2001年版,第389页。
② 黎翔凤:《管子校注》,中华书局2004年版,第1179页。
③ [北齐]刘昼著,王叔岷集证:《刘子集证》,中华书局2007年版,第66页。
④ 萧旭:《〈淮南子〉校补》,花木兰文化出版社2014年版,第594页。
⑤ 张双棣:《淮南子校释》,北京大学出版社2013年版,第1860页。
⑥ 王利器:《文子疏义》,中华书局2009年版,第180页。

而还自贼也。"①与《淮南子》义同。《意林》引《文子》："山生金，反自刻；木生蠹，还自蚀；人生事，还自贼。"②已是《文子》与《淮南子》的结合。《太平御览》引《淮南子》同，引《说苑》则是："夫肉生虫，还自食；木生蠹，还自刻；人出妖，还自得。"③

《校释》指出，《淮南子》王莹本、朱本、汪本、张本、黄本作"剥"，道藏本与其余本均作"刻"。清钱熙祚校勘《文子》曰："《说林》云：'山生金，反自刻'，'刻'字与下'食''贼'韵，此一增改，便失韵，而辞句亦多寡不伦。"④钱氏以"刻"为长，也提供了《淮南子》删"玉生石"，改"剥"为"刻"的动机。《淮南子》作"刻"，与"食""贼"共享职部韵，音韵协调。

"刻（剥）""食""贼"，义一也，皆言伤害。"剥"即伤，《尚书·泰誓》："剥丧元良，贼虐谏辅。"孔传："剥，伤害也。"⑤此"剥""贼"对文，《淮南子》亦是。"刻"也即伤害，《三国志·魏书·三少帝纪》："刻剥众羌，劳役无已。"⑥"剥"与"刻"均有"伤"义，但检索汉代文献，我们发现二者搭配的对象有一定区别。"刻"的对象可以含有［无生状态］的义素，如"石""玉""木""金"一类；也可以有［有生状态］的义素，如"肌肤"一类。而"剥"的对象一般只含有［有生状态］的义素。如"皮""身"一类。《淮南字》中"刻"的对象为"山"，虽是"自刻"，但从词语搭配等角度而言，作"刻"更好。

Six Supplementary Notes on the Collation and Interpretation of *Huainanzi*'s *Shuo Lin*(《淮南子·说林》)

Luo Shuting

Abstract：The *Huainanzi* now includes the exegeses by Xu Shen and Gao You from the Eastern Han Dynasty. Over the centuries, more than a hundred editions of this work have been published, and since the Qing Dynasty, no fewer than a hundred scholars have sys-

---

① ［清］马骕撰，王利器整理：《绎史》，中华书局 2002 年版，第 1691 页。
② ［明］解缙等：《永乐大典（精华本）》，线装书局 2016 年版，第 1569 页。
③ ［北宋］李昉等：《太平御览》，中华书局 1960 年版，第 4414 页。
④ 王叔岷：《诸子斠证》，中华书局 2007 年版，第 511 页。
⑤ ［清］阮元校刻：《十三经注疏》，中华书局 2009 年版，第 385 页。
⑥ 同上书，第 377 页。

tematically proofread or selectively commented on it. However, many unresolved issues remain. This paper aims to correct and supplement the exegesis of six phrases from the *Shuo Lin* chapter, namely "Jibing"(疾病), "Rong"(䩸), "Xisuan"(酰酸), "Jingxiangwanglai"(精相往来), "chicunsuiqi"(尺寸虽齐), and "Fan Zike"(反自刻).

Keywords: *Huainanzi*; *Shuo Lin*; exegesis; collation; correction

约稿函

《中国训诂学报》是中国训诂学研究会主办的学术刊物,刊载海内外有关训诂、训诂学与语言学研究的学术论文,以及相关领域的学术评论、相关重要史料文献研究等。

一、来稿注意事项

1. 本刊对于投稿稿件拥有首刊权。来稿若不属本刊范畴,或不合学术规范,或经查证一稿多投,将径予退稿。

2. 稿件字数以 10 000 字左右为宜,遇有特别厚重的文稿,字数可以放宽。

3. 来稿请径寄本刊电子邮箱 zgxgxb2021@163.com,电子本 Word 和 PDF 格式各一份。投稿时请确认稿件已符合本刊规定格式。

4. 来稿请另页注明作者信息,包括姓名、出生年份、工作单位、研究方向、联系方式等。

5. 本刊专设重大项目研究专栏,欢迎国家社会科学基金重大项目首席专家组织团队成员投稿。

6. 本刊专设青年学者论坛,欢迎青年学者(1975 年 1 月 1 日以后出生)投稿。

二、稿件格式要求

1. 稿件内容

来稿请按如下顺序撰写:论文标题,作者姓名,摘要,关键词,正文,论文标题(英文),作者姓名(英文),摘要(英文),关键词(英文),通信地址,邮编,E-mail。作者介绍及其他个人信息另附文档。

2. 题目、摘要、关键词

来稿题目限 20 个字以内,副标题不超过 18 个字;摘要字数在 300 字以内;关键词一般为3至5个,中文以空格隔开,英文以分号隔开。

英文标题需注意大小写问题,英文关键词统一小写(本当大写的单词除外)。

3. 题注

来稿所关涉的课题及需要向有关人员表示致谢等,应以题注的形式标在稿件正文首页下方,同时注明课题的名称及项目批准号。

4. 正文格式

正文中所有标题均占一行,题号用汉字(从"一"开始),标题编排格式为:一级标题用"一"(依次类推),二级标题用"(一)"(依次类推)。

正文中例句排列采用(1)(2)(3)……的形式,如果例句下有多个句子,则采用a、b……的形式。序号后空半格,起行空四格,回行空两格。全文例句连续编号。

正文中涉及公历世纪、年代、年、月、日、时刻和计数、计量等,均使用阿拉伯数字。引用敦煌文献,用缩略标号加阿拉伯数字形式。其他特殊文献,依学界惯例。

正文文字请用宋体5号,独立引文请用仿宋5号。

正文中所使用的图片(包括以图片形式出现的自造字)应当准确清晰,大小适宜。

5. 注释

行文中的注释一律使用脚注,每页连续编号,以圈码①②等标注。注释应是对正文的附加解释或者补充说明,仅是参考或引用的文献等内容一般不作为注释出现。

脚注请用宋体小5号。

6. 征引文献资料

凡正文引及的古籍与相关文献,都作为注释,不列征引书目、参考文献。列举格式是:作者时代、作者、书(篇)名、出版社、出版时间,示例如下:

[南朝宋]范晔:《后汉书》,中华书局1965年版,第356页。

若古籍的今人整理本带有"校注""校释"之类字样者,则在书名后标出整理者姓名,示例如下:

[东汉]应劭:《风俗通义》,王利器校注,中华书局1981年版,第356页。

若古籍的今人整理本有修订、增订者,应在书名后标明"修订本""增订本",示例如下:

[北齐]颜之推:《颜氏家训》(增补本),王利器集解,中华书局1993年版,第356页。

作者时代在汉代者,应标明"西汉"或"东汉";在晋代者,应标明"西晋"或"东晋";在南北朝者,则标"南朝宋""南朝齐""南朝梁""南朝陈"或"北魏""北齐""北周";在宋代者,应标明"北宋"或"南宋"。

7. 图表

图片随文外,还应单独提供高清图片。图题与表题也应一并提供,并按顺序编号。

三、稿件处理

1. 本刊实行同行专家匿名审稿制度。编辑部一般在收到来稿后3个月内将审稿结果通过邮件告知作者。由于收稿量大、审稿专家未及时返回意见等因素,如编辑部未能如期处理稿件,作者在3个月内未收到通知,可以来信咨询。如需撤稿,请及时告知编辑部。

2. 本刊不向作者收取版面费、审稿费等任何费用。稿件一经刊用,即寄赠样刊、稿酬。本刊享有已刊文稿的著作财产权和材料加工、电子发行、网络传播权,本刊一次性支付的稿酬中已包含上述授权的使用费。本刊已许可中国知网以数字化方式复制、汇编、发行、信息网络传播本刊全文。如仅同意以纸本形式发表,请在来稿中特别注明。

3. 编辑部地址:江苏省南京市江宁区东南大学路2号东南大学人文学院《中国训诂学报》编辑部(邮编211189)。E-mail:zgxgxb2021@163.com。